FILÓSOFOS ESPIRITUAIS

A vida iluminada pelo pensamento

Dados Internacionais de Catalogação na Publicação (CIP)
(Câmara Brasileira do Livro, SP, Brasil)

White, Richard
  Filósofos espirituais : a vida iluminada pelo pensamento / Richard White ; tradução de Gentil Avelino Titton. 1. ed. Petrópolis, RJ : Vozes, 2023.

Título original: Spiritual Philosophers
ISBN 978-65-5713-808-3

1. Compaixão – Filosofia 2. Filosofia 3. Generosidade – Aspectos religiosos – Cristianismo I. Título.

23-147719 CDD-100

Índices para catálogo sistemático:
1. Filosofia 100

Aline Graziele Benitez – Bibliotecária – CRB-1/3129

RICHARD WHITE

FILÓSOFOS ESPIRITUAIS

A vida iluminada pelo pensamento

Tradução de Gentil Avelino Titton

EDITORA VOZES

Petrópolis

© Richard White, 2020.

Tradução realizada a partir do original em inglês intitulado *Spiritual Philosophers: From Schopenhauer to Irigaray,* publicada mediante acordo com Bloomsbury Publishing Plc.

Direitos de publicação em língua portuguesa – Brasil:
2023, Editora Vozes Ltda.
Rua Frei Luís, 100
25689-900 Petrópolis, RJ
www.vozes.com.br
Brasil

Todos os direitos reservados. Nenhuma parte desta obra poderá ser reproduzida ou transmitida por qualquer forma e/ou quaisquer meios (eletrônico ou mecânico, incluindo fotocópia e gravação) ou arquivada em qualquer sistema ou banco de dados sem permissão escrita da editora.

CONSELHO EDITORIAL

Diretor
Volney J. Berkenbrock

Editores
Aline dos Santos Carneiro
Edrian Josué Pasini
Marilac Loraine Oleniki
Welder Lancieri Marchini

Conselheiros
Elói Dionísio Piva
Francisco Morás
Gilberto Gonçalves Garcia
Ludovico Garmus
Teobaldo Heidemann

Secretário executivo
Leonardo A.R.T. dos Santos

Editoração: Clauzemir Makximovitz
Diagramação: Raquel Nascimento
Revisão gráfica: Alessandra Karl
Capa: Érico Lebedenco
Ilustração de capa: Joel Fernandes

ISBN 978-65-5713-808-3 (Brasil)
ISBN 978-1-3501-2911-5 (Reino Unido)

Este livro foi composto e impresso pela Editora Vozes Ltda.

Para Clarinda

SUMÁRIO

Agradecimentos, 11

Introdução, 15

   Espiritualidade na filosofia, 18

   O sentido do espiritual, 23

   Sobre os filósofos espirituais, 33

1 Schopenhauer sobre a compaixão, 41

   1.1 A filosofia indiana e a ilusão do eu, 45

   1.2 Espiritualidade e música, 57

   1.3 Budismo e compaixão, 60

2 Nietzsche sobre a generosidade, 76

   2.1 Sobre a virtude dadivosa, 79

   2.2 Sobre a generosidade da vida, 90

   2.3 Algumas interpretações da virtude dadivosa, 95

   2.4 Generosidade espiritual, 102

3 Kandinsky sobre a arte, 110

   3.1 A filosofia da arte de Kandinsky, 113

3.2 O desafio do espiritual, 129

3.3 Respostas às três perguntas, 136

4 Benjamin sobre a sabedoria, 144

    4.1 Lendo "O narrador", 146

    4.2 Compreensão, comunidade e personificação, 159

    4.3 O retraimento da sabedoria, 171

5 Jung sobre a religião e o sagrado, 176

    5.1 A resposta a Jó e outras questões bíblicas, 181

    5.2 Respostas a Jung, 196

    5.3 A individuação, 200

6 Hillman sobre o espírito e a alma, 208

    6.1 Nietzsche, Jung e Hillman, 212

    6.2 Espírito e alma, 219

    6.3 O sofrimento, a alma e os deuses, 230

7 Foucault sobre o cuidado de si, 241

    7.1 Foucault sobre sexo e prazer, 245

    7.2 O cuidado de si como um ideal moderno, 253

    7.3 O cuidado de si como meta espiritual, 266

8 Derrida sobre o luto, 274

    8.1 O fim do luto, 277

    8.2 Apego e traição, 283

    8.3 Sobre a impossibilidade do luto, 290

9 Irigaray sobre o amor, 305

9.1 Amor platônico, 309

9.2 O contexto espiritual do amor, 318

9.3 Respiração, escuta, pensamento e ensino, 327

Conclusão, 337

Aspectos de interesse espiritual, 338

Acordos e desacordos, 340

Espiritualidade, religião e ciência, 342

Referências, 347

Índice, 363

AGRADECIMENTOS

Este livro se concretizou ao longo de vários anos. Muitas das ideias nele discutidas nasceram de conferências ou apresentações realizadas em vários locais, e as primeiras versões de algumas seções foram publicadas em diferentes revistas e coleções. Por um longo tempo, e sem saber realmente por que, senti-me atraído por uma variedade de filósofos e outros pensadores recentes. Por fim, percebi que todos eles compartilhavam um sentimento da dimensão *espiritual* da vida e uma disposição para explorar importantes temas espirituais, independentemente de quaisquer pressupostos sobre religião ou a natureza do sagrado. Como mostrou Pierre Hadot, os antigos filósofos consideravam a filosofia uma prática espiritual e uma espécie de remédio espiritual, que ajuda a alma a entender e aceitar todas as vicissitudes da vida. Neste livro, o foco recai sobre filósofos mais recentes – de Schopenhauer a Irigaray –, mas a meta consiste em examinar temas espirituais presentes em pensadores modernos a partir da mesma perspectiva abrangente – não espiritual enquanto "não física", mas espiritual no sentido de viver uma vida em plena harmonia com este mundo e com as realidades "superiores" ou "maiores" que acatamos.

Agradeço muito a Liza Thompson, Lucy Russell e Lisa Goodrum, minhas editoras na Bloomsbury, por encaminhar esta obra para a publicação; e agradeço a meus árbitros anônimos por ver algum potencial na proposta original do livro. Sou grato por todos os seus comentários que muito me ajudaram. Agradeço também aos meus colegas do Departamento de Filosofia na Universidade de Creighton, com os quais discuti estas ideias ao longo dos anos, em ensaios e conversas pessoais. Agradeço especialmente aos meus companheiros de painéis, Patrick Murray e Jeanne Schuler, com os quais desenvolvi minhas ideias sobre a filosofia espiritual – e sobre os filósofos espirituais – ao longo de diversos anos na Conferência Anual de Estudos Europeus. Gostaria de agradecer ao Colégio de Artes e Ciências da Universidade de Creighton por permitir-me um ano sabático que me ajudou a concluir este projeto. Finalmente, agradeço a todos os meus alunos, especialmente aos que frequentaram minhas aulas sobre "Questões Últimas" e que me desafiaram a pensar com clareza e profundidade sobre os "filósofos espirituais".

Partes deste livro foram tomadas de artigos que publiquei anteriormente. Eu gostaria de agradecer aos editores pela permissão de reimprimir partes revisadas dos seguintes artigos:

WHITE, R. "Kandinsky: Thinking about the spiritual in art". *Religion and the arts* 23/1-2 (2019), p. 26-49.

WHITE, R. Spirit, soul and self-overcoming: A post-Jungian view. *In*: SALAZAR, H.; NICHOLLS, R. (orgs.). *The philosophy of spirituality*: Analytic, continental and multicultural approaches to a new field of philosophy. Leiden: Brill, 2018, p. 293-311.

WHITE, R. "Walter Benjamin: The storyteller and the possibility of wisdom". *Journal of aesthetic education* 51/1 (2017), p. 1-14.

WHITE, R. "Nietzsche on generosity and the gift-giving virtue". *British journal for the history of philosophy* 24/2 (2016), p. 348-364.

WHITE, R. "Dialectics of Mourning". *Angelaki: Journal for the theoretical humanities* 20/4 (2015), p. 179-192.

WHITE, R. "Foucault on the care of the self as an ethical possibility and a spiritual goal". *Human studies* 37/4 (2014), p. 489-504.

WHITE, R. "Schopenhauer and Indian philosophy: On the limits of comparative thought". *International philosophical quarterly* 50/1 (2010), p. 57-76.

Agradeço também a permissão de reproduzir material de:

The Collected Works of St. John of the Cross. Copyright 1964, 1979, 1991 by Washington Province of Discalced Carmelites ICS Publications 2131 Lincoln Road, N.E. Washington, DC 20002-1199 USA. www.icspublications.org.

The Upanishads. Copyright 1987, 2007; reimpresso com permissão de Nilgiri Press, P.O. Box 256, Tomales/Ca 94971. www.bmvm.org.

INTRODUÇÃO

Este livro examina a tarefa original da filosofia, na qual o pensamento ilumina a visão espiritual da vida. Seu foco é o mundo ocidental moderno e inclui pensadores espirituais desde Schopenhauer na primeira metade do século XIX até Irigaray no tempo presente; refere-se também a narrativas não ocidentais e pré-modernas da espiritualidade, já que o encontro com estas tradições é uma parte importante da história. O livro não pretende ser exaustivo e limitei meu relato a nove pensadores que, em minha opinião, estão entre os autores modernos mais importantes que escreveram sobre temas espirituais. Num mundo em que a espiritualidade é seriamente questionada ou ignorada, devido à crescente predominância do materialismo científico redutivo, penso que estes são os "filósofos espirituais" que podem iluminar as possibilidades espirituais para o futuro. Utilizo o termo *filósofo* num sentido amplo, para sugerir alguém que tem uma compreensão profunda, mas crítica de coisas importantes, e isso incluiria não só Schopenhauer, Nietzsche e Derrida, mas também Kandinsky, Jung e Hillman. O objetivo deste livro é o de examinar mais de perto a espiritualidade e a experiência espiritual a partir desta perspectiva filosófica, independentemente de todas as explicações, religiosas ou outras, e não rejeitar conclusões espirituais que derivam de um conjunto de crenças diferentes das nossas. Penso que este relato ajudará qualquer pessoa defensora de um ponto de vista religioso, porque a experiência religiosa é um caso especial de experiência espiritual, ao mesmo tempo que atrai também um número crescente de pessoas que se consideram espirituais, mas não religiosas.

Tendo em vista os objetivos deste livro, podemos imaginar os filósofos espirituais como buscadores que estão empenhados numa busca espiritual e que focalizam temas espirituais como compaixão, generosidade, amor, luto, sabedoria e a alma. O objetivo final desta busca é a iluminação, que precisa ser alcançada por meio da reflexão crítica e da compreensão intuitiva das coisas como elas são. A reflexão crítica é importante, porque não deveríamos acreditar em tudo aquilo que queremos acreditar, e sem nenhum motivo somos atraídos para quaisquer apelos dos nossos próprios desejos. Mas ao mesmo tempo podemos permanecer fiéis às nossas intuições e àquilo que nossas emoções nos revelam, e isso vai além da compreensão puramente intelectual do mundo. Mesmo na ausência de contra-argumentos, as deduções da pura razão nem sempre são convincentes, enquanto nossa compreensão intuitiva ou emocional das coisas pode ser defeituosa se não recorrermos às reivindicações corroborantes da razão. Tudo isso sugere uma interação entre razão e intuição, que nos aproxima mais da verdade. Desta maneira, podemos adquirir gradualmente uma sensação do quadro completo, ou da realidade maior da qual nossas vidas são uma parte muito menor; e eu sustentarei que o traço que define nossa vida espiritual é esta sensação de pertencer a uma realidade maior ou superior. No entanto, isso não é apenas uma questão de preocupação intelectual, porque nossa relação com esta realidade maior é absolutamente importante para definir quem somos; e, na medida em que a *filosofia* é uma tentativa de esclarecer esta relação, faz sentido imaginá-la como uma busca espiritual que inclui aspectos intelectuais, intuitivos e emocionais, que constituem uma parte essencial de nosso estar no mundo.

Evidentemente, alguns podem sentir que precisam de respostas imediatas a todos os mistérios da vida; e, neste caso, o fundamentalismo se torna um caminho fácil de seguir. Outros aceitam a extrema dificuldade destas questões e a possibilidade de que nunca possam ser respondidas de uma vez por todas ou com algum grau de satisfação. A capacidade de viver com a incerteza ou a ausência de respostas definitivas às questões últimas é às vezes denominada "capacidade negativa". Mais imediatamente, a ideia vem de Keats, que a utiliza para explicar a grandeza de autores como Shakespeare: "Falo em Capacidade Negativa, ou seja, quando o homem é capaz de manter-se em incertezas, mistérios, dúvidas, sem qualquer esforço irritadiço para alcançar o fato e a razão" (KEATS, 1899, p. 277). Neste sentido, por exemplo, Sócrates buscou a verdade e fez um progresso espiritual e moral em direção ao Bem, mas aceitou sua própria ignorância e considerou-se um *amante* da sabedoria, mas não alguém que possuía todas as respostas. Ora, parece provável que a conversação filosófica continue e, mesmo que possamos alcançar nossas próprias conclusões provisórias, embora incertas, a capacidade negativa precisa permanecer uma virtude espiritual e filosófica, porque ela testemunha a abertura do pensamento e a abertura do mundo. Finalmente, pode não haver respostas *definitivas*, mas existem caminhos espirituais que iniciam um itinerário de reflexão que podemos optar por seguir ou podemos abandonar para prosseguir nosso próprio caminho. Tudo isso é uma investigação filosófica sobre o cerne de tudo o que realmente importa e é uma investigação espiritual no sentido de que aqui a filosofia se torna uma forma de prática espiritual.

Espiritualidade na filosofia

Estas ideias podem ser situadas num contexto histórico amplo: Argumentou-se que os primeiros filósofos ocidentais consideravam a filosofia uma espécie de remédio espiritual, que podia ajudar as pessoas a lidar com as doenças da alma. Estes pensadores consideravam a filosofia um caminho para entender e aceitar o medo da morte e todas as desventuras que podemos encontrar nesta vida, entre as quais a doença, a fatalidade e a perda; mas, talvez mais do que qualquer outra coisa, eles ensinavam as pessoas a viver em harmonia com a natureza ou com o próprio cosmos. Neste sentido, como argumenta Pierre Hadot em sua importante obra *A filosofia como um caminho de vida*, Sócrates, Platão, Pitágoras, os estoicos e os epicureus estavam todos focados na questão de como viver uma vida boa, como alcançar a felicidade, o que significa florescer como ser humano e os exercícios espirituais que podem levar-nos até lá. Este último ponto pode incluir a meditação sobre nossa própria mortalidade e sobre a morte dos outros; estabelecer propósitos para nós mesmos no início de cada dia e um autoexame no fim do dia; e a visualização criativa das possibilidades futuras para preveni-las ou desarmá-las de antemão. Como observa Hadot:

> A sabedoria, portanto, era um caminho de vida que trazia paz da mente (*ataraxia*), liberdade interior (*autarkeia*) e consciência cósmica. Antes

de mais nada, a filosofia se apresentava como uma terapêutica destinada a curar a angústia da humanidade (HADOT, 1995, p. 265s.).

A história da caverna de Platão resume a busca filosófica de uma espécie de jornada espiritual: Todos nós começamos na escuridão da caverna, que é a vida cotidiana, acorrentados por nossos preconceitos e por todas as ideias fixas que herdamos da sociedade à qual pertencemos. Gastamos nosso tempo preocupados com sombras ou coisas que não são verdadeiramente importantes ou "reais". Mas um homem consegue romper suas cadeias; ele está desorientado, mas encaminha-se para fora da caverna onde finalmente contempla o sol, que equivale ao Bem ou à realidade suprema: "Finalmente, julgo eu, seria capaz de olhar para o sol e de o contemplar, não já a sua imagem na água ou em qualquer outro sítio, mas a ele mesmo, no seu lugar" (PLATÃO, 1949, 516b). Depois retorna à caverna porque quer ajudar os outros a fazer a mesma jornada espiritual em direção à luz e a tudo o que é do mais alto interesse. Tudo isso sugere que existem diferentes níveis da realidade. Muitos permanecerão na caverna e continuarão absorvidos por tudo o que está imediatamente diante deles, seja o dinheiro, o prestígio ou o poder. Mas é possível fazer um progresso espiritual em direção à luz e talvez escapar definitivamente da caverna. E, quando alcançamos a iluminação, podemos retornar à caverna porque nos sentimos impelidos a ajudar os outros a fazerem a mesma jornada espiritual. Neste sentido, a busca espiritual não é uma busca egoísta e os que são espiritualmente perfeitos – inclusive Sócrates – podem ser mestres, porque querem que os outros compartilhem a mesma liberdade espiritual.

Podemos dizer que a filosofia, neste sentido mais fundamental, é uma espécie de sabedoria espiritual que nos ensina como viver; e os primeiros pensadores asiáticos certamente estariam de acordo com esta visão, porque o cerne do budismo, do taoísmo, do confucionismo e das filosofias do Vedanta implica o mesmo ideal de cultivo espiritual que leva ao progresso em direção à meta da iluminação. Hadot afirma que no Ocidente nós perdemos esta versão espiritual da filosofia, uma vez que a Igreja chegou a dominar todos os aspectos da vida intelectual (cf. HADOT, 1995, p. 269s.). É famosa a afirmação de Tomás de Aquino de que a filosofia é "a criada da teologia"; e durante muito tempo a filosofia foi utilizada para racionalizar e justificar pretensões religiosas acerca da existência de Deus, da natureza de Deus e de outros aspectos do divino. Durante pelo menos um milênio a Igreja promulgou o sentido da vida boa, enquanto a filosofia tornou-se um projeto importante, mas secundário – porque, mesmo que pudesse compreender as verdades deste mundo, a filosofia não podia justificar as verdades reveladas da religião.

Com o declínio da Igreja institucional e o surgimento da ciência moderna, houve novamente uma oportunidade para a filosofia retornar às suas raízes. Pela primeira vez, no entanto, pelo menos desde Descartes e dos outros filósofos modernos antigos, a filosofia procurou definir-se como empreendimento científico com sua própria metodologia e sua própria investigação sistemática dos fundamentos e princípios básicos. Esta tradição continua forte, mas limita a filosofia como um empreendimento intelectual; enquanto a questão espiritual – como devo viver? – torna-se uma consideração mais subjetiva, que nunca pode ser estabelecida por um argumento razoável, já que é considerada apenas uma questão de opinião pessoal. Portanto, existe agora uma lacuna entre a filosofia ocidental contemporânea e o pensamento não ocidental, que em medida muito maior mantém o sentido original da filosofia como uma espécie de sabedoria espiritual. Com efeito, a filosofia não ocidental permanece popular precisamente porque nos atrai como seres humanos que enfrentam as questões mais fundamentais acerca de como viver – e isso inclui atenção aos aspectos espirituais da vida, que não são descartados como subjetivos, mas aceitos aqui como *reais*.

Mas isso ainda não é a história toda. Em algum momento no século XIX, provavelmente começando com Schopenhauer e a recuperação do antigo Vedanta e das filosofias budistas, começamos a ver os filósofos e outros pensadores sistemáticos ocidentais retornando a questões espirituais, que anteriormente haviam sido ignoradas ou deixadas entregues às decisões da religião. Estes filósofos e outros autores, de Schopenhauer até Nietzsche e outros, levam a sério as questões espirituais. E eles discutem temas espirituais porque são importantes por si mesmos e não apenas como uma maneira de apoiar o ponto de vista religioso ou defender a existência de Deus. Schopenhauer inspira Nietzsche, que proclama a morte de Deus ou a extinção das ideias tradicionais sobre a religião e o sagrado. O próprio Nietzsche influencia numerosos outros, entre os quais Jung, Foucault e Derrida, que desenvolvem suas próprias ideias sobre a espiritualidade e o sagrado num contexto mais contemporâneo; e todos estes pensadores continuam a ter influência. Desta forma, portanto, podemos talvez discernir uma genealogia oculta da filosofia espiritual – uma filosofia à qual podemos recorrer sempre que precisamos de uma bússola espiritual. E esta tendência espiritual oculta presente na filosofia moderna – concebida de maneira ampla – é o tema real deste livro.

No mundo de hoje os avanços na ciência moderna e o progresso social questionaram a religião oficial. Parece não haver limites à possibilidade de explicação científica e, comparativamente, as crenças religiosas – como os milagres – podem parecer absurdas se tomadas literalmente. Da mesma forma, a autoridade religiosa é muitas vezes associada a posturas sociais reacionárias e, por causa disso e de rivalidades religiosas permanentes, a religião é muitas vezes considerada uma fonte de discórdia e conflito. Ao mesmo tempo, porém, uma cosmovisão puramente secular parece empobrecida, porque não é capaz de oferecer algo muito maior do que nossa existência aqui e agora. E assim, como os prisioneiros na caverna de Platão, começamos a experimentar o vazio espiritual de nossa vida. Porque, apesar de nossa cultura de consumo e de todas as nossas conquistas tecnológicas – ou talvez por causa destas coisas –, nós sentimos a ausência do espiritual e o que alguns denominaram "desencantamento" da vida moderna. O desespero e vícios de todo tipo tornam-se uma resposta comum ao alheamento que sentimos. Podemos chegar a perceber que a vida precisa ter mais do que apenas riqueza, popularidade ou sucesso pessoal; mas o secularismo não pode afirmar valores transcendentes e considera a espiritualidade apenas uma "escolha de vida", que não é nem mais nem menos válida do que qualquer outra escolha de vida que interfere nos outros. E assim chegamos à situação em que as versões tradicionais da religião são cada vez mais questionadas, enquanto a postura puramente secular é também considerada inadequada. Com efeito, nós nos tornamos "pós-seculares", porque tanto a religião tradicional quanto o ateísmo tradicional foram considerados insuficientes. Mas isso pode levar finalmente à recuperação da espiritualidade e a um retorno aos "filósofos espirituais" que podem nos oferecer alguma orientação.

O sentido do espiritual

O que é então a espiritualidade? Esta é uma pergunta difícil de responder, porque todos parecem utilizar a palavra de maneira diferente e não existem medidas objetivas de conquista espiritual. Mas isso não significa que tudo o que se refere à espiritualidade é subjetivo ou emocional; e aqui examinamos algumas ideias que podem pôr a espiritualidade em evidência. Ora, é preciso reconhecer que esta discussão pode não ser definitiva, mas oferece um fio condutor para os capítulos que tratam dos nove pensadores que apresentamos após esta Introdução e sugere algumas maneiras que permitem considerá-los "filósofos espirituais".

Em primeiro lugar, é útil observar que a palavra "espiritual" deriva do latim *spirare*, que significa respirar. Isso implica o próprio caráter básico da espiritualidade, tão fundamental como a respiração, e que estar verdadeiramente vivo é viver num caminho espiritual. Irigaray mostra que a respiração é a primeira ação autônoma, que implica assumir o domínio de sua própria vida. Neste sentido, porém, ela é de natureza "física" e ao mesmo tempo "espiritual" e, como observa Irigaray, algumas pessoas sempre entenderam isto:

> No Oriente é mais comum lembrar-se que viver equivale a respirar. E ali os Sábios se preocupam em adquirir uma vida adequada praticando uma respiração consciente. Esta respiração

23

os leva aos poucos a um segundo nascimento – um nascimento assumido pela própria pessoa, desejado por ela e não apenas por seus pais – e a uma fisiologia que nos dita suas leis (IRIGARAY, 2002, p. 74).

Se Irigaray está certa, então o "espiritual" não é de natureza extramundana, mas uma conquista desta vida, aqui e agora.

Além disso, seria útil separar espiritualidade de "espiritualismo" – este último inclui fantasmas, *poltergeists* e projeção astral e isso não nos interessa aqui. Com efeito, talvez seja melhor dizer que a espiritualidade se refere a viver plenamente no presente e só remotamente tem relação com o sobrenaturalismo, que pode ser uma espécie de escapismo. Em certas religiões existe um sentimento de que o "sagrado" pertence ao céu e que este mundo, por comparação, é o campo do pecado e do sofrimento que pretendem submeter-nos à prova. Isso implica que o físico e o espiritual são opostos e que o corpo é puramente *carnal* enquanto o mundo espiritual está fora do nosso alcance. Mas, para os pensadores descritos neste livro, a realidade espiritual deste mundo está presente aqui e agora e é inteiramente possível ter experiências espirituais significativas nesta vida, na ausência de qualquer estrutura[1].

Para alguns autores modernos uma vida espiritual implica, como se diz, cultivar nossa relação com o sagrado

---

1. Uma exceção poderia ser Schopenhauer, que argumenta que este mundo é um lugar de sofrimento e um vale de lágrimas. Mas mesmo Schopenhauer parece reconhecer a possibilidade do que eu denominaria experiência "espiritual" – em sua narrativa da música, por exemplo, e ainda sobre a compaixão.

ou, como o denominam tanto Rudolf Otto quanto Carl Gustav Jung, o "numinoso", o que sugere possibilidades mais elevadas de experiência neste mundo[2]. De acordo com Otto, a experiência do sagrado é a experiência do *mysterium tremendum* e isso transforma a espiritualidade numa experiência de pico que implica uma espécie de autossuperação. Em minha opinião, precisamos admitir que a vida está cheia desses momentos – entre os quais a experiência do sublime na natureza, o poder transformador de uma obra de arte ou a experiência intensa do amor – que nos causam a sensação de estarmos inteiramente vivos. Mas não adianta definir a espiritualidade em termos do *sagrado*, porque então estamos apenas trocando um termo indefinível por outro. Mesmo assim, o sagrado pode oferecer uma poderosa evocação da vida espiritual, enquanto a ausência do sagrado pode fazer com que tudo pareça vazio. Em sua autobiografia, Jung afirma que a vida é intrinsecamente misteriosa e isso sugere que mesmo a narrativa espiritual mais profunda sempre pode não corresponder à realidade que ela procura descrever:

> É importante que tenhamos um segredo e a intuição de algo incognoscível. Este mistério dá à vida um tom impessoal e "numinoso". Quem não teve uma experiência desse tipo perdeu algo de importante. O homem deve sentir que vive num mundo misterioso, sob certos aspectos, onde ocorrem coisas inauditas – que permanecem inexplicáveis – e não somente coisas que se desenvolvem nos limites do esperado. O

---

[2]. Para uma análise de Jung e Otto sobre este tópico, cf. TACEY, D. The role of the numinous in the reception of Jung. *In*: CASEMENT, A.; TACEY, D. (orgs.). *The idea of numinous*: Contemporary Jungian and psychoanalytic perspectives. Londres: Routledge, 2004, p. 213-228.

inesperado e o inabitual fazem parte do mundo. Só então a vida é completa. Para mim, o mundo, desde o início, era infinitamente grande e inabarcável (JUNG, 2019, p. 350).

Em contrapartida, quando é reduzido a tudo quanto pode ser descrito e medido, o mundo se empobrece e perde o que Nietzsche denomina sua "rica ambiguidade". Neste sentido, a ideia do sagrado como um mistério profundo é fundamental e inevitável. Mas ainda precisamos de outra maneira de compreender a dimensão espiritual da vida.

Mais positivamente, portanto, e como uma definição norteadora que permite outras perspectivas, argumentarei que a espiritualidade – como a religião – implica um sentimento de estar conectado com um poder ou sentido maior e a necessidade de afirmar essa conexão, porque ela parece inspirar a parte mais elevada de quem somos[3]. Disso se segue que é possível sentir uma forte conexão com a natureza, com a humanidade, com o cosmos, ou mesmo com a própria "verdade" (como no caso de Sócrates ou Gandhi). Podemos reverenciar todas estas coisas superiores e, por elas, podemos também experimentar um sentimento do "sagrado". Por exemplo, se estamos perturbados ou alienados de nós mesmos ou dos outros, podemos encontrar conforto visitando uma montanha ou um rio, passando um tempo numa floresta ainda incólume ou observando um bando de garças ao fazerem sua migração anual. Isso ocorre porque é possível experimentar nossa conexão com a realidade

---

3. Cf. também a análise geral da espiritualidade feita por Linda Mercadante em *Beliefs without borders*: Inside the minds and cosmopolitanism. Oxford: Oxford University Press, 1973, p. 4-6.

maior da natureza, que é inspiradora e nos revigora. Da mesma forma, quando a natureza é ameaçada por poluição, oleodutos, desenvolvimento excessivo etc., existem pessoas que protestarão e farão o possível para mudar o curso dos acontecimentos. Porque, neste sentido, elas são afeiçoadas à natureza e o movimento ambientalista a que pertencem é tão vigoroso precisamente porque é um movimento *espiritual*, como também uma preocupação ética. Isso se poderia dizer a respeito de Sócrates, que sacrificou tudo por causa da filosofia e da verdade, que ele afirmava serem mais importantes do que sua segurança ou sua própria vida. Hoje centenas de jornalistas em todo o mundo são presos ou correm o risco de serem assassinados porque ousam falar a verdade diante do poder vigente e, como Sócrates, estão também dispostos a sacrificar-se a si mesmos pela verdade como um valor espiritual.

Continuando nesta linha de pensamento, existem certas atitudes e respostas que parecem afirmar a vida espiritual, porque revelam um desejo de ir além das preocupações puramente interesseiras do ego. Como vimos, a espiritualidade implica autossuperação, que significa deixar de lado seus próprios interesses para afirmar uma realidade superior ou maior. E, nesse sentido, compaixão, perdão, plena atenção, admiração, generosidade e reverência são respostas espirituais e *virtudes espirituais*, mesmo que em outros contextos sejam primariamente temas éticos. Mas existe uma grande diferença entre o ético e o espiritual e os dois nem sempre andam juntos. Para dar apenas um exemplo: muitas pessoas negam que temos um dever ético de perdoar alguém que matou um amigo ou um membro da família e, nesta situação, certamente seria errado pressionar alguém a perdoar se ele de fato não está disposto a fazê-lo. Mas, como observa Derrida, ainda é possível "perdoar o imperdoável" quando alguém perdoa o perpetrador de uma atrocidade terrível que devastou sua vida. E este ato extremo de generosidade será uma conquista *espiritual*, se não for feito primariamente para seu próprio bem (para aliviar sua cólera ou para continuar sua vida), mas pelo bem da outra pessoa, para as necessidades da comunidade, ou para trazer paz ao mundo[4]. De maneira semelhante, a compaixão nem sempre é um requisito moral, e a reverência, a admiração e o amor são éticos apenas indiretamente (quando nos ajudam a fazer a coisa certa). Mas estas respostas – reverência, admiração, perdão, generosidade, amor etc. – podem expressar nossa conexão com uma realidade superior ou maior, especialmente quando excedem tudo o que é exigido moralmente de nós, e neste sentido são virtudes espirituais.

Em seguida, para reforçar a conexão com esta realidade maior – seja a natureza, a humanidade, a verdade, o divino, ou uma combinação destas coisas – são recomendadas certas *práticas espirituais*, entre as quais a meditação, a oração, o controle das intenções individuais, o autocultivo ou a devoção comunitária. E, como veremos, também a *filosofia* pode ser uma espécie de prática espiritual, especialmente quando esclarece temas espirituais – porque compreender a natureza da compaixão nos tornará mais compassivos e captar a natureza real do amor nos capacitará a amar os outros de maneira mais perfeita. Finalmente, além das virtudes espirituais e práticas espirituais, existem também

---

4. Cf. o ensaio de Derrida, On forgiveness. *In*: *On forgiveness and cosmopolitanism*. Londres: Routledge, 2002.

pontos focais espirituais, entre os quais a arte, a religião, a alma e o sagrado, que estão entre os objetos mais básicos da investigação espiritual e podem servir como pontos de partida para a reflexão espiritual, mesmo se formos além das visões tradicionais acerca destas ideias. Neste livro examinaremos virtudes espirituais, entre as quais a compaixão, a generosidade e a sabedoria; práticas espirituais, entre as quais o amor, o luto e o cuidado de si; pontos focais espirituais, entre os quais a arte, a religião e a alma. Neste sentido, a espiritualidade é algo que pode ser separado da religião e considerado por si mesmo.

Tudo isso nos leva à ideia de que o espiritual e o religioso não coincidem totalmente; e, assim como podemos ser espirituais, mas não religiosos, também é possível ser religioso sem ser espiritual – especialmente se alguém caiu numa rotina religiosa negligente, ou se escolhe o ódio religioso em vez da compaixão. Em particular, existe uma diferença de ênfase entre espiritualidade e religião, porque a religião é tipicamente associada a crenças fixas acerca de Deus e da vida após a morte, que os adeptos são obrigados a afirmar. Em contrapartida, a espiritualidade enfatiza uma busca pessoal da verdade espiritual como um processo de autotransformação, mas parece cultivar visões mais agnósticas acerca de crenças fundamentais e da natureza do "absoluto". Por fim, a meta espiritual consiste em viver uma vida genuína, que repercute o valor e o sentido últimos, e isso requer o cultivo de virtudes e práticas espirituais, como a plena atenção, a compaixão, o amor à sabedoria e as boas intenções. Mas, deste ponto de vista, nossas crenças religiosas reais não são tão importantes.

Mesmo assim, pode-se argumentar que a religião ainda é necessária, na medida em que proporciona uma comunidade de culto que fortalece os indivíduos na sua decisão de religar-se [*re-ligare*] ao sagrado ou ao santo. Mas, embora isso possa ser verdade até certo ponto, não é verdade por definição e existem muitas comunidades de buscadores *espirituais*[5]. Existem também muitas comunidades religiosas que *desestimulam* o esforço espiritual, considerado por elas uma ameaça a uma autoridade religiosa oficial. Ao longo da história, pessoas foram punidas por suas crenças quando estas estavam em desacordo com as visões do sistema religioso. Por isso, embora o apoio dos outros seja algo que pode estimular-nos a seguir um caminho espiritual, acontece também que os requisitos do dogma e a deferência às autoridades tradicionais podem minar a autonomia espiritual e a possibilidade de uma autêntica busca espiritual. Neste sentido, pode ser que, se estamos falando de espiritualidade ou religião, a coisa mais importante é a jornada do indivíduo. E podemos também dizer que uma experiência religiosa *é* simplesmente uma experiência espiritual mediada por crenças religiosas. Como observa William James no início de *As variedades da experiência religiosa*:

> Estou disposto a aceitar, praticamente, qualquer nome para a religião pessoal que me proponho a tratar. Chamem-lhe consciência ou moral, se preferirem, e não religião – seja qual for o nome que lhe derem ela será igualmente merecedora do nosso estudo. Quanto a mim,

---

[5]. Com efeito, uma das mais importantes descobertas de Mercadante é que muitos dos que se consideram "espirituais, mas não religiosos" pertencem também a comunidades espirituais de pessoas da mesma opinião. Cf. MERCADANTE, 2014, esp. p. 155-192.

creio que ela mostrará conter elementos que a moral pura e simples não contém, e logo buscarei indicar esses elementos; por isso continuarei a aplicar-lhe a palavra "religião"; e, na última conferência, apresentarei as teologias e os eclesiasticismos, e direi alguma coisa de sua relação com eles (JAMES, 1991, p. 33).

Neste contexto, a "religião pessoal" que James considera fundamental equivale essencialmente ao que estamos denominando o *espiritual*. E isso implica que a espiritualidade deve ser descoberta no próprio cerne da religião.

Hoje, as coisas que denominamos "espirituais" existem num amplo espectro que vai das formas tradicionais de vida monástica e formação espiritual até a sabedoria não ocidental, inclusive o taoísmo e os ensinamentos do Dalai Lama e o trabalho da plena atenção de Thich Nhat Hanh, originários todos eles de um contexto cultural completamente diferente. Mas existem muitas outras práticas espirituais, entre as quais a ioga, o canto ritual, a astrologia e o uso adivinhatório do tarô. Evidentemente a espiritualidade no contexto contemporâneo é diversa e abrangente; e isso sugere que existe uma necessidade real de diferentes formas espirituais que não foram tratadas pela religião tradicional.

Pode-se argumentar, evidentemente, que algumas formas de espiritualidade contemporânea refletem narcisismo e egocentrismo, porque realçam o ego em vez da alma. E, indo além, alguns comentaristas, entre os quais Slavoj Zizek, argumentam que o crescimento da espiritualidade da Nova Era é simplesmente uma função do capitalismo tardio, que introduz os consumidores espirituais no mercado espiritual (cf. ZIZEK, 2001, p. 12s.). Parece que o capitalismo mercantiliza tudo, inclusive a vida espiritual! Esta é uma crítica razoável e precisa ser levada a sério, já que a espiritualidade é um grande negócio. Mas seria injusto rejeitar a espiritualidade como tal apenas porque algumas formas espirituais foram apropriadas pela sociedade comercial. Minha própria visão é que a compaixão, a generosidade, o perdão, a plena atenção, a admiração e outras atitudes espirituais refletem uma compreensão espiritual básica, que pode ser afirmada mesmo na ausência de um fundamento explicitamente religioso. Temas espirituais como estes formam o cerne da vida espiritual. São essenciais para o desenvolvimento humano e, por isso, deveriam ser explorados pela filosofia e outras formas de investigação.

É comum dizer que hoje vivemos numa sociedade secular e que o predomínio da ciência questiona as explicações religiosas. A religião organizada já não é tão influente como era antes, e existem evidências de que um número crescente de pessoas está prosseguindo sua própria busca espiritual, que pode ou não estar conectada com alguma religião tradicional. Mas tudo *isso* sugere que uma sociedade verdadeiramente secular, na qual tudo é explicado e organizado em termos da razão, pode também não ser intrinsecamente satisfatória. Porque, apesar de nosso progresso material e do crescente consumismo, muitas vezes chegamos a perceber que está faltando algo em nossa vida e permanecemos insatisfeitos desde que a espiritualidade e a dimensão espiritual caíram no esquecimento. Os defensores do secularismo pressupõem que a razão é um guia suficiente para a vida, mas estão errados, porque nossa vida não é completamente racional e podemos experimentar um sentimento de conexão com uma realidade maior ou superior que devemos acatar. Denominamos isso "vida espiritual" e nos vemos atraídos a cultivar nossa relação com ela.

Sobre os filósofos espirituais

Este livro focaliza a obra de nove pensadores diferentes pertencentes à tradição moderna. A maioria, mas não todos, são filósofos tradicionais, mas todos sem exceção são pensadores e buscadores rigorosos que chegaram a lidar com alguns aspectos importantes da espiritualidade, como descrevi acima. Eles podem ou não se denominar pensadores "espirituais" e em alguns casos – Nietzsche, Schopenhauer e talvez Benjamin – são ambivalentes acerca de qualquer coisa que cheire a idealismo. O que todos têm em comum, no entanto, é um forte sentimento de possibilidade espiritual que é ao mesmo tempo crítico e inspirador. Desde o fim da antiguidade clássica, a espiritualidade no mundo ocidental foi geralmente considerada uma parte da religião e uma maneira de tornar-se mais digno e devoto. Mas em determinado momento, não faz muito tempo, a espiritualidade começou a separar-se da religião e o cultivo espiritual tornou-se um fim em si mesmo. Cada um dos pensadores que escolhi para analisar neste livro inaugura um novo caminho de pensar sobre matérias espirituais. Não fornecerei um relato abrangente de cada pensador espiritual que analiso, mas focalizarei ao invés um único tema espiritual – ou a interseção de dois temas – que esse pensador esclarece de maneira crítica, mas ponderada, por exemplo Schopenhauer sobre a compaixão, Nietzsche sobre a generosidade e Irigaray sobre o amor. Desta maneira, será possível começar uma conversação sobre a compaixão, a generosidade, a arte, a sabedoria, a morte, a alma, o eu, o sagrado, o amor etc., que estão entre os aspectos mais importantes da vida espiritual. Note-se, no entanto, que nenhum destes temas é "do outro mundo" ou tem um objetivo totalmente ético, mas são temas espirituais no sentido que esbocei acima. Finalmente, a elaboração da espiritualidade é em si mesma uma atividade espiritual, e a filosofia – que inclui tanto o pensamento crítico quanto o pensamento criativo – torna-se um aspecto espiritual do mundo quando esclarece temas espirituais e nossa vida espiritual.

Começarei com Schopenhauer, porque Schopenhauer é talvez o primeiro pensador moderno que levou a sério a filosofia não ocidental. Antigos textos indianos e budistas foram traduzidos pela primeira vez para as línguas europeias pelo fim do século XVIII e Schopenhauer fez destas obras uma parte importante de seu próprio projeto filosófico. Em particular, ele viu que em muitos destes textos antigos a compaixão era estimada como o valor ético e espiritual mais importante e isso repercutiu na visão que o próprio Schopenhauer teve das coisas. Desta maneira, especialmente em sua obra sobre a ética e a estética, ele recupera a dimensão espiritual da filosofia e o sentido no qual a própria filosofia é uma prática espiritual (cf. WHITE, 2017, p. 177-196). Schopenhauer é pessimista e não parece prezar esta vida, mas é um dos poucos pensadores na tradição ocidental que afirma o valor da compaixão, em vez de desdenhá-la, como os estoicos ou Nietzsche e outros pensadores ocidentais.

Depois de Schopenhauer, o capítulo sobre Nietzsche focaliza suas ideias sobre a generosidade ou o que ele denomina "a virtude dadivosa". Nietzsche elucida a generosidade *espiritual* e mostra como ela supera a virtude ética da generosidade que encontramos em Aristóteles e outros filósofos moralistas. Embora fosse um ateu que proclamou a morte de Deus, o próprio Nietzsche era um pensador extremamente espiritual e odiava as religiões oficiais, como o cristianismo, por removerem o sagrado deste mundo e o projetarem numa esfera extramundana. Em suas obras principais, e com vários estratagemas – entre os quais Dioniso *versus* Apolo, o super-homem e o eterno retorno – a meta de Nietzsche consiste, entre outras coisas, em inspirar a dimensão espiritual da vida. E em seu livro mais importante, *Assim falava Zaratustra*, ele celebra a generosidade completa da vida como algo a que podemos responder encarnando-a em nossa própria existência, na maneira como vivemos nossa vida.

Kandinsky, o tema do terceiro capítulo, é conhecido sobretudo como o pai da pintura abstrata moderna. Mas foi também o autor de um manifesto artístico: *Do espiritual na arte*. Neste livro, Kandinsky descreve a relevância espiritual da arte e argumenta que numa época de completo materialismo, que entorpece a vida, o único remédio é recuperar a dimensão espiritual da arte, que para ele se encontra no caminho da abstração. Kandinsky é notável porque foi um artista brilhante e ao mesmo tempo um pensador sistemático, cuja narrativa da arte permanece inspiradora e relevante. Podemos não concordar com sua tentativa de elaborar a linguagem espiritual da forma e da cor, mas ele é um dos primeiros a propor as questões mais importantes acerca da arte e da espiritualidade. Neste capítulo argumento que as visões de Kandinsky sobre o artista como uma espécie de profeta ou vidente espiritual continuam convincentes.

O pensador seguinte, Walter Benjamin, é um brilhante ensaísta, um filósofo e um teórico literário, embora no fim sua obra seja provavelmente inclassificável. Hoje Benjamin é talvez mais conhecido por seu ensaio sobre *A obra de arte na época de suas técnicas de reprodução*, no qual argumenta que, na sociedade de massas contemporânea, a obra de arte perdeu sua aura e seu singular poder de transformar-nos, embora isso não seja um desenvolvimento indesejável. Mas, no mesmo ano (1936), ele escreveu outro ensaio sobre *O narrador*, no qual lamenta a morte de um tipo mais tradicional de sabedoria espiritual na época da informação à qual ainda pertencemos. Neste capítulo concentro minha atenção na própria ideia de sabedoria e em verificar se a sabedoria ainda é possível numa sociedade como a nossa, que parece valorizar mais a quantidade do que a qualidade. A sabedoria é uma virtude espiritual, porque nos permite compreender nossa relação com a totalidade; promove uma vida crítica e ponderada; e, como um dom que recebemos, ela pode ser transmitida aos outros. Mas será que ainda cremos no valor da sabedoria? E, neste momento, ela é considerada algo mais do que conhecimento ou informação?

Jung é um pensador importante para este livro. Enquanto psicólogo, ele recupera a dimensão espiritual da vida, que Freud havia suprimido, e escreve sobre a experiência do numinoso que nos dá acesso ao sagrado. Jung lamenta a rejeição da natureza e de suas forças arcaicas e não vê nada de bom na sociedade moderna que desdenha o mito e tudo aquilo que não pode ser medido. Neste capítulo focalizo sua narrativa da religião e, em particular, sua brilhante obra de teologia *Resposta a Jó*. Neste livro, Jung trata do problema do mal, da Encarnação de Deus em Jesus Cristo e do Apocalipse, entre outras coisas. Ele argumenta que a religião não pode sobreviver caso se recuse a mudar ou a se adaptar a tempos diferentes. Além disso, uma religião fixa não é uma religião viva, e nesta obra Jung descreve algumas das inconsistências e paradoxos associados ao cristianismo oficial. Jung descreve também o objetivo espiritual da *individuação* e, desta maneira, procura efetuar uma mudança significativa em nossa vida espiritual.

James Hillman é um importante seguidor de Jung, que escreve sobre ideias espirituais básicas como espírito, alma e autossuperação. Em *Além do bem e do mal*, Nietzsche havia desafiado os pensadores a apresentar "novas configurações e subutilizações da hipótese da alma" (NIETZSCHE, 2022a, § 12), e é exatamente isso que Hillman faz em sua obra. Ele reimagina a relação entre o espírito e a alma da maneira como esta relação foi entendida tradicionalmente. Ele mostra como o espiritual implica a transcendência, a autossuperação e a experiência de pico; embora se suponha que a alma é profunda em vez de elevada, ela é o aspecto único de nosso ser e tende ao sofrimento. Mas por que a alma é negligenciada? E por que consideramos a autossuperação (ou o esquecimento do eu ou da alma) a chave para a iluminação? Aqui focalizarei um ensaio importante de Hillman, no qual ele descreve a história dos conceitos de espírito e de alma. Para Hillman a espiritualidade tradicional pode ser uma forma de escapismo ou mesmo de autoabandono. Em contrapartida, a alma é a chave para descobrir quem somos e ela pode ser compreendida pela imaginação que afirma o reencantamento deste mundo.

Em seguida, o capítulo sobre Foucault examina as importantes ideias acerca do cuidado de si, que ele descreve como uma espécie de atividade *espiritual*. Depois de escrever diversos livros importantes sobre o poder e as diferentes formas de dominação e de controle, em sua última obra Foucault se interessou pelo sujeito como um ponto de resistência a todos estes efeitos do poder e buscou explorar a prática do autocultivo, ou cuidado de si, como uma maneira de tornar-se livre. Foucault examina outras culturas – os antigos gregos, os romanos e os primeiros cristãos – e discorre longamente sobre a vida sexual como uma das áreas mais intensas de nosso próprio vir-a-ser. Indiretamente sua obra se conecta com o discurso da autoajuda e do autoaperfeiçoamento, enquanto oferece uma glosa sobre a ideia de Nietzsche de "viver sua vida como uma obra de arte" e "como alguém se torna o que ele é". A análise de Foucault é envolvente e inspiradora como resposta espiritual ao cárcere da sociedade moderna que domina a vida individual.

O capítulo seguinte considera a obra de Jacques Derrida e a possibilidade do luto, que é um tema crucial em seus escritos. Neste sentido, Derrida se relaciona tanto com Freud quanto com Roland Barthes, que se detêm ambos na importância do luto, embora de maneiras diferentes. O próprio Freud não é considerado geralmente um pensador espiritual, especialmente com seu relato redutivo da libido; mas sua obra sobre o luto é importante e proporciona um panorama essencial para Barthes e especialmente para Derrida, que eleva o luto a um aspecto fundamental da vida espiritual – porque é uma das formas mais altruístas de amor. Barthes escreve sobre a fotografia e sua relação com a morte. Derrida escreve sobre diversos amigos que perdeu e reflete cuidadosamente sobre muitas das dificuldades espirituais associadas ao luto. Ele mostra que o luto é uma possibilidade espiritual, na medida em que afirma nossa conexão com os vivos e com os mortos. Mas, como ele observa, tanto o apego quanto o abandono são uma espécie de traição. Portanto, como devemos lamentar ou responder à morte do outro?

Finalmente, no último capítulo examino a obra de Luce Irigaray. Irigaray argumenta que a diferença sexual entre homens e mulheres é o grande "imprevisto" da filosofia, mas promete também as maiores recompensas espirituais aos que pensam seriamente sobre esse imprevisto. Começando a partir desta compreensão, Irigaray descreve a "sabedoria do amor" entre duas pessoas, que cuidam uma da outra e que se inspiram uma na outra. Esta relação seria física, emocional, intelectual e espiritual e seria o cumprimento do amor como um projeto espiritual. Em sua obra, Irigaray elabora as maneiras como a relação amorosa realça a autonomia individual e a dimensão espiritual da vida e isso faz dela a herdeira contemporânea de Diotima em *O Banquete* de Platão. Irigaray é importante também na medida em que explora a dimensão espiritual do ensino, que é outro tipo de relação amorosa, mas uma relação amorosa que é negligenciada, especialmente quando a educação é reduzida a um exercício ou apenas à transmissão de conhecimento aos outros.

Existem, evidentemente, muitos outros que poderiam aparecer neste livro, especialmente se for considerada uma história da espiritualidade moderna ou um registro completo de todos os "filósofos espirituais" desde Schopenhauer até os nossos dias. Mas este não é um relato exaustivo. Minha lista de nove pensadores é eclética, embora não arbitrária; e, tomada como um todo, ela ajuda a esclarecer a possibilidade de uma tradição espiritual oculta no mundo ocidental moderno, tradição que não é religiosa ou extramundana, mas de natureza *filosófica*. Cada capítulo é um ensaio autônomo que pode ser lido separadamente, mas o efeito do livro todo será iluminar a dimensão espiritual da filosofia moderna e da vida moderna de uma maneira mais completa e sistemática. O objetivo deste livro consiste em inspirar novamente o pensamento sobre temas espirituais que estão entre as mais profundas verdades do mundo ao qual pertencemos; porque, mesmo que sejam "invisíveis" e não possam ser medidas de maneira direta, essas verdades são reais; e podemos negligenciar a parte mais profunda de nós mesmos se optarmos por ignorá-las.

1 SCHOPENHAUER SOBRE A COMPAIXÃO

A julgar pelas aparências, Schopenhauer parece ser o *menos* espiritual de todos os filósofos. Ele defende a completa inutilidade da vida humana e, em passagens como a seguinte, parece zombar do leitor com a total absurdidade de todas as nossas metas e ambições:

> No entanto, nenhuma satisfação é duradoura; pelo contrário, é sempre um mero ponto inicial de um novo esforço. Em todo lugar vemos o esforço sendo obstruído de muitas maneiras, em todo lugar vemos luta e combate e, portanto, sempre como sofrimento. Portanto, o fato de não existir nenhuma meta última do esforço significa que não existe nenhuma medida ou fim do sofrimento (SCHOPENHAUER, 1969, p. 309).

Schopenhauer afirma que a existência humana se move continuamente entre os dois polos da insatisfação e do tédio e nega que nossa vida possa algum dia ter sentido ou ser digna de ser vivida. Do mesmo modo, ele descreve a realidade última em função da única vontade primordial, que luta implacavelmente por nada em particular. A vontade quer por nosso intermédio, mas não se move para nenhuma meta final. Tudo isso parece confirmar nossa situação impossível, que podemos compreender se tivermos a força de olhar para além de todas as metas ilusórias de nossa existência individual. Com efeito, para Schopenhauer, a própria existência individual – o *principium individuationis* – é apenas outra ilusão.

E, no entanto, apesar de todo o pessimismo e niilismo de Schopenhauer, existe na sua filosofia uma forte contracorrente; e, por diferentes razões, penso que é apropriado começar a história recente da filosofia espiritual com o pensamento de Schopenhauer. Como já mencionei, Schopenhauer foi um dos primeiros a levar a sério a filosofia não ocidental e ele comemora a filosofia Vedanta da Índia e o budismo como tradições de sabedoria que são tão importantes como as do cristianismo e do judaísmo – ou até mais importantes do que estas. A compreensão que Schopenhauer tem das tradições de sabedoria da Ásia é certamente filtrada por sua lente pessimista e nem sempre ele tem uma compreensão exata das doutrinas-chave. Mas ele é um pioneiro espiritual e mostra a possibilidade de diferentes maneiras de compreender a realidade última e o sentido último. Em particular, Schopenhauer viu que, quando admitimos o caráter ilusório da existência individual e a realidade da vontade única primordial subjacente à natureza em sua totalidade, devemos também chegar a experimentar nossa identidade com os outros e o fato de que somos todos basicamente iguais. Desta maneira, a compaixão surgirá como a relação fundamental entre os seres humanos e todas as outras criaturas.

De acordo com Schopenhauer, a compaixão – e não a razão – é a única base real da moralidade. Porque, excetuada a compaixão, não há nada que possa inspirar-nos a cuidar dos outros se não for do nosso interesse fazê-lo. No Ocidente, pelo menos desde o tempo dos estoicos, a compaixão foi vista com certa suspeita, como uma espécie de fraqueza que nos afasta de nosso próprio projeto de autodeterminação, embora se deva dizer que aqui a atitude dos filósofos apenas reflete os preconceitos da vida cotidiana. No budismo e em outras tradições asiáticas, a compaixão é considerada uma das virtudes mais elevadas – senão a mais elevada – e uma espécie de força e não de fraqueza, porque ela implica abertura a outra pessoa e a disposição de estar disponível a ela. Nosso primeiro impulso talvez seja o impulso de fuga e o desejo de não nos envolver, mas a compaixão supera o egoísmo e dá prioridade ao outro. Schopenhauer é talvez o primeiro filósofo ocidental a compreender o valor absoluto da compaixão neste sentido, porque ele a considera como a consequência necessária da autossuperação e da natureza ilusória do eu individual; e sua análise da compaixão só foi aprofundada por seu estudo das tradições filosóficas asiáticas, entre as quais o budismo.

Ora, a compaixão é certamente um princípio ético, mas neste capítulo desejo afirmar que ela é também um princípio espiritual – com efeito, ela pode ser considerada o início da vida espiritual. Sem a compaixão ficamos absortos conosco mesmos e somos autossuficientes e incapazes de nos conectar com os outros ou com a realidade superior ou maior da qual fazemos parte. É uma visão muito difundida entre diferentes tradições religiosas e filosóficas que a vida espiritual começa com a morte do ego e com nossa necessidade de nos aferrar a uma existência separada e autocentrada. No cristianismo e no islamismo, ensinam-nos a subordinar nossa vontade à vontade de Deus; no estoicismo, ensinam-nos a considerar nossa razão um fragmento do Logos divino e que devemos aceitar tudo o que acontece como sendo a vontade do próprio cosmos; no taoísmo, ensinam-nos a rejeitar a confiança em nós mesmos e seguir o caminho do Tao. Com o budismo a conquista da verdadeira compaixão pode ser considerada da mesma maneira uma espécie de morte do ego, porque implica autossuperação em favor dos outros; e, visto que experimentamos seu bem-estar como nosso próprio bem-estar, podemos dizer que a compaixão é um impulso espiritual que atesta nossa conexão com uma realidade superior ou maior que transcende nossa vida egoísta.

Na análise de Schopenhauer que apresento a seguir, focalizo sua narrativa da natureza ilusória da existência individual e mostro como ele utiliza a perspectiva do antigo Vedanta. Nesse sentido, um tema de interesse especial seria sua filosofia da música. Em seguida, examino a visão da compaixão de Schopenhauer em relação ao budismo e a prioridade da compaixão na vida espiritual. Schopenhauer não é de maneira alguma um estudioso constante e coerente da filosofia indiana antiga, mas foi um pioneiro e sua obra exerceu profunda influência. Ele é sem dúvida um pessimista e é difícil conciliar seus comentários negadores da vida com o ponto de vista espiritual que é tipicamente afirmador da vida. Mas Schopenhauer via que a sabedoria oriental recém-disponível era um corretivo essencial ao individualismo moderno e à fé cega no progresso, que caracterizavam boa parte do pensamento do século XIX. Seu estilo mordaz e polêmico pretende transformar o leitor individual, sacudindo suas convicções mais profundas; e, neste sentido, sua filosofia foi profundamente transformadora da tradição espiritual ocidental.

1.1 A filosofia indiana e a ilusão do eu

Schopenhauer foi um dos primeiros pensadores ocidentais a reconhecer o valor da filosofia asiática. Foi profundamente impressionado pelo *Oupnek'hat*, uma tradução dos Upanixades que ele recebeu poucos anos antes de publicar *O mundo como vontade e representação* (1818), e descreveu este texto como "a mais proveitosa e sublime leitura que é possível no mundo; foi o consolo de minha vida e o será de minha morte" (SCHOPENHAUER, 1974, p. 397). Pelo resto de sua vida, Schopenhauer fez um estudo amplo da filosofia indiana (inclusive o budismo), que parecia antecipar suas próprias concepções filosóficas. Como outros estudiosos do início do século XIX, Schopenhauer acreditava que a recuperação da antiga sabedoria indiana provocaria um novo Renascimento na Europa[6]. Ele sustentava também que a verdade essencial do cristianismo pode ser entendida em relação com sua expressão mais original no pensamento indiano, pois

> o mais recôndito núcleo e espírito do cristianismo é idêntico ao do bramanismo e do budismo. [...] Todos eles ensinam uma pesada culpa da raça humana do início ao fim de sua própria existência; só o cristianismo não procede direta e abertamente neste sentido, como estas religiões mais antigas (SCHOPENHAUER, 1969, vol. 2, p. 604).

Hoje podemos certamente admirar a tentativa de Schopenhauer de entender a filosofia indiana e integrá-la no

---

6. Cf., p. ex.: SCHOPENHAUER, 1969, vol. 1, p. 357: "Pelo contrário, a sabedoria indiana reflui para a Europa e provocará uma mudança fundamental para o nosso conhecimento e pensamento".

horizonte do pensamento ocidental. Enquanto outros, como Hegel, eram mais desdenhosos ou simplesmente insensíveis, Schopenhauer procurou utilizar a filosofia indiana para repensar a tradição ocidental[7]. Mesmo assim, sua apropriação de obras filosóficas indianas, como os *Upanixades*, o *Bhagavad Gita* ou o *Prajna Paramita*, pode também ser considerada uma *apropriação indébita* do pensamento indiano, na medida em que ele utiliza estes textos para confirmar suas próprias opiniões filosóficas. Porque, neste ponto, a filosofia indiana é arrastada para a órbita do pessimismo, da celebração do nada e da negação da vontade de viver, próprias de Schopenhauer; e a perigosa tentação é ler a filosofia indiana retroativamente à luz destes temas niilistas modernos.

Entre os traços mais essenciais da filosofia de Schopenhauer está sua pretensão de que o mundo da realidade empírica não passa de um sonho, ou de uma ocorrência meramente fenomenal que deriva da vontade, a realidade subjacente que é a coisa-em-si. De acordo com Schopenhauer, tudo no espaço e no tempo é uma manifestação secundária cuja existência depende da vontade que o sustenta:

> Já que a vontade é a coisa-em-si, o conteúdo interior, a essência do mundo, ao passo que a vida, o mundo visível, o fenômeno, é apenas o espelho da vontade, este mundo acompanhará a vontade de maneira tão inseparável como um corpo é acompanhado por sua sombra; e, se a

---

7. Para uma análise das diferentes maneiras como os filósofos do século XIX se apropriaram da filosofia asiática, cf. CLARKE, J.J. *Oriental enlightenment*: the encounter between Asian and Western thought. Londres: Routledge, 1997.

vontade existe, então a vida, o mundo, existirão (SCHOPENHAUER, 1969, vol. 1, p. 275).

Disso se segue que a existência individual é realmente insignificante. Enquanto indivíduos, passamos de um desejo a outro, procurando em vão evitar a dor da insatisfação ou do tédio. Mas, já que tudo o que desejamos é apenas a expressão da vontade que quer por nosso intermédio, nunca podemos conhecer a satisfação, porque a vontade é insaciável e cega. Schopenhauer argumenta também que a natureza – a objetificação da vontade – cuida apenas da espécie e não do indivíduo. Com efeito, em algumas passagens ele se esforça para realçar que a natureza não é apenas indiferente, mas realmente cruel em sua conduta com os seres humanos. Como a "Natureza" personificada é levada a declarar em *O mundo como vontade e representação*:

> O indivíduo é nada e menos do que nada. Eu destruo milhões de indivíduos diariamente por esporte e passatempo; abandono seu destino ao acaso, ao mais inconstante e irresponsável dos meus filhos, que os importuna a seu bel-prazer. Todos os dias produzo milhões de novos indivíduos sem qualquer diminuição de meu poder produtivo; exatamente como o poder de um espelho não é esgotado pelo número de imagens solares que ele projeta uma depois da outra na parede. O indivíduo não é nada (SCHOPENHAUER, 1969, vol. 2, p. 600).

Schopenhauer argumenta que, quando percebemos o caráter insatisfatório da existência humana e o caráter insatisfatório de todas as nossas metas individuais, podemos obter a libertação desta roda de sofrimento recusando-nos a afirmar a vontade de viver, com práticas ascéticas, entre as quais a pobreza, a castidade e a mortificação da vontade mediante o tormento do corpo. Observa ele:

> Com o termo *ascetismo*, entendo, no sentido mais estrito, esta deliberada ruptura da vontade, recusando o agradável e procurando o desagradável, o modo de vida de penitência e autopunição escolhido voluntariamente, pela constante mortificação da vontade (SCHOPENHAUER, 1969, vol. 1, p. 392)[8].

Inicialmente Schopenhauer afirma que todas as nossas ações são determinadas pela lei de causa e efeito e, neste sentido, ele é inflexível em sustentar que tudo no mundo fenomenal acontece de acordo com a estrita necessidade. No entanto, no fim de *O mundo como vontade e representação*, ele diz que a vontade pode ser anulada pela automortificação e, portanto, *por meio de um ato da vontade*, podemos ser libertados dos sofrimentos da vida. Schopenhauer só consegue descrever esta doutrina paradoxal em termos místicos como o efeito da "graça". A partir da perspectiva de sua própria filosofia, no entanto, parece contraditório afirmar que: (1) tudo na esfera fenomenal é "absolutamente necessário", inclusive as ações humanas, já que somos "o fenômeno determinado" da vontade, e ao mesmo tempo, (2) que o libertar-se da vontade *pode* ser atingido por meio da autonegação ascética; pois a autonegação ascética é também uma expressão da vontade e é pouco claro que a vontade possa algum dia arruinar-se pelo *querer*. Este pode

---

[8]. Para uma análise mais extensa do ascetismo, cf. também SCHOPENHAUER, 1969, vol. 2, p. 607.

ser um caso em que chamar algo de "mistério" implica uma relutância em pensar mais criticamente sobre ele. Mas Schopenhauer recorre frequentemente à obra de místicos cristãos e indianos para apoiar sua postura básica.

A julgar pelas aparências, a narrativa de Schopenhauer da relação do indivíduo com a vontade subjacente traz uma rigorosa semelhança com as perspectivas filosóficas indianas presentes nos *Upanixades* e no *Bhagavad Gita*, que sugerem uma dicotomia semelhante entre o indivíduo empírico e a realidade absoluta que nos sustenta. Evidentemente, cada um dos *Upanixades* tem um foco diferente e existem pontos de tensão ou desacordos filosóficos presentes na coleção em sua totalidade. Mas, em geral, os *Upanixades* parecem oferecer uma narrativa filosófica unificada da natureza da realidade (o que de modo algum é a mesma coisa que uma filosofia sistemática). Textos védicos primitivos, como o *Rig Veda*, baseiam-se no tema do sacrifício ritual aos deuses, que são considerados seres separados. Às vezes existe um único deus, como Brahman, que substitui as divindades menores enquanto ser universal e criador do mundo, mas ainda é considerado separado de nós. Os *Upanixades* vão além desta perspectiva, na medida em que afirmam a realidade de Brahman como soberano do mundo e ao mesmo tempo o princípio interior que está além de toda a nossa vida sensível, intelectual e espiritual. Com efeito, os *Upanixades* propõem uma espécie de "idealismo espiritual", segundo o qual este mundo não pode ser entendido em termos meramente físicos, mas também não é apenas uma projeção mental ou um idealismo subjetivo. O ponto principal é que a realidade última é de natureza espiritual e, se estivermos preparados para sacrificar nossos desejos e perspectivas individuais, podemos recuperar este nível de consciência incondicionado absoluto e experimentar a bem-aventurança infinita. De acordo com esta doutrina, o eu mais recôndito (ou Atman) é idêntico à mais alta realidade e todo o resto que consideramos real é apenas uma derivação dele.

Numa passagem do *Katha Upanishad* existe uma descrição do ego individual e de sua relação com o eu mais recôndito ou Atman:

> Existem dois eus, o ego separado
> e o Atman indivisível. Quando
> um se eleva acima de mim e do que é meu,
> o Atman se revela como o verdadeiro Eu de alguém.
> Quando todos os desejos que esquadrinham o coração
> são abandonados, o mortal se torna imortal.
> Quando todos os nós que sufocam o coração
> são desatados, o mortal se torna imortal.
> Isto sintetiza o ensinamento das escrituras[9].

Antes de alcançar a iluminação, nós acreditamos que o mundo separado dos seres individuais é o único mundo real e, por isso, buscamos apaixonadamente nossos desejos individuais, embora nunca alcancemos qualquer felicidade duradoura. Do mesmo modo, quando nos identificamos com nosso próprio ego individual, tratamos os outros como totalmente separados e diferentes de nós e assim nossa alienação persiste. Mas, de acordo com os *Upanixades*, podemos, mediante a meditação e a vontade de progresso espiritual, experimentar a realidade mais profunda do eu como pura

---

9. Katha Upanishad. *In*: *The Upanishads*, 1987, p. 96-97.

consciência, ou Atman, que é o terreno indiferenciado do nosso ser pessoal.

Outra das pretensões mais básicas dos *Upanixades* é que o próprio Atman é Brahman, ou realidade última, porque afinal não existe nada para distinguir o eu indiferenciado do princípio incondicional da própria realidade. No *Chandogya Upanishad*, esta compreensão é expressa no famoso lema *tat tvam asi* ("você e isso!"), que Uddalaka repete para seu filho como sendo a verdade básica da sabedoria Vedanta. Mas, novamente, é uma verdade que precisa ser *experimentada*, porque vai além da compreensão intelectual e não é dada pelo testemunho dos sentidos:

> Assim como os rios que fluem para leste e
> para oeste
> mergulham no mar e se tornam um com ele,
> esquecendo que algum dia foram rios separados,
> assim todas as criaturas perdem seu isolamento
> quando mergulham por fim no Ser puro.
> Não há nada que não venha dele.
> Ele é o Eu mais recôndito de todas as coisas.
> Ele é a verdade; ele é o Eu supremo.
> Você é isso, Shvetaketu, você é isso[10].

Qual é a natureza desta realidade subjacente? Os *Upanixades* não fornecem um relato preciso acerca destas coisas e, especialmente porque a realidade última está literalmente além das palavras, eles tendem a permanecer calados acerca destas questões. Mas uma imagem recorrente sugere um ponto de comparação: assim como um bloco de sal perde sua forma quando jogado na água, assim todo aquele que

---

10. Chandogya Upanishad. *In*: *The Upanishads*, p. 184-185.

chega a *esta* realidade precisa perder-se nela; e então tudo o que ele chama de seu precisa desaparecer, mas o que permanece é uma alegria transcendente duradoura[11].

Neste ponto, surgiram algumas diferenças claras entre a filosofia indiana, tal como está expressa nos *Upanixades*, e o pensamento de Schopenhauer. Em primeiro lugar, na filosofia de Schopenhauer os indivíduos se tornam pessimistas e cansados do mundo à medida que se tornam mais iluminados; sofrem com a vida e o remédio do ascetismo reflete um desejo de esquecimento. Nos *Upanixades*, os que buscam a realidade última são movidos por um desejo absoluto da verdade; como Nachiketa, o jovem buscador no *Katha Upanishad*, eles querem captar o sentido da existência e não fugir dela, e estão prontos a sacrificar tudo por causa da bem-aventurança eterna. Assim, enquanto Schopenhauer procura o autoabandono num sentido absoluto, a meta dos *Upanixades* é de fato a autorrealização: as práticas ascéticas são recomendadas, mas apenas para focar a mente na iluminação, que é a chave para escapar da roda do renascimento e o caminho para a salvação.

Nos *Upanixades* a realidade mais completa se encontra no nível de Brahman e as vidas individuais são consideradas comparativamente secundárias; isso parece refletir a distinção do próprio Schopenhauer entre a vontade e a vida individual, que são suas manifestações fenomenais. Assim, no *Brihadaranyaka Upanishad*, Yajnavalka toma a decisão de renunciar à sua vida de chefe de família para obter a

---

11. Por exemplo, a imagem aparece no Chandogya Upanishad. *In*: *The Upanishads*, p. 187; cf. também o Brihadaranyaka Upanishad. *In*: *The Upanishads*, p. 38.

imortalidade mediante a iluminação, e lembra à sua mulher que os indivíduos não são importantes em si mesmos, mas apenas porque pertencem ao eu subjacente a eles:

> Uma esposa ama seu marido não por causa dele mesmo,
> meu caro, mas porque o Eu nele vive.
> Um marido ama sua esposa não por causa dela mesma,
> meu caro, mas porque o Eu nela vive. [...]
> Tudo é amado não por causa de si mesmo,
> mas porque o Eu nele vive[12].

Mas, enquanto em Schopenhauer esta distinção leva a um desprezo pela existência individual e a um desejo racional de não a prolongar, nos *Upanixades* os indivíduos pertencem a Brahman e, por isso, devem ser considerados sagrados. A face do divino se encontra por toda parte nestas obras e em nenhum sentido os *Upanixades* podem ser considerados indiferentes à existência individual, muito menos esta deve ser olhada com desprezo, como sugere Schopenhauer. Tudo isso sugere uma sólida base metafísica para a compaixão, que examinaremos na próxima parte deste capítulo. Porque, quando percebemos que todos nós pertencemos ao mesmo Brahman que nos sustenta, somos obrigados num sentido real a ver o outro como um outro *eu*, um outro fragmento do divino que pertence à unidade básica do ser. Às vezes os *Upanixades* são criticados por serem demasiadamente egocêntricos e aparentemente indiferentes aos nossos deveres para com a sociedade em geral. Mas, ao contrário, a meta de todos os *Upanixades* é a iluminação pessoal; e a dimensão

---

12. Brihadaranyaka Upanishad. *In: The Upanishads*, p. 36.

espiritual e ética está presente na reverência ao princípio divino presente nos outros e no seguimento do exemplo dos sábios, como Uddalaka e Yajnavalkya, que oferecem um exemplo orientador sobre como devemos viver.

Sendo assim, pode ser correto dizer que a filosofia de Schopenhauer e a filosofia indiana compartilham uma estrutura semelhante, na qual a realidade empírica é considerada secundária em relação ao princípio primário, que é a vontade ou Brahman. Do mesmo modo, a leitura que Schopenhauer faz da filosofia indiana ajuda a moldar suas próprias opiniões filosóficas, como fica evidente quando se considera o uso frequente de conceitos védicos como "o véu de Maya", que traça o limite entre a esfera real do ser e o mundo fenomenal que nos cerca. Mas, uma vez admitida esta aparente semelhança, as duas filosofias apresentam juízos muito diferentes sobre o valor da existência. Nos *Upanixades*, Brahman é incondicionado e promete bem-aventurança e eternidade a todos os que conseguem compreendê-lo. Em Schopenhauer, a vontade é caracterizada como esforço impaciente em favor de nada em particular: eternamente insatisfeita, ela só traz sofrimento aos que se encontram nessa escravidão. A meta dos *Upanixades* e do *Bhagavad Gita* é a *moksha* – libertação e paz – que é também caracterizada como verdadeira liberdade ou liberdade em relação às preocupações triviais do eu. Para Schopenhauer a vontade é o princípio de toda a nossa escravidão e a única maneira de se libertar dela é o ascetismo extremo ou autocrueldade que mina a vontade de viver. Mas isso não leva à bem-aventurança eterna que Krishna promete a seus devotos. A filosofia indiana utiliza as práticas ascéticas, inclusive a meditação, para cultivar o eu em vista da sua libertação final. Mas Schopenhauer tem pouco – ou nada – a dizer acerca da meditação e outras práticas que implicam o cultivo espiritual (do corpo e da mente). É significativo, no entanto, que ele focaliza os aspectos mais sensacionais ou fanáticos da devoção hindu, que de modo algum são a norma:

> O descarte de toda propriedade; o abandono de qualquer moradia e de toda a parentela; a solidão profunda ininterrupta, passada em contemplação silenciosa com penitência voluntária e terrível autotortura lenta para obter a completa mortificação da vontade, que chega finalmente à morte voluntária por inanição, ou enfrenta crocodilos, ou pula por cima do precipício consagrado no Himalaia, ou é sepultado vivo, ou se joga sob as rodas de um enorme carro que circula com as imagens dos deuses entre cantos, gritos e dança das bailadeiras (SCHOPENHAUER, 1969, vol. 1, p. 388).

Finalmente, o niilismo do próprio Schopenhauer – e com isso entendo sua rejeição deste mundo como um fenômeno sem sentido – perpassa sua leitura da filosofia indiana. Mas isso não é algo que os filósofos originais dos *Upanixades* ou do *Bhagavad Gita* compartilham com ele.

No entanto, como já sugeri, Schopenhauer não é totalmente coerente neste ponto. Como vimos, ele prega o ascetismo e a autonegação como o único remédio para a vida e nos recomenda "matar a vontade" a fim de alcançar a libertação e a salvação:

> Sendo assim, ele recorre ao jejum, e até à autopunição e à autotortura, a fim de poder, mediante privação e sofrimento constantes, demolir e matar cada vez mais a vontade, que ele re-

conhece e detesta como a fonte de sua própria existência sofredora e do sofrimento do mundo (SCHOPENHAUER, 1969, vol. 1, p. 382).

Mas isso significa que, para Schopenhauer, existe também uma realidade que está *além* do querer. Ela pode ajudar a pensar sobre isso no contexto do budismo. Na filosofia budista, a primeira nobre verdade diz que a vida é sofrimento, ou pelo menos insatisfatória, e a segunda nobre verdade diz que o sofrimento é causado por nosso desejo insaciável e por nosso apego às coisas deste mundo, inclusive nós mesmos. Até certo ponto isso parece corresponder à visão de Schopenhauer de que o querer é a realidade última e que isso leva a uma infinita insatisfação e angústia. A terceira nobre verdade exige o cultivo do desapego – que corresponde ao fato de Schopenhauer não querer a vontade, ou até querer matá-la – e isso pode ser alcançado seguindo o caminho óctuplo (que é a quarta nobre verdade). O problema é que, de acordo com a visão budista, todo o nosso apego e todo o nosso querer provêm realmente da ignorância ou de uma incapacidade de entender. Mas, se conseguirmos alcançar o desapego, experimentaremos a verdadeira realidade do mundo como algo completamente interdependente e impermanente, que não é outra coisa senão o próprio nirvana. Para o budista "autêntico" a prioridade da vontade não é uma crença dada, mas uma crença falsa baseada na ignorância, ao passo que o cultivo da compaixão e do desapego é uma expressão profunda de sabedoria, já que reflete a maneira como as coisas são.

Do mesmo modo, para o filósofo Vedanta a realidade cotidiana é considerada em última instância uma ilusão e isso leva à bem-aventurada experiência de Brahman como uma unidade cósmica, que existe para além da dor da separação e da individuação. Poderíamos dar mais exemplos. Mas o ponto fundamental aqui é que a realidade última é experimentada bem-aventuradamente como a unidade absoluta que sustenta e ampara todos os seres separados. E isso sugere que a superação da vontade individual – que Schopenhauer defende mediante o ascetismo e a autonegação – deve finalmente levar-nos a uma nova compreensão da realidade última como sendo a verdade subjacente do mundo, que só pode ser experimentada com alegria.

1.2 Espiritualidade e música

Agora demonstrarei que Schopenhauer se aproxima desta visão com sua análise da arte e particularmente com seu apreço pela música. Com efeito, ele celebra o caráter metafísico da música e sua capacidade de revelar-nos a natureza interior do mundo. Ele afirma que, por meio da experiência da música, somos capazes de experimentar a realidade última e o sentido; e propõe esta ideia com uma formulação memorável: "A música é um exercício inconsciente de metafísica, no qual a mente não sabe que está filosofando" (SCHOPENHAUER, 1969, vol. 1, p. 264). Talvez a verdade desta afirmação possa ser validada pela experiência pessoal: Schopenhauer acredita que a grande música nos atrai porque nos revela a verdade do mundo e assim irrompe no campo das aparências.

> Por isso, deste ponto de vista, onde o que temos em mente é o efeito estético, devemos atribuir à música um significado muito mais sério e profundo, que se refere ao ser mais recôndito

do mundo e de nosso próprio eu (SCHOPENHAUER, 1969, vol. 1, p. 256).

Muitos outros tiveram uma compreensão semelhante acerca da música e tentaram expressá-la em palavras, embora isso seja difícil. Por exemplo, numa de suas discussões sobre a música, Roger Scruton parece propor uma ideia semelhante acerca do "ser mais recôndito do mundo" ao explicar:

> De certa forma ela [a grande obra musical] está expondo um exemplo da vida superior, convidando-nos a viver e sentir de maneira mais pura, a libertar-nos das ambições cotidianas. Por isso ela parece falar com essa autoridade: ela está nos convidando a um mundo diferente e superior, um mundo no qual a vida encontra sua realização e sua meta (SCRUTON, 2014, p. 167).

E, no fim de sua análise, ele observa:

> Nós selecionamos grandes obras de arte em geral, e grandes obras musicais em particular, porque elas fazem uma diferença para nossa vida. Elas nos apresentam uma insinuação da profundidade e do valor das coisas. Grandes obras de arte são o remédio para nossa solidão metafísica (SCRUTON, 2014, p. 173).

Em minha opinião, estes comentários estão em plena concordância com as opiniões do próprio Schopenhauer sobre a música e especialmente com a percepção de que a música revela uma esfera superior do ser ou uma ordem "metafísica" que geralmente nos está oculta.

De acordo com Schopenhauer, a música é a maior de todas as artes, porque ela se destaca muito de todas as outras. Nela não reconhecemos a cópia, a repetição, de alguma Ideia da natureza interior do mundo. No entanto, ela é uma arte tão grande e extremamente fina, seu efeito sobre natureza recôndita do homem é tão poderoso (SCHOPENHAUER, 1969, vol. 1, p. 256).

Em primeiro lugar, a música nos sensibiliza. Em particular, estimula e evoca nossa vida emocional sem nos causar dano, e nos permite experimentar a imensidão do nosso mundo interior. Desta maneira, nossa vida é enriquecida e podemos experimentar a real profundidade de nossa vida interior, que é cada vez mais difícil de conhecer na sociedade de massas à qual pertencemos. A música estimula a alma e desta maneira nos ajuda a resistir à homogeneização da moderna cultura consumista. Em segundo lugar, a música reflete para nós o contínuo movimento e esforço da vida e nos permite levar adiante este esforço – por meio de cada grau de satisfação e insatisfação e de todo o âmbito de emoções –, mas sem exigir nosso próprio envolvimento pessoal. E neste sentido a música cultiva uma atitude de desapego e desprendimento do mundo, enquanto nos apresenta todo o drama do mundo. Finalmente, de uma maneira que Schopenhauer admite ser difícil de articular, a música nos permite *experimentar* a realidade última ou a unidade que está além de nossa existência separada, e é por isso que a música pode afetar e comover tão profundamente. Perder-se na música é semelhante à experiência bem-aventurada da unicidade que muitos descreveram. Esta é uma experiência sobre a qual os antigos filósofos indianos escreveram e que os poetas e místicos tentaram muitas vezes evocar. Para eles

59

foi uma experiência que compartilha a bem-aventurança mais profunda – como a alegre afirmação do Vedanta "Isto é você!" –, porque implica a continuidade definitiva de todas as coisas e nos reintegra num estado de unidade com o mundo. Schopenhauer pensava a realidade última em termos de querer e de vontade, mas estava equivocado sobre este ponto, e parece que ele próprio percebeu que a ênfase na vida como querer não *sobrevive* à conquista da iluminação. A grande música é inspiradora e nos revela a profundidade espiritual do mundo. Em oposição à metafísica tradicional (que se baseia na razão), ela envolve uma *experiência* de iluminação e realização espiritual. E, para Schopenhauer, só isso pode explicar a profunda satisfação que a música pode trazer.

1.3 Budismo e compaixão

A comparação entre Schopenhauer e o budismo é mais visível quando nos voltamos para a ética e o papel fundamental da compaixão, que ambos advogam. Schopenhauer argumenta que a moralidade se baseia no fato de que todos nós somos manifestações da única vontade primordial. Novamente ele utiliza a fórmula dos *Upanixades* para elucidar sua afirmação:

> A vontade é o em-si de qualquer fenômeno, mas como tal ela está livre das formas desse fenômeno e, portanto, livre da pluralidade. Quanto à conduta, não sei como esta verdade possa ser expressa mais adequadamente do que pela fórmula do Veda já citada: *Tat tvam asi* ("Você é isso!"). Quem consegue declarar isso a si mesmo, com claro conhecimento e firme convicção interior acerca de toda criatura com

a qual entra em contato, está seguro de toda virtude e bem-aventurança e está no caminho direto para a salvação (SCHOPENHAUER, 1969, vol. 1, p. 374).

Aqui Schopenhauer afirma que, como a vontade ou o em-si é incondicionado e, portanto, indiviso, nossa própria existência separada deve ser uma ilusão; isso significa que todos nós somos um e que o infortúnio de qualquer outra pessoa é meu próprio infortúnio. Disso se segue que a compaixão – sentir *com* ou sentir *por* outra pessoa – é a base de nossa vida ética.

A análise da compaixão de Schopenhauer é mais sistemática em seu ensaio *A base da moralidade*. Nesta obra ele argumenta que a razão sozinha nunca pode ser um incentivo para a ação moral e que só o sentimento subjetivo da compaixão pode servir como base da vida moral. Neste sentido, a posição de Schopenhauer é muito diferente da tradição filosófica predominante, que tende a considerar a compaixão uma emoção irrelevante, ou até uma forma de fraqueza, na medida em que instiga a pessoa a afastar-se dos requisitos da justiça e da necessidade de ser ela mesma. Schopenhauer afirma a compaixão e este é um ponto de conexão com as filosofias budistas e indianas, porque no budismo a compaixão é a mais importante de todas as virtudes. O próprio Buda é conhecido como o compassivo e o Dalai Lama, o mais conhecido de todos os líderes budistas, descreveu o ideal da "grande compaixão" – compaixão ilimitada e incondicional para com todos os seres scientes – como a meta que devemos esforçar-nos para atingir (cf. DALAI LAMA, 1999, p. 124). Por isso, aparentemente, existe uma forte afinidade entre a ética de

Schopenhauer e a do budismo, e isso é algo que pode ser examinado ulteriormente.

Em seu ensaio, Schopenhauer distingue três motivações básicas: o egoísmo, a motivação mais comum, deriva de interesses pessoais de curto ou de longo prazo e pressupõe a realidade primária da existência individual e a ilusão do véu de Maya. O egoísmo implica o cálculo de uma pessoa a fim de conquistar suas metas e isso incluiria viver de acordo com a justiça como a melhor maneira de minimizar o dano ao seu próprio bem-estar. A segunda motivação é a malícia, que implica deleite no sofrimento dos outros — porque, se estamos acostumados a fazer comparações entre nós mesmos e os outros, a miséria de outra pessoa pode realmente promover um sentimento de nosso próprio bem-estar, já que quem está sofrendo não somos *nós*. Finalmente, a compaixão é a terceira motivação que Schopenhauer descreve como sendo o oposto da crueldade. Porque, assim como a crueldade implica deleite no sofrimento dos outros, a compaixão implica angustiar-se com o sofrimento de outra pessoa e querer ajudá-la. Schopenhauer argumenta que a compaixão provém de um ponto de vista muito diferente do egoísmo ou da malícia, porque implica uma percepção mais ou menos consciente de que a diferença entre *eu* e o outro é ilusória, de modo que o sofrimento de outro é, em certo nível, também meu próprio sofrimento. Como ele escreve:

> Embora o sofrimento me seja dado meramente como algo externo, meramente através da percepção ou conhecimento intuitivo externo, ainda assim eu *o sinto com ele, o sinto como meu próprio* e, no entanto, não *em mim*, mas *em outra pessoa* (SCHOPENHAUER, 1998, p. 165).

Portanto, quando sinto compaixão, não estou apenas empatizando com a miséria de outra pessoa, ou identificando imaginativamente como essa miséria é para ela. De acordo com Schopenhauer, estou realmente sentindo *sua* dor. Mas pode alguém sentir realmente a dor de outra pessoa desta maneira direta e não metafórica? Embora pareça contraintuitivo entender a compaixão desta maneira, não *é* claro como podemos responder à miséria de outros tão fortemente, quando aparentemente sentimos por eles precisamente porque são *eles* os que estão sofrendo e não nós próprios! De acordo com Schopenhauer, este é um mistério que parece oferecer alguma evidência da irrealidade última de nossa vida individual separada; já que sugere que *eu* só posso sentir a dor do outro desta maneira não metafórica se *nós* somos em última instância a mesma pessoa. E por isso:

> Já não considero o outro como se ele fosse algo que me foi dado pela percepção intuitiva empírica, como algo estranho e adventício, como uma questão de indiferença, como algo totalmente diferente de mim. Pelo contrário, compartilho o sofrimento *nele*, apesar do fato de sua pele não envolver os meus ossos. Só desta maneira *sua* desgraça, *seu* infortúnio, pode tornar-se um motivo *para mim*; do contrário, pode ser categoricamente apenas meu próprio sofrimento. Repito que esta *ocorrência é misteriosa*, porque é algo ao qual nossa faculdade da razão não pode dar nenhuma explicação direta, e seus fundamentos não podem ser descobertos no caminho da experiência. E, no entanto, acontece todos os dias (SCHOPENHAUER, 1998, p. 166).

Desta maneira, como mostra David Cartwright, a compaixão recebe uma explicação metafísica e não uma explicação psicológica[13]. Mas isso não é totalmente uma coisa boa, porque existem presumivelmente explicações psicológicas da compaixão que não requerem esse salto metafísico. Aqui, Schopenhauer está lutando de fato com a realidade da compaixão contra a atração do individualismo ocidental. Ele é o primeiro a questionar o individualismo ocidental, mas este ainda tem domínio sobre ele.

Podemos considerar algumas das afinidades entre a narrativa de Schopenhauer sobre a compaixão e o ponto de vista budista: ambos afirmam a prioridade da compaixão. Para Schopenhauer a compaixão é a base da moralidade. Do mesmo modo, no budismo a compaixão (ou *karuna*) é uma das quatros virtudes supremas; na tradição Mahayana ela é provavelmente a virtude mais importante de todas, porque o ideal Mahayana do bodhisattva é o santo que, por compaixão, recusa o nirvana até que todos os outros tenham sido iluminados. Para Schopenhauer a compaixão é também uma espécie de sabedoria. Parece que todo aquele que experimenta a compaixão deve saber também, consciente ou inconscientemente, que o forte sentimento do indivíduo como um ser autossuficiente separado é uma ilusão, porque tudo o que prejudica o outro pode ser penoso também para nós. Schopenhauer afirma a seguinte postura:

> A individuação é um mero fenômeno ou aparência e se origina através do espaço e do tempo. Estas não são senão as formas de todos os

---

13. Cf. a introdução de Cartwright a *On the basis of morality*: SCHOPENHAUER, 1998, p. xxixss.

> objetos de minha faculdade cognitiva cerebral e estão condicionadas por eles. E assim até mesmo a pluralidade e a diversidade dos indivíduos são meros fenômenos, ou seja, existem apenas em *minha representação*. Meu verdadeiro ser interior existe em cada coisa vivente tão diretamente como se torna conhecido somente a mim em minha autoconsciência (SCHOPENHAUER, 1998, p. 210).

No budismo a compaixão é reconhecida também como uma forma de sabedoria e as duas – sabedoria e compaixão – são consideradas conjuntamente aspectos diferentes da mesma compreensão essencial: que nós não somos indivíduos isolados, separados e sem relação uns com os outros. O ideal do *bodhisattva* é a expressão de uma sabedoria encarnada que só pode ser alcançada por meio da compaixão; e isso está expresso no voto tradicional do *bodhisattva*, de acordo com o qual:

> Assumo [...] os feitos de todos os seres, mesmo dos que estão no inferno. [...] Assumo seu sofrimento. [...] Não penso em minha própria salvação, mas me esforço para outorgar a todos os seres a realeza da sabedoria suprema. Por isso assumo todas as tristezas de todos os seres. [...] Na verdade não os abandonarei. Porque resolvi adquirir a sabedoria suprema em benefício de todas as vidas, a fim de salvar o mundo (apud OLDMEADOW, 1997, p. 184).

Da mesma forma, a doutrina budista da origem dependente sugere que todas as coisas são interdependentes e afetadas por outros fatores a fim de serem o que são. Na esfera dos fenômenos, pelo menos, não existe existência separada ou autossuficiente – tudo é *sunyatta* ou vazio, entendido como a ausência do ser independente. Mas reconhecer isso é romper a separação permanente entre si mesmo e os outros e tornar-se menos egoísta e mais compassivo ao tornar-se sábio. Schopenhauer vai além desta postura. Ele reconhece certamente que a compaixão é uma forma de sabedoria como também um impulso ético. Eu acrescentaria que ele reconhece o aspecto *espiritual* da compaixão na medida em que esta implica um sentimento de conexão com uma realidade maior ou superior.

Outra afinidade significativa entre Schopenhauer e o budismo é a afirmação de Schopenhauer de que a compaixão precisa ser estendida a todos os seres sencientes, inclusive os animais, que muitas vezes são ignorados ou tratados como meros objetos na tradição judaico-cristã. Como Schopenhauer se queixa:

> A moralidade do cristianismo não tem nenhuma consideração pelos animais, um defeito que é melhor admitir do que perpetuar. Isso é tanto mais surpreendente porque, em outros aspectos, esta moralidade mostra a mais estreita conformidade com a moralidade do bramanismo e do budismo, sendo apenas expressa com menos ênfase e não levada a cabo até o fim (SCHOPENHAUER, 1998, p. 178).

Novamente, ele provavelmente tem razão acerca desta diferença fundamental entre as duas tradições. No budismo, especialmente, o sofrimento de todas as criaturas é considerado um grande mal. O lema "Não cause dano!" se aplica tanto aos animais quanto às pessoas. Contra isso, Martha Nussbaum mostra que as visões de Aristóteles são representativas da tradição ocidental[14]. Na *Retórica*, Aristóteles (2022) argumenta que a compaixão deve limitar-se aos humanos e chega a dizer que seria um erro sentir compaixão por um animal ou por alguém que foi mau. Desta maneira, o mundo fica dividido em dois conjuntos de criaturas: aquelas cujo sofrimento importa e aquelas cujo sofrimento é irrelevante. De acordo com Schopenhauer e a filosofia budista, *todas* as criaturas são dignas de compaixão e precisam consequentemente ser consideradas membros de uma única comunidade. Como observa Schopenhauer corretamente:

> Com os hindus e os budistas [...] a *Mahavakya* (a grande palavra) *"tat tvam asi"* ("você é isso!") se aplica e deve ser expressa a respeito de cada animal, a fim de podermos ter diante de nós, como um guia para a nossa conduta, a identidade de sua natureza interior e da nossa (SCHOPENHAUER, 1974, p. 373).

Apesar dessas semelhanças, porém, existem algumas notórias diferenças entre estas duas perspectivas acerca da natureza da compaixão. Por exemplo, Schopenhauer acredita na natureza imutável do caráter individual. O que fazemos é apenas uma expressão de quem somos e das circunstâncias em que nos encontramos; e, como afirma John Atwell, Schopenhauer parece acreditar que nada pode acontecer, exceto o que realmente acontece, porque todas as coisas estão sujeitas às leis invariáveis da natureza[15]. Schopenhauer escreve:

---

14. Cf. NUSSBAUM, M. Compassion: the basic social emotion. *Social philosophy and policy* 13/1 (1966), p. 27-58.
15. Sobre este ponto cf. ATWELL, J. *Schopenhauer: The Human Character*. Filadélfia: Temple University Press, 1990.

> A diferença entre as pessoas é inata e indelével. O homem mau nasce com sua maldade, assim como a serpente nasce com suas presas e glândulas venenosas; e ele é tão pouco capaz de mudar seu caráter como a serpente de mudar suas presas (SCHOPENHAUER, 1998, p. 187).

No budismo, porém, existe um forte sentimento de que uma pessoa pode transformar suas atitudes por meio da meditação e outras práticas reflexivas. Em sua *Ethics for the New Millennium* (Ética para o novo milênio), o Dalai Lama pede a seus leitores que cultivem a compaixão refletindo sobre o sofrimento dos outros e não resistam à compaixão como se fosse uma forma de fraqueza:

> Quando intensificamos nossa sensibilidade para com o sofrimento dos outros através de nossa deliberada abertura a ele, acredita-se que podemos estender gradualmente nossa compaixão ao ponto de o indivíduo sentir-se tão comovido pelo mais sutil sofrimento dos outros que chega a ter um irresistível sentimento de responsabilidade para com esses outros. Isso motiva quem é compassivo a dedicar-se totalmente a ajudar os outros a superarem tanto seu sofrimento quanto a causa desse sofrimento. Em tibetano este nível de realização é chamado *nying je chenmo*, literalmente "grande compaixão" (DALAI LAMA, 1999, p. 124).

Vários exercícios espirituais, como o *Tonglen*, visam aumentar nossa capacidade de experimentar a compaixão, de modo que possamos nos tornar mais atentos aos outros[16]. Historicamente isso sempre representou uma parte importante do budismo.

Ora, a postura de Schopenhauer sobre a fixidez do caráter humano parece dogmaticamente oposta a essa possibilidade. E mesmo assim Schopenhauer argumenta que podemos mudar nossa vida à luz do conhecimento acerca da nossa situação: quando percebemos que satisfazer as ambições e metas mundanas nunca nos tornará completamente felizes, podemos tomar a decisão de afastar-nos do mundo para alcançar a felicidade – ou, pelo menos, o fim da miséria – mediante a negação ascética. Mas, representaria isso uma mudança fundamental no caráter, ou apenas outra maneira de alcançar os mesmos objetivos egoístas? Minha impressão é que Schopenhauer pode ser interpretado das duas maneiras, especialmente considerando sua percepção de que a vontade individual pode não *querer* mais a própria vontade.

Isto leva a outro ponto importante: penso que Schopenhauer descreve corretamente a fenomenologia da compaixão, incluindo até a estranheza desta experiência, que parece implicar sentir a dor do outro. No começo, nossa identidade coletiva com os outros na vontade, inspira compaixão: eu sinto tua dor porque não há limite entre nós. Mas, para Schopenhauer, quanto mais entendemos acerca da situação humana, tanto mais chegamos a perceber que a compaixão é inadequada, porque só o ascetismo extremo e a negação da vontade podem ajudar-nos a alcançar a libertação final. Schopenhauer o formula da seguinte maneira:

---

16. Para *tonglen* cf. CHÖDRÖN, P. *The places that scare you*: A guide to fearlessness in difficult times. Boston: Shambala, 2001, p. 55-60.

> O homem que detecta o *principium individuationis* e reconhece a verdadeira natureza das coisas em si mesmas, e desta maneira a totalidade, já não é suscetível a essa consolação; ele se vê a si mesmo em todos os lugares simultaneamente e recua. Sua vontade dá meia volta; já não afirma sua própria natureza interior, espelhada no fenômeno, mas a nega. O fenômeno pelo qual isso se torna manifesto é a transição da virtude para o *ascetismo*. Em outras palavras, já não lhe basta amar os outros como a si mesmo e fazer por eles tanto quanto faz a si mesmo, mas surge nele uma forte aversão à natureza interior cuja expressão é seu próprio fenômeno, à vontade-de-viver, ao cerne e à essência desse mundo reconhecido como miséria. Por isso, ele renuncia precisamente a esta natureza interior, que aparece nele e já está expressa por seu corpo (SCHOPENHAUER, 1969, vol. 1, p. 380).

Poucas páginas adiante ele continua sobre o mesmo tema:

> Como ele próprio nega a vontade que aparece em sua própria pessoa, não resistirá quando outro faz a mesma coisa, em outras palavras, comete injustiças contra ele. Por isso, qualquer sofrimento que lhe vem do exterior, pelo acaso ou pela maldade dos outros, é bem-vindo para ele. [...] Por isso, ele suporta essa ignomínia e sofrimento com inesgotável paciência e docilidade, retribui todo o mal com o bem sem ostentação (SCHOPENHAUER, 1969, vol. 1, p. 382).

Nestas passagens, alguém que finalmente alcançou a iluminação procura destruir a vontade tal qual se manifesta em sua própria existência. Mas agora que esta pessoa sabe que se trata da *mesma* vontade em todos os indivíduos, por que deveria ela responder positivamente aos outros, retribuindo "o mal com o bem"? Porque, ao cuidar dos outros – sendo bom para com eles de qualquer maneira –, a pessoa está apenas cultivando outra manifestação da vontade de viver, que ela já abandonou. Poder-se-ia dizer que o asceta aceita o abuso dos outros porque já não se importa consigo mesmo; a crueldade deles é apenas outro tipo de abuso que ajudará a minar sua vontade de viver. Mas então, por que ela ainda retribui o mal com o bem? Por que ela até se importa com outras pessoas, com seus sentimentos ou com seus direitos? No ponto culminante do ascetismo certamente toda manifestação da vontade de viver (inclusive a das outras pessoas) deveria ser vista com desprezo. Já não existe motivo para continuar seguindo normas morais ou se importar com os outros, exatamente pela mesma razão de não existir motivo para importar-se consigo mesmo. Assim o paradoxo aqui é que Schopenhauer mantém o valor da compaixão mesmo quando, a partir de sua própria visão metafísica, parece não haver nenhuma boa razão para fazê-lo. Ele parece atraído pela atração espiritual da compaixão, embora a lógica de sua postura seja basicamente contrária a ela.

Um ponto final que sugere uma diferença entre Schopenhauer e as visões budistas sobre a compaixão é o seguinte: em *O mundo como vontade e representação*, Schopenhauer argumenta que, quando detectou o *principium individuationis*, um indivíduo estará mais disposto a cuidar dos outros e até a morrer por eles. Porque, a partir da perspectiva última da vontade, parece não haver realmente nenhuma razão para preferir minha própria individualidade à de qualquer outro –

a partir da perspectiva da vontade, os indivíduos como tais são manifestações meramente fenomenais; eles não são totalmente reais e tampouco existe o eu separado e distinto que eu mesmo presumo ser. E acrescenta:

> No entanto, o grande número de outros indivíduos cujo pleno bem-estar ou vida corre perigo pode prevalecer sobre a atenção ao seu próprio bem-estar. Nesse caso, a pessoa que atingiu a mais alta bondade e perfeita magnanimidade sacrificará completamente seu bem-estar e sua vida pelo bem-estar de muitos outros (SCHOPENHAUER, 1969, vol. 1, p. 375).

Esta passagem sugere que, quando enxergamos, através do véu de Maya, a realidade da vontade e o caráter ilusório da existência individual, ainda tomaríamos decisões e faríamos *cálculos* para saber se vale a pena salvar os outros – uma postura que deveria ter sido superada. Porque isso significa pensar a compaixão e o sacrifício pelos outros na linha de uma política na qual só devem ser feitos os sacrifícios *razoáveis*! Contra isso, os mitos e lendas do antigo budismo estão cheios de sacrifícios incríveis, como a história de Mahasattva, que sacrifica a si mesmo em favor de uma tigresa faminta[17]. A questão é que, no nível onde se supõe que os seres separados não existem, dificilmente alguém pode calcular entre ele mesmo e o outro; só se pode responder à necessidade e à angústia, e isso poderia implicar uma resposta excessiva e não interesseira, como a do bodhisattva que se sacrifica sem reservas. Enfatizando a política e o cálculo,

---

17. Cf. a história *O Bodhisattva e a tigresa faminta* em: CONZE, E. (org.). *Buddhist scriptures*. Harmondsworth: Penguin, 1959, p. 24-26.

Schopenhauer parece trair seu individualismo subjacente, que ele não consegue transcender mesmo na compaixão e na radical negação da vontade.

Assim, embora ambos deem prioridade à compaixão, há boas razões para distinguir a narrativa de Schopenhauer da narrativa do budismo. Paradoxalmente o que está por trás de algumas destas diferenças pode ser a crença implícita de Schopenhauer na fixidez do eu individual (ou ego) – o eu cujo caráter não pode mudar; o eu que continua a fazer cálculos que envolvem o eu e os outros até mesmo no mais alto nível de compreensão; e o eu que ainda reconhece a outra pessoa quando abandonou seu próprio eu. O budismo, evidentemente, não aceita a narrativa do eu como um ser fixo e substancial. A doutrina da "origem dependente" implica interdependência e a ausência de identidades separadas, e a narrativa budista dos "cinco agregados" mina também a própria ideia de um eu fixo e permanente. Isso reflete uma versão da compaixão muito diferente, que pode estar sujeita a outros problemas, mas evita as dificuldades da narrativa de Schopenhauer. Esta é atraída para a compaixão *e* para o valor da "salvação pessoal", mas estes estão em conflito entre si.

Como observa Roger-Pol Droit, no século XIX, o budismo era entendido equivocadamente e temido por muitos de seus críticos europeus como um "culto ao nada", que implicava o culto do esquecimento por parte de milhões que, segundo se dizia, não procuravam fervorosamente senão seu próprio não-ser[18]. Tratava-se de uma interpretação equivocada do

---

18. Sobre o budismo e sua recepção na filosofia do século XIX, cf. DROIT, R. *The cult of nothingness*: The philosophers and the Buddha. Charlotte: University of North Caroline Press, 2003. • Cf. também

budismo; mas muitos intelectuais, entre os quais pensadores simpáticos como Schopenhauer e Nietzsche, foram seduzidos por esta visão. Contra isso, é preciso dizer que o desapego não é absolutamente sinônimo de indiferença ou total falta de preocupação. E, como Schopenhauer devia saber, o budismo se inspira na compaixão para com os outros; e essa compaixão não é um meio para o fim do não-ser, mas a tarefa mais alta que o bodhisattva se recusa a abandonar enquanto todos os seres sencientes não forem libertados do sofrimento. Novamente podemos ver isso claramente no caso do budismo contemporâneo e em alguns dos seus principais expoentes, entre os quais o Dalai Lama, Thich Nhat Hanh e outros, que proclamam um "budismo engajado", com políticas detalhadas de envolvimento e preocupação social[19]. Estes líderes budistas mostraram em sua própria vida que a doutrina do desapego não leva à indiferença ou ao quietismo. Eles têm um forte sentimento do valor da vida e consideram este mundo um campo de significado e beleza.

Schopenhauer é um filósofo espiritual porque estava profundamente preocupado com o que podemos denominar questões do sentido da vida e utilizou diferentes tradições de sabedoria para chegar a uma compreensão mais profunda. Em particular, argumentou contra a prioridade do eu individual ou ego; e foi um dos primeiros na filosofia ocidental a defender a importância absoluta da compaixão como fundamento da ética e, consequentemente, a origem da vida espiritual na medida em que esta requer autossupera-

---

CLARKE, J. *Oriental enlightenment*: The encounter between Asian and Western thought. Londres: Routledge, 1997.

19. Sobre as variedades do budismo engajado, cf. KOTTER, A. (org.). *Engaged uddhist reader*. Berkeley: Parallax Press, 1999.

ção. Existem alguns problemas na interpretação da filosofia asiática por parte de Schopenhauer e estes derivam de sua tentativa de apropriar-se da sabedoria oriental para uma visão cultural ocidental. Mas, afinal, sua obra é profundamente importante e às vezes inspiradora. Schopenhauer é, talvez contra a sua vontade, um filósofo espiritual que provoca questões espirituais que de outro modo seriam ignoradas.

2 NIETZSCHE SOBRE A GENEROSIDADE

Nietzsche proclama a morte de Deus. E argumenta que a religião tradicional é censurável porque priva este mundo de seu caráter sagrado, projetando os valores mais altos para outra esfera, que é o céu ou o além. Na famosa proclamação de Nietzsche, o louco diz que Deus está morto, mas diz também: "Nós o matamos – vocês e eu"; e: "Todos nós somos seus assassinos", e agora precisamos tornar-nos dignos deste feito (NIETZSCHE, 2000a, seção 125). Esse é um ensinamento difícil, apresentado numa estranha forma parabólica. Por um lado, dizer que matamos a Deus é sugerir que transformamos Deus – o soberano divino – num ser completamente banal; e agora a hipótese científica rejeita esse ser, baseando-se na mesma vontade de verdade que nos ensinaram a valorizar. Ao mesmo tempo, porém, a parábola de Nietzsche começa com o louco gritando: "Procuro Deus! Procuro Deus!" As pessoas no mercado o ridicularizam – perguntam: "Ter-se-á perdido? [...] Terá emigrado?" – porque há muito tempo abandonaram suas crenças religiosas. Sendo assim, isso não é novidade para ninguém, inclusive para o louco; e, no entanto, o louco ainda procura Deus. E isso implica que, apesar de tudo, ele ainda procura o aspecto sagrado ou aspecto espiritual da vida que se retraiu no mundo ocidental moderno[20].

Este é, evidentemente, um tipo de ateísmo muito diferente do ateísmo associado a David Hume ou a autores contemporâneos como Richard Dawkins ou Christopher Hitchens, que confiam na visão científica (cf. HUME, 2000; DAWKINS, 2008; HITCHENS, 2014). Porque, embora rejeite o teísmo tradicional, Nietzsche continua sendo um pensador espiritual com um forte senso do caráter sagrado da vida, que precisa ser ratificado. A obra-prima de Nietzsche, *Assim falava Zaratustra*, é uma obra fantasmagórica que consiste em histórias, sonhos, parábolas, visões e enigmas. E, em vários pontos, Zaratustra celebra o caráter sagrado da existência aqui e agora, na poesia e na profecia, e contra o reducionismo científico que empobrece o mundo.

Existem muitos temas espirituais na obra de Nietzsche: o eterno retorno mede nossa sintonia com o mundo; a meta da autossuperação é crucial; e, em *O nascimento da tragédia*, Nietzsche insiste na importância do mito como um horizonte essencial que une a sociedade. Os gregos tinham Apolo e Dioniso para inspirar e aprimorar sua vida, especialmente na tragédia; mas Sócrates estragou tudo com seu otimismo e sua crença de que a própria vida deve ser completamente razoável. De acordo com Nietzsche, nós somos os herdeiros de Sócrates e foi sua "razão" que finalmente desencantou o

---

20. Compare-se esta leitura com o importante ensaio de HEIDEGGER. Nietzsche's word: God is Dead. *In*: YOUNG, J.; HAYNES, K. (orgs.). *Off the beaten track*. Cambridge: Cambridge University Press, 2002, p. 157-199.

mundo[21]. Isso termina com a morte de Deus e com o urgente desafio que agora surge de "tornar-se digno deste feito". O que exatamente Nietzsche tencionava aqui? Por um lado, existe a doutrina do "super-homem", mas ela não tem um conteúdo explícito, e é mais exortativa do que qualquer outra coisa. Mas talvez ele tivesse em mente também a criação da grande arte e da poesia, a contemplação da natureza e o aprofundamento das relações humanas como alguns dos meios para podermos nos tornar mais dignos e assim reavivar nossa conexão com as forças sagradas da vida. A questão é que Nietzsche é espiritual, mas não religioso, ao passo que pensadores como David Hume e os novos ateus não são nem espirituais nem religiosos; e talvez o pensamento deles não seja tão atraente ou convincente, porque desdenha a necessidade de sentido e de um sentimento de pertença que caracteriza a vida espiritual.

Neste capítulo, focalizo a ideia da generosidade como um tema espiritual na filosofia de Nietzsche. Aristóteles diz que a generosidade é uma virtude ética e pode ser entendida como um meio-termo entre a extravagância e a mesquinhez; e geralmente pensamos que a generosidade implica dar dinheiro ou bens aos outros. Mas em Nietzsche existe um forte sentimento de generosidade espiritual que, em última análise, é um reflexo da total generosidade da vida. Assim como a compaixão, a generosidade é ao mesmo tempo uma virtude moral e uma virtude espiritual e, enquanto "virtude dadivosa", ela implica o dom de si mesmo ou o dom da vida (espiritual). É a generosidade da abundância que deseja

---

21. Para a interpretação de Sócrates feita por Nietzsche, cf. NIETZS-CHE. *O nascimento da tragédia*. São Paulo: Companhia das Letras, 1999, seções 13-15.

dar, como o sol que presenteia o mundo com seus raios. A seguir, argumento que é este senso de generosidade espiritual que transcende a separação entre "doador" e "receptor". É também a chave para algumas das ideias mais importantes de Nietzsche, entre as quais o super-homem, o eterno retorno e até a vontade de potência. Minha análise focalizará a pequena seção de *Assim falava Zaratustra* que apresenta a expressão mais vigorosa e condensada destas ideias.

2.1 Sobre a virtude dadivosa

A generosidade e a dadivosidade são temas importantes na filosofia de Nietzsche. Em *Assim falava Zaratustra*, o super-homem é elogiado como aquele que se esbanja e se doa, enquanto o eterno retorno evoca a abundância completa da vida que, em última instância, leva à alegria. Este capítulo focaliza a narrativa da virtude dadivosa de Nietzsche, que aparece no fim da primeira parte de *Assim falava Zaratustra*. A seção "Da virtude dadivosa" [*von der schenkenden Tugend*] é uma seção importante, mas não recebeu muita atenção dos eruditos, e isso é surpreendente, porque é uma chave para o escrito de Nietzsche sobre o sentido do dom (cf. NIETZSCHE, 2014). Começo com uma breve análise desta seção. Depois comparo minha leitura com algumas outras interpretações e mostro como existem importantes comparações a fazer entre a narrativa de Nietzsche sobre a generosidade e o ponto de vista tradicional. Especificamente, argumento que a "virtude dadivosa" pode ser entendida em termos de generosidade espiritual, que como resultado leva à "soberania". Por "soberania" entendo o completo descarte de todos os poderes de alguém e uma abertura às possibilidades inspiradoras da vida. Segundo esta interpretação, a promoção da soberania é um aspecto essencial do pensamento de Nietzsche[22].

No início de *Assim falava Zaratustra*, Zaratustra se cansa de sua solidão nas montanhas e desce para transmitir sua sabedoria aos outros: "Trago um presente para os homens", diz ele ao eremita, e assim ele naufraga. Em primeiro lugar, seu presente é evidentemente o super-homem, porque este último é o foco de todos os seus ensinamentos e um ideal inspirador que pretende promover a humanidade. Como Zaratustra proclama: "Amo aquele cuja alma pródiga recusa qualquer gratidão, nem devolve o que quer que seja: porque dá sempre e nada reserva para si"[23]. De maneira geral, porém, o super-homem é definido negativamente. É alguém que vai além da humanidade como esta foi até agora, mas não existe uma fórmula precisa ou projeto para o que um homem deveria ser. A virtude dadivosa é também um tanto ambivalente e mais um princípio de exortação do que

---

22. A soberania não é de modo algum um conceito claro na filosofia de Nietzsche. Aqui uso o termo "soberania" em parte para fazer uma distinção entre o ideal de Nietzsche e o conceito kantiano de "autonomia". No meu modo de entender, soberania não é autocontrole ou abertura completa ao mundo, mas um processo de autossuperação que inclui ambos os movimentos. Argumentei alhures que, desde *O nascimento da tragédia* até *Ecce homo*, Nietzsche sempre tem como meta algo semelhante a "soberania": cf. WHITE, R. *Nietzsche and the problem of sovereignty*. Urbana: University of Illinois Press, 1997. Christa Acampora mostra que Nietzsche é crítico da "soberania individual" e que seus pensamentos sobre a soberania podem mudar em diferentes pontos de sua obra. Cf. ACAMPORA, C. On Sovereignty and Overhumanity. In: ACAMPORA, C. (org.). *Critical essays on the classics*: Nietzsche's on the Genealogy of Morals. Lanham: Rowman and Littlefield, 2006, p. 147-162. Na parte I de *Assim falava Zaratustra*, a narrativa de Nietzsche das três metamorfoses do espírito – camelo, leão e criança – oferece outra versão da soberania que é de natureza explicitamente "espiritual".

23. NIETZSCHE. *Assim falava Zaratustra*. "Prólogo de Zaratustra", seção 4.

uma descrição específica. Mas existe alguma continuidade entre as duas ideias, na medida em que a virtude dadivosa expressa o espírito do super-homem e a dadivosidade permanece uma virtude relevante, embora o super-homem seja finalmente sobrepujado pelo eterno retorno como sendo o pensamento mais profundo de Zaratustra. O eterno retorno é avassalador, porque implica o retorno de todas as coisas, inclusive o homem pequeno ou "o último homem", que o super-homem supostamente iria superar. Mas, finalmente, não há uma meta ou progresso final e existe apenas a pura abundância da vida, que podemos abraçar quando formos capazes de ratificar o eterno retorno de todas as coisas.

Ora, existe claramente uma profunda conexão entre a virtude dadivosa e a virtude tradicional da generosidade, embora isso nunca seja abordado diretamente. Zaratustra descreve também a virtude dadivosa como uma espécie de *egoísmo* no querer dar, quando poderíamos ter pensado que seria inspirada por uma preocupação com os outros. E, quando se dirige ao sol – "Grande astro! Que seria de tua felicidade se te faltassem aqueles a quem iluminas?" –, Zaratustra insinua que aquele que dá também depende daquele que recebe[24]. Tudo isso sugere que a virtude dadivosa não é de modo algum um ideal direto e que devemos começar a lidar com ela como um pensamento dominante difícil de definir. Bem no fim da primeira parte de *Assim falava Zaratustra*, a seção "Da virtude dadivosa" providencia um comentário parabólico sobre todos estes temas importantes. Nesta seção Zaratustra comenta que "todos os nomes do bem e do mal são símbolos; não falam, limitam-se a fazer

---

24. Ibid., tópico 1.

sinais. Louco o que quer pedir-lhes o conhecimento!"[25]. Mas a seção "Da virtude dadivosa" é *ela própria* uma parábola acerca da natureza da virtude e, por isso, procura definir exatamente o que Nietzsche entendia ser problemático nos termos do próprio Nietzsche. Como ocorre com qualquer parábola, portanto, deveríamos tentar uma leitura criativa que possamos incorporar no contexto de nossa vida. É evidente que esta leitura deve também estar de acordo com o espírito da filosofia de Nietzsche.

Começarei com um sumário e uma análise preliminar do texto de Nietzsche: no primeiro tópico da seção "Da virtude dadivosa", os discípulos dão a Zaratustra um bastão, em cujo punho de ouro figurava uma serpente enroscada ao redor do sol. Zaratustra fica encantado com este presente e o utiliza para seu discurso de despedida. Apoiando-se no bastão, Zaratustra descreve a virtude dadivosa como a mais alta virtude. Não diz o que é a virtude dadivosa, mas diz que o ouro alcançou o valor mais alto porque é *semelhante* à virtude dadivosa: "porque é raro e inútil, de brilho cintilante e suave: oferece-se sempre a todos"[26]. Em seguida, Zaratustra elogia seus discípulos por sua própria virtude dadivosa, embora esteja longe de ser claro se eles a alcançaram realmente: "Na verdade que vos adivinho, meus discípulos: vós aspirais como eu à virtude dadivosa [...] porque é insaciável a vontade de dar vossa virtude"[27]. No fim desta passagem, ele comenta que essa virtude é uma forma de egoísmo, mas o egoísmo da virtude dadivosa é algo "são

---

25. Ibid., parte I: "Da virtude dadivosa", seção 1.
26. Ibid., tópico 1.
27. Ibid.

e sagrado" e deriva da plenitude e não da falta. Finalmente, Zaratustra oferece alguns versos exortatórios que lembram o elogio original do super-homem: presumivelmente, o objetivo aqui não é comunicar informação, mas sintonizar o ouvinte com o super-homem que representa as mais altas possibilidades da vida. E conclui: "Força é essa nova virtude; é um pensamento dominador, que envolve uma alma sagaz: um sol dourado, e, em torno dele, a serpente do conhecimento"[28]. Até aqui, portanto, temos esses fragmentos de sabedoria alegórica que precisam ser entendidos com mais cuidado antes de podermos compreender realmente o que é a virtude dadivosa: a virtude dadivosa é inútil; a virtude dadivosa é uma espécie de egoísmo; e a virtude dadivosa é poder. A interpretação bem-sucedida desta seção de abertura deveria encontrar sentido nestas afirmações enigmáticas.

O segundo tópico da seção "Da virtude dadivosa" focaliza mais diretamente a virtude dadivosa como uma pura celebração da vida e afirma que esta terra aqui e agora é um domínio sagrado. Zaratustra pede que seus discípulos permaneçam fiéis à terra e fala da virtude que fugiu para longe da terra e se apegou a esperanças e sentidos sobrenaturais. Tudo isso teve o efeito de desvalorizar e diminuir o mundo em que vivemos; já não somos capazes de tratar a terra com carinho por causa de nossa aspiração ao além – ou esquecimento – e incorporamos estas avaliações equivocadas no nível mais profundo do próprio corpo, repudiando nossa natureza física como algo hostil a todas as possibilidades espirituais. Neste tópico a ênfase recai sobre temas mundano-históricos: nossos valores e nossas

---

28. Ibid.

crenças são todos eles sintomas da saúde definitiva do corpo, e o apego a realidades falsas é em si uma forma de degeneração que é passada de geração em geração. Zaratustra busca impor sua vontade ao futuro, promovendo esses valores e ideias que inspirarão e aprimorarão a existência humana. Na terceira parte do *Zaratustra*, na seção *Dos três males*, ele é bem explícito acerca disto ao redescrever a virtude dadivosa como "o desejo de dominar"[29]. Presumivelmente isso acontece porque, de certo ponto de vista, a virtude dadivosa implica impor sua vontade aos outros, elevando-os e tornando-os dignos do ideal futuro. Esta é uma expressão da vontade de potência e se harmoniza com outras passagens em que Nietzsche descreve que sua própria tarefa é a legislação do futuro[30]. Mas o futuro depende do presente e a primeira coisa a fazer é orientar os indivíduos para as possibilidades empoderadoras da vida. Em seu comentário sobre esta parte de *Assim falava Zaratustra*, Laurence Lampert (1986, p. 75) escreve que os discípulos "não devem evitar cair na tentação, mas tentar os caminhos sedutores ainda não percorridos". Em resumo, os discípulos precisam sujeitar-se a riscos, percorrendo novos caminhos e arriscando sua própria vida como um experimento, que pode ou não ser bem-sucedido. Desta maneira, eles estabelecerão uma nova meta: "Solitários de hoje, vós que viveis afastados, sereis um povo algum dia. Vós, que haveis escolhido a vós mesmos, formareis um dia

---

29. Ibid. Parte III: "Dos três males", tópico 2.
30. Cf., p. ex.: NIETZSCHE. *Além do bem e do mal*. Seção § 211: "Mas os verdadeiros filósofos são dominadores e legisladores. [...] Estendem para o futuro a sua mão criadora, e tudo o que é, e tudo o que foi, torna-se para eles um meio, um instrumento, um martelo".

um povo eleito, e dele há de nascer o Além-Homem"[31]. Aqui, portanto, o fim último da virtude dadivosa é ainda o super-homem, mas agora isso parece um resultado mais remoto e não a meta absoluta de toda vida humana. Tudo isso implica algum distanciamento da doutrina original do super-homem presente nas primeiras seções de *Assim falava Zaratustra*, onde Zaratustra exorta as pessoas a afirmar o super-homem *agora*.

No terceiro tópico da seção "Da virtude dadivosa", Zaratustra despede seus discípulos. Diz-lhes que devem abandoná-lo a fim de seguirem seu próprio caminho e, desta forma, exorta-os a assumir o comando de sua própria vida:

> Vós sois meus crentes; mas, que importam todos os crentes! Vós não vos havíeis buscado ainda; então me encontrastes. Assim fazem todos os crentes: por isso é a fé tão pouca coisa. Agora vos mando que me percais e que encontreis a vós mesmos; e só quando todos me tenham renegado, voltarei para vós[32].

E isso faz sentido, porque aquele que ensina o super-homem não pode ser feliz com seguidores que obedecem a ordens heterônomas. Desta maneira, a meta intencional do ensinamento de Zaratustra e a própria virtude dadivosa se tornam a *soberania* do indivíduo e, quando esta é alcançada, podemos dizer que estamos num caminho que pode finalmente levar ao super-homem:

---

31. NIETZSCHE. *Assim falava Zaratustra*. Parte I: "Da virtude dadivosa", tópico 2.
32. Ibid., tópico 3.

> E será o Grande Meio-dia, quando o homem esteja à metade de seu trajeto, entre a besta e o Além-Homem, e celebrará como sua esperança suprema o seu caminho para o crepúsculo: porque será o caminho para um novo amanhecer[33].

Observemos, no entanto, que agora passamos do registro "mundano-histórico" para a vida do indivíduo como sendo o ponto mais imediato de preocupação. Neste ponto, a meta da virtude dadivosa associa-se explicitamente ao ideal da autoapropriação, ou o que mais tarde Nietzche descreve, em *Ecce Homo*, da seguinte maneira: "como alguém se torna o que ele é". Disto se pode inferir que a virtude dadivosa se dedica totalmente a inspirar os outros a se tornarem eles mesmos e que o maior dom consiste em abrir o caminho para a soberania.

Damos por concluído este breve sumário da seção "Da virtude dadivosa", mas o que se deve também enfatizar aqui é o progresso na autocompreensão do próprio Zaratustra, que se reflete na mudança em sua disposição de ânimo entre cada parte. No primeiro tópico da seção "Da virtude dadivosa", a virtude dadivosa é descrita como um princípio de pura generosidade: ela se doa a si mesma; e, como o sol, ilumina todas as coisas com sua luz. Da mesma forma, Zaratustra elogia seus discípulos por quererem se tornar "oferendas e presentes", mas a ênfase aqui recai sobre a doação sem considerar como o presente vai ser recebido. Como comenta Stanley Rosen: "A virtude da doação é a da força, não da generosidade ou filantropia desinteressada" (1995, p. 129). Mas nós geralmente pensamos que a doação

---

33. Ibid.

deve ser direcionada ao outro: eu dou a você aquilo de que você necessita e o que dou deve ser de valor para nós dois, ou então não posso ser considerado generoso. De acordo com Zaratustra, a virtude dadivosa deriva da correta sintonia com a vida: "Quando vosso coração bate, amplo e cheio, como as grandes torrentes, bendição e perigo dos ribeirinhos, é nessa hora que nasce a vossa virtude"[34]. Neste sentido, a virtude dadivosa é "egoísta", porque expressa a simples exuberância da vida em seus exemplos mais elevados, como o super-homem ou Zaratustra, e isso é inspirador para outros, como os discípulos, que se beneficiam com essa "dádiva". A virtude dadivosa é "poder", porque é a afirmação completa da vida, que é capaz de abraçar a existência, enquanto resiste a todo ideal negativo ou negador da vida. A virtude dadivosa é "inútil", porque não pode ser medida nos termos costumeiros da utilidade social e não é o meio para quaisquer valores ulteriores. E é a virtude "mais elevada", porque é uma expressão da mais completa afirmação da vida, e não há nada *além* da vida que possa levar a uma transcendência superior.

No segundo tópico da seção "Da virtude dadivosa", a virtude dadivosa se torna a celebração da terra; isso leva ao super-homem em algum momento no futuro, mas esta é agora considerada uma meta mais distante. O *mais* importante é "dar à terra um sentido, um sentido *humano*". Laurence Lampert explica a meta de Zaratustra neste momento em termos de seu compromisso com o futuro e com o julgamento da posteridade. Com efeito, "seus apelos à vida e a morrer por um futuro muito distante se apresentam como

---

34. Ibid., tópico 1.

um mero amor à posteridade, da humanidade na forma do super-homem, com a ajuda do desprezo pelo presente" (LAMPERT, 1986, p. 79). Eu afirmaria que Zaratustra está menos preocupado com a posteridade, porque, no decurso de três tópicos da seção "Da virtude dadivosa", a meta do super-homem orientada para o futuro é substituída gradualmente pela necessidade de inspirar o indivíduo que o confronta no presente – e este podia ser o discípulo ou mesmo o próprio leitor.

Por isso, no tópico final da seção "Da virtude dadivosa", Zaratustra está focado em seus seguidores e sua preocupação é que eles devem encontrar seu próprio caminho. Porque "mal corresponde ao mestre o que não passa nunca de discípulo"[35]. Aqui Zaratustra se dá conta de que dar e receber são realmente inseparáveis um do outro e que a virtude dadivosa se torna dar de tal maneira que o receptor seja capaz de receber bem a dádiva. Mais adiante, na seção "Noturno", Zaratustra descreve a mesma disjunção entre dar e receber como um momento de real desconforto:

> Ó desgraçada sorte de todos os que dão! Ó penumbras do meu sol! Ó desejo de desejar! Ó fome devoradora no coração da saciedade! Eles tomam o que lhes dou, mas acaso lhes tocarei sequer a alma? Há um abismo entre dar e receber; e o abismo mais estreito é o último a ser superado[36].

Seguindo Emerson, Gary Shapiro observa que a doação é um negócio arriscado:

---

35. Ibid., tópico 3.
36. Ibid., parte II: "Noturno".

> Ao oferecer uma dádiva, a pessoa empreende o projeto hermenêutico de descobrir o que é apropriado para o verdadeiro caráter do receptor. Se não consigo interpretá-lo corretamente, ele sentirá que foi cometida alguma violência ou degradação; mas, se o doador foi bem-sucedido em ler o coração do beneficiário, este pode sentir que seu espaço privado foi invadido e sua própria alegria com a dádiva confirmará o doador em sua interpretação do homem por trás da máscara (SHAPIRO, 1991, p. 25)[37].

Zaratustra deu-se a si mesmo ao descer da montanha para ensinar às pessoas a respeito do super-homem, mas agora se dá conta de que as pessoas precisam *receber* algo diferente: não um conjunto de ensinamentos a respeito do super-homem, mas a possibilidade de sua própria soberania como seres humanos "únicos e incomparáveis" (para utilizar a mais notável formulação tirada de *A Gaia Ciência* 335). Neste sentido, a virtude dadivosa – e a própria filosofia de Nietzsche – empenha-se toda em dar, ou reintegrar as pessoas em *si mesmas* por meio da consciência de sua existência única que anteriormente fora obscurecida:

> Dizeis que acreditais em Zaratustra? Mas, que importa Zaratustra? Vós sois meus crentes; mas, que importam todos os crentes! Vós não vos havíeis buscado ainda; então me encontrastes. [...] Agora vos mando que me percais e que

---

37. Cf., também, EMERSON, R. Gifts. *In*: PAUL, S. (org.). *Essays*. Nova York: Everyman, 1978, p. 289-293.

encontreis a vós mesmos; e só quando todos me tenham renegado, voltarei para vós[38].

Houve, evidentemente, uma mudança no ensinamento de Zaratustra em comparação com a imagem mais egocêntrica do super-homem celebrada por Nietzsche no prólogo. Podemos prosseguir e considerar algumas maneiras como esta mudança na autocompreensão de Zaratustra nos ajuda a compreender a narrativa madura que Nietzsche nos apresenta acerca da generosidade e do sentido real da virtude dadivosa.

2.2 Sobre a generosidade da vida

A doação é um fio importante que percorre a primeira parte de *Assim falava Zaratustra*, mas ela continua ao longo de todo o livro; e, em minha opinião, devemos dizer que ela é um aspecto essencial da filosofia de Nietzsche como um todo. Seria um erro, no entanto, pensar este tipo de generosidade em termos puramente éticos, na linha de Aristóteles e de outros pensadores moralistas. A generosidade é uma virtude moral importante; mas, como mostra Aristóteles, existem alguns limites para a generosidade, porque as pessoas podem ser demasiadas generosas ou extravagantes, ou podem dar às pessoas erradas no momento errado. Em *Assim falava Zaratustra*, no entanto, o contexto para a generosidade não é simplesmente ético e existe um paralelo entre o esforço inflexível do super-homem e "o querer viver inesgotável e criador"[39]. A vida é um princípio de generosidade; ela se esbanja a si mesma e não retém nada, enquanto o super-

---

38. NIETZSCHE. *Assim falava Zaratustra*. Parte I: "Da virtude dadivosa", tópico 3.
39. Ibid., parte II: "Do domínio de si".

-homem é alguém que reflete esta generosidade da vida em sua própria existência. Ambas são descritas em termos de excesso e *superabundância*[40]. E, porque a generosidade do super-homem parece implicar uma relação com a própria vida e não com a prosperidade do próprio indivíduo, podemos dizer que ela é uma virtude espiritual e não uma virtude ética[41].

A partir da maioria das perspectivas filosóficas, as afirmações sobre a vida ou a generosidade da vida são espúrias, porque não podem ser provadas ou porque parecem pressupor a "vida" como uma espécie de sujeito. E, com poucas exceções, mesmo os que possuem crenças religiosas ignoraram a generosidade da vida como tema para reflexão filosófica. Ao mesmo tempo, porém, a vida – o universo, todas as coisas – é abundante; e mostrar gratidão pelo que nos foi dado é uma atitude espiritual fundamental, independentemente do fato de alguém ter ou não ter crenças religiosas. No início do livro, Zaratustra exorta as pessoas a permanecerem fiéis à terra e a não acredi-

---

40. Para análise ulterior da ideia de superabundância e superfluidade em *Assim falava Zaratustra*, cf. PARKES, G. *Composing the soul*: Reaches of Nietzsche's psychology. Chicago: University of Chicago Press, 1994, esp. p. 138 e 152-155.

41. Uma virtude é uma disposição desejável que torna uma pessoa "boa" em oposição a má. Nietzsche qualifica isso com seu perspectivismo, de acordo com o qual as formas ascendentes e declinantes da vida são realçadas por diferentes virtudes. Deste ponto de vista, a generosidade é uma virtude ética, mas é também uma virtude espiritual. Uma virtude ética inspira e aprimora o eu individual e nos torna melhores. Uma virtude espiritual implica autossuperação ou perda do ego e se dirige para o aprimoramento da vida, da verdade, ou de qualquer realidade superior ou maior do que a nossa própria vida. Evidentemente existe aqui alguma superposição, especialmente se pensamos o ético como uma realidade superior ou maior e, portanto, como um aspecto do próprio espiritual.

tarem em esperanças extramundanas. Proclama também o super-homem como sendo o sentido da terra e diz às pessoas que elas devem deixar sua vontade afirmar que o super-homem *deve ser* o sentido da terra. Neste sentido, o super-homem é uma das chaves para a própria vida. Em acentuado contraste, Zaratustra descreve também "o último homem" que vive uma vida de "deplorável prazer"[42]. Eles estão absortos consigo mesmos e já não lutam por nada que esteja além deles e não sentem nenhuma dor, porque se blindam contra todas as vicissitudes da vida. O super-homem não se apega a si mesmo e se abre a todas as oportunidades e possibilidades do destino. E é isso que podemos chamar de atitude *espiritual*, porque ela confia no valor desta vida, enquanto afirma também o caráter sagrado de existência que nos é dada aqui e agora.

Em outro lugar, Nietzsche anuncia a morte de Deus, mas afirma o valor desta vida contra a religião tradicional que frequentemente a solapou. Ele nega que o sofrimento da vida seja uma objeção à existência do mundo ou à sua bondade. E mediante seu Profeta Zaratustra, Dioniso, o eterno retorno e outros estratagemas, ele proclama que este mundo é sagrado. É este o sentido da breve canção de Zaratustra que aparece perto do fim do livro:

> O mundo é profundo,
> mais profundo do que o dia imagina.
> Profunda é a sua dor
> e a alegria mais profunda do que o sofrimento!
> A dor diz: Passa!

---

42. NIETZSCHE. *Assim falava Zaratustra*. "Prólogo de Zaratustra", tópico 5.

Mas toda alegria quer uma profunda, profunda eternidade![43]

Aqui Nietzsche celebra o sagrado como algo que pode ser encontrado em cada momento nesta vida. E este é o ponto no qual a vida parece justificar-se. No início, Zaratustra pensa em examinar esta possibilidade ideal em termos do super-homem, mas é atraído também para o pensamento do eterno retorno, que inclui todos os problemas da vida que precisa ser afirmada como uma parte do todo.

Zaratustra anuncia que precisa descer porque se tornou repleto demais de sabedoria: "como a abelha que acumulou demasiado mel. Necessito de mãos que se estendam para mim"[44]. De maneira semelhante, ele insinua que, embora mova e inspire os outros, sua "generosidade" não se baseia em nenhuma necessidade de estar com os outros para realizar-se – por isso, ela é um egoísmo "são e sagrado". O problema é que tudo isso implica um deleite com seu próprio poder, em que o benefício aos outros é mera coincidência. A grandeza do doador parece mais importante do que o benefício dos que recebem suas dádivas. Mas isso é correto? Nós geralmente pensamos sobre a generosidade e a doação sob o aspecto de dar algo aos *outros*. E, como argumenta Aristóteles no livro quarto da *Ética a Nicômaco*, assim como alguém pode ser mesquinho por não dar nada ou muito pouco, é também possível dar demais; e a pessoa que esbanja presentes aos outros, mesmo que estes não

---

43. NIETZSCHE. *Assim falava Zaratustra*. Parte IV: "O canto da embriaguez", tópico 12.
44. NIETZSCHE. *Assim falava Zaratustra*. "Prólogo de Zaratustra", tópico 1.

os mereçam, não deveria ser considerada generosa, mas insensata e esbanjadora.

Nietzsche parece argumentar, pela boca de Zaratustra, que a virtude dadivosa implica doar-se a si mesmo em vez de dar dinheiro ou coisas – porque a virtude dadivosa é como o ouro, que "se oferece sempre a todos". E, diferentemente da narrativa da generosidade de Aristóteles, a virtude dadivosa não parece implicar nenhum tipo de cálculo. É uma virtude dadivosa precisamente porque tudo o que alguém dá é dado livremente e sem a perspectiva de qualquer tipo de retorno. Mas podemos denominá-la "generosidade", se ela deriva de uma necessidade interior – a necessidade de dar – e não das necessidades das outras pessoas? E não deveríamos dizer que a generosidade da doação é apenas uma virtude na medida em que é direcionada aos outros? Para doar bem, ou ser perfeito na virtude dadivosa, o doador precisa saber do que a outra pessoa necessita e do que ela não necessita; ele não pode dar demais – ou muito pouco – porque envergonharia a outra pessoa se sua dádiva for excessiva, ou inadequada, e isso não seria virtuoso. Ele precisa saber quando dar e como dar seu presente –, mas todas estas coisas dependem de conhecer e estimar a pessoa que vai receber a dádiva. Dar sem referência ao receptor não pode ser considerado verdadeira generosidade, e isso parece minar a afirmação de Zaratustra de que a virtude dadivosa é uma forma superior de egoísmo.

Ora, argumentei que Zaratustra chega a perceber isso em grande parte ao longo de seu discurso sobre a virtude dadivosa. Como vimos, *Assim falava Zaratustra* está explicitamente preocupado com as formas de doação e com a disjunção entre dar e receber; mas, no final, a análise da virtude dadivosa focaliza a questão da soberania pessoal.

Soberania é um conceito difícil de especificar, mas já sugerimos que ela é "o completo descarte de todos os poderes de alguém e uma abertura às possibilidades inspiradoras da vida". Juntando todos esses temas, podemos agora afirmar que a virtude dadivosa é a generosidade de espírito que estimula outra pessoa e a inspira a "tornar-se o que ela é". Essa generosidade de espírito pode ser observada numa variedade de formas diferentes, e é possível articular alguns de seus aspectos fundamentais. Mas desejo, primeiramente, considerar três interpretações alternativas à interpretação que estou desenvolvendo aqui. Nicolai Hartmann apresenta uma análise importante da virtude dadivosa em sua *Ética* de 1926; Joseph Kupfer apresenta uma narrativa da virtude dadivosa no fim de seu ensaio *Generosity of spirit*; e John Coker oferece uma narrativa nuançada da virtude *dadivosa* em seu ensaio On the bestowing virtue (*von den Schenkenden Tugend*): *A reading*. Estas não são de modo algum as únicas interpretações possíveis do texto de Nietzsche; mas, com cada um destes exemplos, a consideração de um tipo diferente de interpretação pode ajudar a esclarecer minha própria interpretação.

2.3 Algumas interpretações da virtude dadivosa

De acordo com Hartmann, a virtude dadivosa (ou "virtude radiante" na tradução inglesa) é um vasto transbordamento e o indivíduo que tem esta virtude parece brilhar como o sol com dons espirituais. As pessoas que estão na presença de um indivíduo tão virtuoso serão profundamente afetadas por ele; sentir-se-ão abençoadas com dádivas e, no entanto, não conseguirão articular exatamente *como* foram enobrecidas e enriquecidas:

> O transmissor dos valores espirituais [...] simplesmente transborda – por causa da plenitude de sua vida. Desse modo, ele obedece à lei básica do Ser espiritual, pondo-se a seu serviço como um administrador fiel. Ele entrega sua personalidade a esta lei maior. Por ela ele vive. E, ao fazê-lo, ele vive preeminentemente para aqueles que recebem seus dons (HARTMANN, 1932, p. 335).

Ou novamente: "Ele é pródigo de si mesmo; como o sol, ele brilha sobre os justos e os injustos. Sua tendência é dispensar a todos – e, no entanto, a ninguém" (HARTMANN, 1932, 335). Existem presumivelmente pessoas como esta; mas, de acordo com Hartmann, sua virtude é quase totalmente inconsciente e seu efeito sobre os outros é apenas uma função de quem eles são. Neste sentido, a narrativa da virtude dadivosa de Hartmann evita a dialética de doador e receptor, que está no cerne da apresentação de Nietzsche em *Assim falava Zaratustra*. Em primeiro lugar, como vimos, a virtude dadivosa pode ser compreendida como uma generosidade pura e inconsciente do espírito ou como uma virtude "radiante" de pura outorga. No fim do terceiro tópico da "Da virtude dadivosa", a virtude dadivosa implica uma sintonia com os outros, em vez de uma dispersão aleatória de fartura espiritual. No decurso da apresentação de Zaratustra, a virtude dadivosa se torna direcionada para os outros; e, na quarta parte de *Assim falava Zaratustra*, Zaratustra fala aos homens superiores, a um de cada vez, de uma maneira apropriada a cada um deles. A virtude radiante de Hartmann permanece absorvida consigo mesma, embora ele escreva que "ele [o doador] continua a sensibilizar-se por aquele que receberá suas dádivas" e "perde a companhia de uma mente que recebe" (HARTMANN, 1932, 334). Por conseguinte, como o próprio Hartmann reconhece, a "virtude radiante deve primeiramente despertar uma necessidade para sua dádiva e, portanto, precisa pleitear por si mesma" (HARTMANN, 1932, 334s.). Mas ele não parece pensar que isso exige realinhar a virtude para o receptor. Por essa razão, em minha opinião, o capítulo de Hartmann não oferece uma interpretação adequada da virtude dadivosa. Com efeito, tal como ele a descreve, a virtude dadivosa às vezes não se parece nem um pouco com uma virtude, mas apenas com a expressão de uma personalidade poderosa, mas harmoniosa.

Outra dificuldade com a narrativa de Hartmann é que ele nunca especifica claramente o conteúdo da virtude "radiante". A descrição de Hartmann é inspiradora, mas vaga:

> A virtude radiante [...] distribui dádivas que não têm nenhuma relação universal com outros valores, que não são utilizáveis para outros fins, tendo valor apenas em seu próprio conteúdo, em suas próprias estruturas, o que significa que são inúteis, mas em si mesmas são autônomas; são imponderáveis que pairam sobre os valores importantes e positivos da vida. Todas as coisas deste tipo têm valor estético, tal como o artista concede; mas não menos do que isso é mera admissão à participação na plenitude do real, a abertura dos olhos a riquezas ocultas em todo lugar, igualmente, toda transformação dos outros em sensíveis aos imponderáveis, toda exposição de sentidos até mesmo na esfera da vida cotidiana comum (HARTMANN, 1932, 334s.).

Nesta passagem, Hartmann focaliza o fato de que a virtude radiante ou dadivosa implica a transmissão ou desencadeamento de bens espirituais. Tudo isso parece correto, mas não explica a natureza desses bens espirituais ou, consequentemente, o conteúdo da própria virtude dadivosa.

Kupfer argumenta, como eu também argumento, que a virtude dadivosa é uma forma de generosidade do espírito. Ele comenta:

> Em vez de buscar bens materiais para dar, os indivíduos mais completamente generosos de Nietzsche buscam grandeza de caráter. Eles querem tornar-se ricos em virtudes a fim de poderem dar de sua fartura moral. [...] O eu é esbanjado livremente porque está transbordante (KUPFER, 1998, p. 365).

Ora, Kupfer sugere que, na virtude dadivosa, é uma virtude em si que é comunicada, ou dada, por uma pessoa a outra. E, portanto, a virtude dadivosa "implica ajudar os outros indivíduos a desenvolver a virtude que possuem" (KUPFER, 1998, p. 366). Por exemplo, uma pessoa corajosa pode inspirar outras com sua própria coragem numa situação de coação, enquanto alguém que tem generosidade de coração pode explicar aos outros como praticar o perdão: "Explicando o processo do perdão, inclusive como enfrentar obstáculos pelo caminho, mostramos aos outros indivíduos como desenvolver o perdão" e, portanto, "podemos ser generosos com o nosso coração generoso de maneira edificante e direta" (KUPFER, 1998, p. 267).

Esta é uma leitura provocativa e arrisca uma interpretação muito precisa da virtude dadivosa. Mas, embora possam existir pessoas que têm estes dons, não penso que devemos concordar com esta interpretação. Em primeiro lugar, ela é demasiadamente tacanha: reduz a virtude dadivosa a uma espécie de instrução moral, e isso estaria em desacordo com a visão que Nietzsche tem da virtude dadivosa como algo que afeta realmente o indivíduo com as possibilidades inspiradoras da vida. De acordo com Zaratustra, a virtude dadivosa é a mais alta de todas as virtudes; não é tacanha ou limitada pelas virtudes a ela associadas e, por isso, seria um erro entendê-la apenas como a possibilidade de alguém comunicar seus poderes éticos. Da mesma forma, penso que Hartmann tem razão ao enfatizar que a virtude dadivosa é mais uma virtude espiritual do que uma virtude ética, já que implica o desencadeamento de possibilidades espirituais e a possibilidade de uma vida espiritual autêntica. Minha interpretação enfatizará a tarefa mais ampla de Nietzsche, que consiste em determinar "como alguém se torna o que ele é". Nietzsche se entende como um educador, mas a meta de seu ensinamento não se limita ao cultivo de determinadas virtudes. Ela implica a instigação da própria soberania e isso pressupõe uma verdadeira generosidade de espírito que orienta esta arte maiêutica.

Finalmente, Coker disserta sobre a complexidade retórica da virtude "outorgante": por um lado, ela é uma virtude determinada e intimamente relacionada com a generosidade ou mesmo com a magnificência no sentido aristotélico. Por outro lado, ela é também "um discurso meta-nível sobre o discurso acerca do valor e da virtude (inclusive a própria virtude outorgante)" (COKER, 1994, p. 5). Coker está certo em enfatizar que a virtude outorgante ou dadivosa é, em certo sentido, um discurso sobre a natureza da própria virtude. Junto com Shapiro, ele se aproveita do exemplo de dois pronunciamentos de Zaratustra: "Nosso espírito voa para cima: assim é um símbolo de nosso corpo, o símbolo de uma elevação"[45]; e:

> Meus irmãos, estai atentos às horas, sejam quais forem, em que vosso espírito quer falar em símbolos: então é esta a hora em que nasce a vossa virtude. Então é quando vosso corpo se eleva acima de si mesmo e ressuscita. Sua alegria arrebata o espírito que se torna criador; ele aprecia e ama, e prodiga seus bens a todas as coisas[46].

A partir disto, Coker argumenta que todas as virtudes, inclusive a virtude dadivosa, precisam ser consideradas formas de autoafirmação, nas quais celebramos a terra, sublimando nossos próprios poderes corporais como virtudes fundamentais. Como ele declara: "Zaratustra nos estimula a transformar nossos dons, nossos 'dons' naturais ou corporais, em presentes, nossas virtudes; desta maneira, fazemos as pazes entre a lua e o sol" (COKER, 1994, p. 18). Deste modo damos também sentido ao corpo e à própria terra.

A interpretação de Coker realça os diferentes níveis de reflexão que percorrem o texto, dando-nos uma narrativa da virtude dadivosa como algo que é basicamente ambíguo ou até "indefinível". Sua leitura serve como uma advertência a todos os que ignoram os elementos metafóricos ou dramáticos do texto. Por outro lado, o que ele tem a dizer sobre

---

45. NIETZSCHE. *Assim falava Zaratustra*. Parte I: "Da virtude dadivosa", tópico 1.
46. Ibid.

a virtude dadivosa como uma virtude específica é menos convincente. Ele comenta:

> Os outorgadores [doadores de dádivas] são "impulsionados", "consumidos" pelo desejo e têm uma "paixão insaciável" por seu ideal, a ponto de "consumirem a si próprios" nele e com ele: "Então [no grande meio-dia] aquele que naufraga se congratulará a si mesmo por ser alguém que vai além" (COKER, 1994, p. 22).

Isso reduz a virtude dadivosa a um único tema: o pensamento ou paixão dominante da pessoa superior, que se consome em comunicar esta visão aos outros. Mas esta necessidade de dar ou deixar sua marca no mundo é essencialmente egoísta e se caracteriza por uma *necessidade de outros* que irão receber estas dádivas e agir de acordo. Afirmei que Zaratustra chegou a perceber isso ao longo de seu discurso – "Da virtude dadivosa" – e isso o leva a uma narrativa menos egocêntrica daquilo que a virtude dadivosa é. No fim desta seção, sua meta não é comunicar sua própria visão, mas possibilitar a soberania dos outros.

As três interpretações que analisei ajudam a iluminar o ideal difícil de Nietzche, embora todas elas não atinjam este objetivo. A seguir, sugiro uma leitura alternativa que salienta a generosidade espiritual da virtude dadivosa e sua relação com a soberania do indivíduo como uma meta empoderadora. A soberania é algo semelhante à autonomia, não no sentido ético tacanho, mas no sentido de *agir em seu próprio nome*. Isso não só inclui a autodeterminação, mas implica também uma sintonia fundamental com as possibilidades espirituais ou com as forças inspiradoras de vida.

2.4 Generosidade espiritual

Sugeri que a meta da virtude dadivosa é a soberania da outra pessoa e que *die schenkende Tugend* implica: saber que, saber como e saber quando dar à outra pessoa, a fim de provocar ou inspirar a soberania – em que esta é entendida como um processo de desdobramento e não como uma realização final do ser. Mas como a virtude dadivosa inspira a soberania no outro? Para responder a esta pergunta podemos agora considerar algumas das diferentes coisas que podemos dar ao outro para lhe permitir se tornar o que ele é, e todas estas são aspectos diferentes da generosidade espiritual.

Em primeiro lugar: deixar o outro ser. Não podemos simplesmente impor nossa vontade aos outros. E há ocasiões em que é melhor se afastar e recuar, a fim de aceitar a outra pessoa e permitir-lhe ser ela mesma. É isso que Zaratustra chega a perceber quando deixa seus discípulos, de modo que não continuem sendo meros seguidores, mas comecem a buscar por si mesmos. Evidentemente isso pode ser difícil, porque nosso impulso inicial é geralmente o de impor nossas ideias ao outro e moldá-lo de acordo, especialmente se nos importamos de fato com seu bem-estar. Mas não existe dádiva maior do que realçar a liberdade de outro ser humano. E o autoisolamento intencional, que deixa o outro ser, não é algo passivo, visto que implica a atividade da autossuperação que tira de campo nossos próprios desejos. Como escritor, Nietzsche questiona visões estabelecidas, mas ao mesmo tempo nunca procura sobrecarregar o leitor com suas próprias ideias, pois isso seria minar a soberania; e assim cultiva uma perspectiva irônica. Por exemplo, Nietzsche rejeita o idealismo, mas o materialismo crasso que ele expõe não pode ser levado totalmente a sério: em *Ecce homo* ele argumenta que os filósofos deveriam falar mais sobre a dieta e das condições meteorológicas; e, em outro lugar, quando escreve sobre Schopenhauer, afirma que o pessimismo é em última análise produto de má digestão. Desta maneira, portanto, ele parece afastar-se para permitir ao leitor a liberdade de lidar com suas ideias.

Em segundo lugar: o deixar alguém ser precisa também vir acompanhado pela atenção e pela disposição de ser acessível à outra pessoa – não apenas no sentido de responder às suas necessidades, mas antecipando proativamente problemas e dificuldades antes que surjam. No prólogo de *Assim falava Zaratustra*, Zaratustra ensina a doutrina do super-homem para a multidão reunida. Depois, ele focaliza aquilo que seu pequeno grupo de seguidores realmente precisa e despede seus discípulos de modo que não permaneçam enfeitiçados por ele. Na quarta parte de *Assim falava Zaratustra*, é importante notar que Zaratustra fala pessoalmente a cada um dos homens superiores e lhes confia a mensagem apropriada que cada um deles precisa ouvir. Mais uma vez, isso é exatamente o que Nietzsche pretende com seus escritos, que são calculados para fisgar o leitor interessado, abrindo as mais profundas possibilidades espirituais presentes na alma, que ante jaziam adormecidas. Em *Além do bem e do mal*, § 295, ele escreve acerca do "gênio do coração" que sabe como inspirar e provocar os outros:

> O gênio do coração, que faz emudecer todas as vozes mais elevadas e ensina a escutar o silêncio, que pule as almas ásperas e as faz saborear um novo e ardente desejo, o desejo de estar quietas como as águas de um lago, para

> refletir as estrelas do profundo céu; o gênio do coração que ensina a delicadeza, adivinha o tesouro escondido ou esquecido e a gota de bondade ou de mansa espiritualidade encerrada na crosta do gelo; o gênio do coração que é uma varinha de condão para toda pepita de ouro contida na prisão do lodo ou da areia; o gênio do coração, a cujo contato nos sentimos mais ricos, mais novos do que antes, purificados, penetrados e beijados pelo zéfiro (NIETZSCHE, 2022a, § 295).

Não é um exagero pensar que aqui Nietzsche está de fato descrevendo a si mesmo. Em *O Banquete* de Platão, Alcibíades diz algo muito semelhante sobre o efeito que Sócrates causa em seu próprio senso de si mesmo e sobre a renovação de possibilidades que Sócrates inspira. Porque é assim que Sócrates pratica sua arte como uma parteira espiritual – não propondo seu próprio conjunto de teorias ou impondo ideias aos outros, mas sabendo como inspirar cada alma individual que ele encontra e revelando-lhe profundas possibilidades espirituais que antes eram apenas insinuadas. Tanto Nietzsche quanto Sócrates são educadores da alma, que inspiram o leitor/interlocutor a ir além da caverna da vida cotidiana. Mas esses mestres só podem atrair-nos prestando muita atenção a quem nós somos e àquilo que tem mais probabilidade de interessar-nos ou inspirar-nos. E esta é uma habilidade que depende de uma paciente preocupação e disponibilidade orientada para a situação espiritual dos outros.

Em terceiro lugar: a compaixão. Além de permitir que o outro seja e estar disponíveis e atentos a ele, existe outro impulso que é algo semelhante à compaixão. É a capacidade de examinar a vida de outras pessoas, de compreender donde elas vêm e todas as dificuldades que podem ter suportado para se moldarem como elas são. Esta identificação implica compaixão ou piedade [*Mitleid*] e esta é justamente o oposto da postura crítica. Ora, a julgar pelas aparências, isso é problemático: um dos principais motivos para Nietzsche condenar a *Mitleid* era que ele não a considerava uma forma de generosidade espiritual. Pelo contrário, Nietzsche rejeitava a compaixão como aviltante tanto para aquele que se compadece quanto para aquele que é objeto da compaixão:

> Porque ao ver sofrer o que sofre, sinto até vergonha de sua vergonha e, por tê-lo auxiliado, ofendi duramente o seu orgulho. [...] "Sede altivos ao aceitar! Aceitai como se fizésseis um favor!" É o conselho que dou àqueles que nada têm a dar. Eu sou também daqueles que dão; gosto também de dar, como amigo a amigos[47].

Como mostra Bernard Reginster, porém, a postura de Nietzsche sobre a compaixão não é de modo algum uma postura direta e clara, e ele argumenta que Nietzsche "defende claramente certas formas de compaixão e benevolência" (REGINSTER, 2006, p. 185). Em *Além do bem e do mal*, por exemplo, Nietzsche diz: "Um homem que por natureza é *dominador* – quando um tal homem se compadece, esta compaixão tem valor!" (NIETZSCHE, 2022a, § 293). Para Nietzsche a compaixão (ou piedade) geralmente implica condescendência ou um abismar-se no infortúnio do outro. Mas, ao mesmo tempo, a compaixão *nietzscheana* não é dire-

---

47. NIETZSCHE. *Assim falava Zaratustra*. Parte I: "Dos compassivos".

cionada ao sofrimento, mas às "oportunidades perdidas", que implicam fracasso em alcançar a soberania (cf. REGINSTER, 2006, p. 187). Assim, por exemplo, existe uma observação interessante incluída em *Vontade de potência*, situada entre diversos ataques à piedade, na qual Nietzsche parece admitir que algo *parecido com* a piedade – ou compaixão – poderia ser também um aspecto da virtude dadivosa. E esta passagem parece confirmar a ideia de que Nietzsche está preocupado sobretudo com o desafio à soberania individual ou "como alguém se torna o que ele é":

> Meu tipo de "piedade" – Este é um sentimento para o qual não encontro um nome adequado: Sinto-o quando vejo capacidades preciosas sendo desperdiçadas. [...] Ou quando vejo alguém claudicante, em consequência de um acidente estúpido, algo menos do que poderia ter-se tornado. Ou especialmente a ideia do grande número de pessoas, como quando observo com angústia e desprezo a política da Europa de hoje, que, em todas as circunstâncias está trabalhando na trama do futuro de *todos os homens*. Sim, o que não poderia tornar-se o homem, se –! Este é um tipo de "compaixão", embora não haja nenhuma "paixão" que eu compartilhe (NIETZSCHE, 1967, § 367).

Aqui Nietzsche parece nos dar algo e depois o toma de volta; mas, tomada como um todo, a passagem confirma a preocupação com os outros que subjaz à virtude dadivosa. Ela explica também por que ele escreveu todos os seus livros e elogiou "o gênio do coração" como um dos mais preciosos de todos os dons.

Ora, existem outros aspectos da generosidade espiritual e emocional que são discutidos nos escritos de Nietzsche, especialmente em suas reflexões sobre a amizade, a educação, a natureza da verdadeira nobreza e a filosofia. Este é um traço negligenciado da obra de Nietzsche, que é especialmente atraente e está em forte contraste com todos os comentários polêmicos pelos quais ele é mais conhecido. Em *Assim falava Zaratustra*, a soberania ou autonomia do indivíduo é o foco de preocupação de Zaratustra (e de Nietzsche) e a virtude dadivosa sugere algumas das maneiras como esta soberania pode ser fomentada. A sabedoria da virtude dadivosa é de tom oracular, mas se presta a uma interpretação que enfatiza a generosidade espiritual: O autorretraimento e o deixar a pessoa ser ela mesma, a disponibilidade e a compaixão (nietzscheana) são formas de generosidade espiritual que focalizam o bem-estar espiritual da outra pessoa. Sua tendencia geral é promover a soberania do indivíduo, o que implica encarregar-se de sua própria existência – ou autoapropriação – *e* estar aberto ou sintonizado com a plenitude espiritual da vida. Mas esta não é apenas uma conquista pessoal que deriva de extrema autodisciplina ou moderação. É o dom da própria vida e o resultado último da virtude dadivosa.

A generosidade e a dadivosidade são virtudes éticas importantes, mas neste capítulo defendi que a virtude dadivosa é uma virtude espiritual que reflete a generosidade da própria vida. A relevância desse ideal vai muito além da interpretação da filosofia de Nietzsche, porque existem muitos exemplos de sacrifício pessoal e outros atos notáveis que não podem ser compreendidos em termos do cálculo moral de crédito e débito. Para alguns, por exemplo, sacrificar sua vida por outro é um exemplo de pura generosidade que supera quaisquer deveres das pessoas umas para com as outras. Do mesmo modo, no caso de uma grande perda ou dano pessoal, um ato de perdão pode ser surpreendente, porque vai além de tudo o que se exige ou se espera de nós. Como se expressa Derrida (2002): às vezes é possível "perdoar o imperdoável". Novamente isso implica que este ato não pode pertencer à esfera ética da vida – mesmo que possamos denominá-lo "supererrogatório". Mas é um ato que expressa a total generosidade da vida, que neste momento age por meio de nós. E é uma virtude espiritual, que inspira e aprimora a vida daquele que perdoa e daquele que é perdoado. Neste capítulo, argumentei que a virtude dadivosa de Nietzsche pertence à generosidade da vida, porque implica a livre-promoção da soberania do outro como um fim em si.

Para Nietzsche a virtude dadivosa é uma forma de egoísmo nobre. Argumentei que ela não pode ser egoísta em nenhum sentido ordinário, porque está direcionada aos outros – ela implica conhecê-los e valorizar quem eles são – e, na análise preliminar de diferentes tipos de generosidade, considerei alguns aspectos relevantes que Nietzsche – e Zaratustra – certamente ratificariam. A virtude dadivosa implica um profundo sentimento das possibilidades espirituais da outra pessoa e a orienta para a conquista dessas possibilidades sem *impor*-lhe ideias fixas. Por outro lado, a virtude dadivosa é também um sinal de poder e força, na medida em que desdenha as típicas limitações do interesse próprio. Em *Ecce homo*, Nietzsche descreve *Assim falava Zaratustra* como "o maior dos presentes" e acrescenta: "O meu *Zaratustra* se destaca. Com ele, ofertei à humanidade o maior dos presentes que até então lhe havia sido ofertado"

(NIETZSCHE, 2022b, § 4). Claramente Nietzsche considerou sua própria obra uma expressão da virtude dadivosa. E podemos dizer que ele tem um forte sentimento do caráter *sagrado* da existência, que não pode ser reduzida às perspectivas ordinárias da utilidade e da mudança. Assim, finalmente, sua narrativa da virtude dadivosa ilumina o sagrado como aquilo que é excessivo e sempre inesperado, porque não é senão a pura generosidade da vida[48].

---

[48]. A economia do dom tornou-se um tema importante na filosofia continental recente. Cf. Bataille sobre o conceito de despesa improdutiva em: BATAILLE, G. *Visions of excess*: Selected writings, 1927-1939. Mineápolis: University of Minnesota Press, 1985. • Heidegger sobre o ser em: HEIDEGGER, M. *Ser e tempo*. Campinas/Petrópolis: Unicamp/Vozes, 2012. • Mauss sobre o dom em: MAUSS, M. *The gift*. Londres: Routledge, 1990. • Derrida sobre o dom em: DERRIDA, J. *Given time I*: Counterfeit money. Chicago: Chicago University Press, 1992. • DERRIDA, J. *The gift of death*. Chicago: Chicago University Press, 1995. • Uma interessante coleção de ensaios sobre o dom se encontra em: SCHRIFT, A. (org.). *The logic of the gift*. Nova York: Routledge, 1997.

3 KANDINSKY SOBRE A ARTE

Qual é a relação entre arte e espiritualidade? Como uma obra de arte expressa ideias e temas espirituais? E seria útil pensar sobre o artista como uma espécie de visionário ou um vidente espiritual? Estas são perguntas orientadoras por trás deste capítulo e parece apropriado enfocar esta análise sobre Kandinsky, que era ao mesmo tempo um artista e um filósofo espiritual.

Em primeiro lugar, a arte esteve muitas vezes ligada a um sentimento do sagrado e à transfiguração da vida. Em algumas das primeiras pinturas em cavernas, inclusive as de Lascaux, animais como cavalos, cervos e bisões são retratados carinhosamente e projetam uma aura vigorosa como seres sagrados que deveriam ser honrados. De maneira semelhante, por muitos séculos e pelo menos até à Renascença, a arte estava subordinada à religião. No Ocidente, as pinturas religiosas eram utilizadas para ilustrar histórias religiosas, mas essas pinturas inspiraram também a meditação sobre temas espirituais como o sofrimento, o sacrifício, o amor e a dedicação aos valores mais profundos da vida. Sugestivamente, mesmo aquelas religiões que proíbem representações diretas do divino utilizam desenhos decorativos para embelezar lugares de culto e textos sagrados.

Mais recentemente, e com a crescente secularização da vida moderna, a arte foi às vezes considerada uma nova religião[49]. Como escreve Nietzsche em *Humano, demasiadamente humano*:

> A arte ergue a cabeça quando as religiões perdem terreno. Ela acolhe muitos sentimentos e estados de espírito gerados pela religião, toma-os a peito e com isso torna-se mais profunda, mais plena de alma, de modo que chega a transmitir elevação e entusiasmo, algo que antes não podia fazer (NIETZSCHE, 2000, § 150).

Num sentido semelhante, Matthew Arnold prediz que "a maior parte do que hoje acontece conosco no tocante à religião e à filosofia será substituído pela poesia" (ARNOLD, 1964, p. 235). No fim do século XIX o artista era considerado por muitos – entre os quais Ruskin, Nietzsche, Matthew Arnold e Oscar Wilde – um visionário espiritual da mais autêntica vida espiritual. Wassily Kandinsky pertence a esta corrente de ideias: embora fosse um cristão devoto e simpático à teosofia, ele considerava a arte um dos meios mais diretos de alcançar a iluminação espiritual, e imaginava sua vida artística como um caminho espiritual para o qual fora chamado.

Kandinsky é lembrado como o pai da arte abstrata na primeira parte do século XX e é um dos maiores artistas de seu tempo. Mas é também um pensador profundamente espiritual que publicou o livro *Do espiritual na arte* em

---

49. Cf. a análise da secularização feita por Gordon Graham em: GRAHAM, G. *The re-enchantment of the world*. Oxford: Oxford University Press, 2007, p. 30-49.

1912. Este livro é um manifesto artístico e uma meditação sistemática sobre a relação entre arte e espiritualidade. Kandinsky sentiu um grande desespero por ocasião do surgimento do materialismo no século XIX e lamentou o esquecimento da dimensão espiritual da vida que isso implicava. Refletiu também sobre seus objetivos artísticos e em seu livro conseguiu articular sua própria narrativa da arte e do que significa ser um artista. De acordo com Kandinsky, a arte é uma força espiritual que pode inspirar-nos com as possibilidades espirituais da vida: "De uma maneira ou de outra, a verdadeira arte atua inevitavelmente sobre a alma. A alma vibra e 'cresce'. Este é o objetivo exclusivo do artista, quer tenha ou não ele próprio plena consciência disso" (KANDINSKY, 1982, p. 103). Só a arte pode nos salvar, porque só a arte pode superar o materialismo desumano da vida cotidiana; e, neste sentido, o artista tem grandes responsabilidades porque é um líder espiritual a quem foi confiado um grande dom.

Hoje a postura de Kandinsky parece ser apenas um reflexo da época histórica à qual ele pertencia. Mas, neste capítulo, argumento que em certos aspectos importantes Kandinsky tinha razão: neste momento, a religião é cada vez mais questionada pelo reducionismo científico e a filosofia se tornou uma preocupação mais periférica. Mas a arte – como a pintura, a literatura, a música e o filme etc. – continua sendo uma força muito poderosa, que pode restaurar nosso sentimento de estar conectados com as questões mais profundas da vida e do sentido. Kandinsky tem sua própria narrativa da relação entre arte e espiritualidade e sua obra apresenta uma série de *insights* relativos a esta questão. Evidentemente, suas teorias da forma e da cor podem não nos convencer; contudo, mais do que qualquer outro pensador, ele inicia uma importante conversação sobre a relação entre arte e espiritualidade, que nós podemos continuar – especialmente se compartilhamos sua convicção de que a arte inspira os aspectos espirituais da vida e nos chama, no nível mais profundo, a tornar-nos nós mesmos.

3.1 A filosofia da arte de Kandinsky

Junto com Malevich, Klee e Mondrian, Kandinsky foi um dos primeiros pioneiros da pintura abstrata moderna; mas, ao contrário de alguns dos expressionistas abstratos posteriores, suas pinturas têm um propósito explicitamente espiritual que ele afirma em sua obra-prima intelectual. O livro *Do espiritual na arte* continua a exercer influência, mesmo mais de cem anos após ter sido escrito; e, de acordo com John Golding (2000, p. 81), esta obra é "possivelmente a mais influente declaração individual produzida por qualquer artista do século XX". Seria um erro entender o manifesto de Kandinsky como uma obra rigorosamente argumentada de estética. É uma obra polêmica que rejeita com desprezo o materialismo do século XIX e é fortemente influenciada pela teosofia, pelo espiritualismo e por outros movimentos populares que floresceram nesse tempo. Mas oferece também uma série de *insights* convincentes que iluminam os aspectos espirituais da arte e da pintura em particular. Kandinsky também acreditava que a arte tinha o poder de transformar a humanidade; e tanto suas pinturas quanto seus escritos são inspirados por um impulso revolucionário de recuperar a verdade espiritual do mundo.

Kandinsky, Franz Marc e outros artistas criaram o grupo *Der Blaue Reiter* [O Cavaleiro Azul] e publicaram o *Der Blaue Reiter Almanac* em 1912. Eles tinham a sensação de que a arte estava prestes a passar por uma tremenda revolução espiritual e isso era algo que eles queriam acelerar. O mesmo tema domina o início de *Do espiritual na arte*, no qual, pouco antes do cataclismo da Primeira Guerra Mundial, Kandinsky descreve o "pesadelo" do materialismo que parecia caracterizar a vida moderna:

> Após o longo período do materialismo de que ela está apenas despertando, nossa alma acha-se repleta de germes de desespero e de incredulidade, prestes a soçobrar no nada. A esmagadora opressão das doutrinas materialistas, que fizeram da vida do universo uma vã e detestável brincadeira, ainda não se dissipou. A alma que volta a si permanece sob a impressão desse pesadelo. Uma luz vacilante brilha tenuemente, como um minúsculo ponto perdido no enorme círculo da escuridão. Essa luz fraca é apenas um pressentimento que a alma não tem coragem de sustentar; ela se pergunta se a luz não será o sonho, e a escuridão a realidade (KANDINSKY, 2006, p. 6s.).

Para Kandinsky a arte é um antídoto ao materialismo, porque a arte rejeita a redução total da vida a considerações econômicas e "à exigência de que tudo deve ter um uso e valor prático" (KANDINSKY, 2006, p. 106). Em seu livro, Kandinsky apresenta alguma evidência de que o materialismo está finalmente em declínio: com o surgimento da ciência moderna e a descoberta das partículas subatômicas e outros desafios ao pensamento materialista popular; com o surgimento da "arte pela arte", que se opõe explicitamente à tentativa de introduzir a arte na estrutura dos interesses materialistas "práticos". Kandinsky rejeita a "arte pela arte", porque acreditava firmemente que o *conteúdo* da arte é importante e que a arte é muito mais do que decoração. Mas via também que a "arte pela arte" nascera da falta de esperança no mundo moderno e pensava que a melhor maneira de combater o materialismo consistia em restaurar a conexão entre arte e espiritualidade, o que significa focalizar o conteúdo *espiritual* da obra de arte.

Neste sentido, Donald Kuspit tem razão em enfatizar o forte tom polêmico do livro de Kandinsky, porque nos desafia a tomar consciência da absoluta necessidade da arte no contexto do esquecimento espiritual. Como observa Kuspit:

> Sempre fiquei impressionado com a inequívoca força de vontade que anima *Do espiritual na arte*. O espiritual é uma força a ser levada em conta. Para Kandinsky a atitude espiritual existe em e através de sua oposição à atitude materialista – ou seja, existe dialeticamente – com a qual ela está em guerra, exatamente como a necessidade interna, que informa e de fato impulsiona a atitude espiritual, existe em e através de sua oposição à necessidade externa, que motiva a atitude materialista. A espiritualidade mostra seu valor – se torna profundamente significativa e transformadora da arte e da vida – apenas como resistência e transcendência ao materialismo. Esta resistência e transcendência são claramente de caráter "religioso" (KUSPIT, 2003).

Tudo isso fala muito claramente do caráter geral do texto de Kandinsky, com um apelo a uma revolução espiritual na arte como prelúdio de uma revolução espiritual na vida. Enfatiza também o fato de que o próprio Kandinsky foi um dos artistas mais autoconscientes, que pensou profundamente sobre tudo o que fazia. Seu livro *Do espiritual na arte* contém importantes *insights* que compensam um exame atento do texto. Aqui considerarei três temas que são de importância fundamental para compreender sua teoria artística: (1) o conceito abrangente de evolução espiritual e ideias afins como "necessidade interior" e "vibração espiritual"; (2) a linguagem da forma e da cor que, como se afirma, correlaciona a arte com a realidade espiritual; e (3) o ideal do artista como um líder espiritual, que inclui o projeto de pintura abstrata ou "não objetiva", do próprio Kandinsky, como parte de uma revolução espiritual na arte.

Em primeiro lugar, Kandinsky crê na necessidade da evolução espiritual, que ele descreve metaforicamente no capítulo terceiro: *O movimento do triângulo*. Este é um conceito estranho. De acordo com Kandinsky, a vida histórica do espírito é equivalente a "um grande triângulo dividido em partes desiguais, a menor e mais aguda no ápice" (KANDINSKY, 2006, p. 14). O triângulo todo se move lentamente, tanto para a frente quanto para cima, e em cada segmento do triângulo estão artistas. Alguns conseguem ver além de seu segmento e assim ajudam a fazer avançar as coisas. Enquanto outros, que estão abaixo, são aclamados por suas visões; mas, embora apelem ao gosto popular, retardam o movimento do todo. No ápice do triângulo está muitas vezes "um homem e apenas um", que é mal compreendido por todos os que estão abaixo. Assim, até Beethoven é ridicularizado como um louco pelos que não entendem sua música. Kandinsky diz que, nesses períodos em que a arte não tem seu "campeão", "falta o verdadeiro alimento espiritual", e estes são tempos de angústia espiritual – os artistas lutam por notoriedade; produzem toda a sua obra sem grande entusiasmo; e a arte perde sua alma (KANDINSKY, 2006, p. 17).

Apesar deste declínio aparente, no entanto, Kandinsky afirma que "o triângulo espiritual continua, na verdade, avançando. Sobe, lentamente, como uma força irresistível" (KANDINSKY, 2006, p. 19). Kandinsky escreve poeticamente que, nesses tempos sombrios – que incluem seu próprio tempo e presumivelmente também o nosso – o "Moisés invisível" desce da montanha, com novas provisões de sabedoria. O artista é o primeiro a escutá-lo e "quase inconscientemente" segue o chamado. E, a partir deste momento, o artista anseia por encontrar uma expressão material para a forma espiritual ou "o novo valor" que se encontra em sua alma. Como Kandinsky comenta em seu ensaio no *Der Blaue Reiter Almanac*:

> Em certo momento o que é inevitável amadurece, ou seja, o *espírito* criativo (que poderia ser chamado de espírito abstrato) entra em contato com a alma, depois com outras almas, e desperta um anseio, um impulso interior. Quando são satisfeitas as condições necessárias para a maturação de determinada forma, são fortalecidos o anseio, o impulso interior, a força, de modo que podem criar um novo valor no espírito humano que, consciente ou inconscientemente, começa a viver no homem. Consciente ou inconscientemente, o homem procura, a partir desse momento, encontrar uma forma material

para a forma espiritual, para o novo valor que nele vive (KANDINSKY, 1974, p. 147).

Este é um relato da evolução espiritual que parece espelhar a evolução *física* da humanidade e sugere um movimento dialético da história, que oscila entre o materialismo e sua antítese espiritual. Talvez Kandinsky considerasse isso uma profecia autorrealizável. Porque, no próprio ato de proclamá-la, ele estaria movendo as coisas por este caminho. Mas o que é exatamente esta "forma espiritual", que inspira e informa a alma do artista? Sua resposta é ambígua, mas é isto que ele diz:

> Após o período da tentação materialista a que aparentemente sucumbiu, mas que repele como uma tentação ruim, a alma emerge, purificada pela luta e pela dor. Os sentimentos elementares, como o medo, a tristeza, a alegria, que teriam podido, durante este período da tentação, servir de conteúdo para a arte, atrairão pouco o artista. Ele se esforçará por despertar sentimentos mais matizados, ainda sem nome. O próprio artista vive uma existência completa, relativamente requintada, e a obra, nascida de seu cérebro, provocará, no espectador capaz de experimentá-las, emoções mais delicadas, que nossa linguagem é incapaz de exprimir (KANDINSKY, 2006, p. 7s.).

Presumivelmente estas emoções "sutis" ou "grandiosas" são emoções *espirituais* e reflexos do mundo espiritual ao qual correspondem. Aqui se sugere que a arte desperta e aprimora nossa vida interior.

Com efeito, esta é uma das ideias básicas por trás da análise de Kandinsky, que Michel Henry faz em seu livro *Seeing the Invisible*. Henry argumenta que as pinturas abstratas de Kandinsky transmitem a essência invisível e a intensidade da própria vida. Ou, como ele se expressa numa passagem notável:

> Desde um passeio na zona rural dos arredores de Munique, onde a violência de uma cor percebida na vegetação rasteira provocou uma intensa emoção, e ele decidiu pintar o que cercava esta cor – a visão desses bosques – *a fim de representar sua emoção*, ele sabia, com um conhecimento constituído por esta própria emoção, que ele queria pintar esta emoção, e esta emoção era a única coisa que ele iria pintar depois. Este era o conteúdo de todas as pinturas possíveis: a profusão da vida nele próprio, sua intensificação e exaltação (HENRY, 2009, p. 16).

Não estou totalmente convencido por esta formulação, porque penso que *toda* arte pode intensificar a experiência da vida interior e, por isso, não existe nenhuma necessidade convincente para recorrer à abstração. Da mesma maneira, o "espiritual" pode ser uma orientação para a vida, mas não é a mesma coisa que a própria "vida"; e em Kandinsky o aspecto físico e o aspecto espiritual são mantidos separados um do outro. Para Kandinsky existe o mundo físico que está diante dos nossos olhos, mas existe também um mundo espiritual que é invisível, embora molde e informe todas as nossas experiências e as nossas sensibilidades. E é *este* que Kandinsky queria pintar. Ele diz que os artistas deveriam permanecer abertos a este aspecto da vida e cultivar sua sensibilidade para as energias e possibilidades espirituais. E precisam aprender a ouvir a vibração espiritual que permeia todas as coisas no mundo. Nas palavras de Kandinsky: "O mundo ressoa. É um cosmos dos seres espiritualmente ativos. Até a matéria morta é espírito vivo" (KANDINSKY, 1974, p. 173). Mas ele diz também que não temos palavras para descrever nossa iluminação espiritual, porque esta é uma experiência excepcional que transcende a estrutura de nossa vida cotidiana. O fato é que Kandinsky nunca define o espiritual a não ser negativamente e muito do que ele diz é, no melhor dos casos, sugestivo. Mas podemos revisar suas intuições mais tarde para determinar se estão de acordo com nossa própria experiência dessas coisas.

Kandinsky diz que o espírito vibra na alma do artista. Então ele responde criando uma obra de arte que reproduz a mesma vibração espiritual. Mas, neste momento, o artista não deve ser um escravo das convenções e deveria seguir a necessidade espiritual ou "a necessidade interior":

> O artista precisa ser cego diante das convenções "reconhecidas" ou não "reconhecidas" da forma, surdo aos ensinamentos e desejos transitórios de seu próprio tempo. Seus olhos devem estar abertos apenas para sua necessidade interior, seus ouvidos atentos apenas às suas palavras. Então ele poderá servir-se com segurança de todos os meios, tanto os sancionados quanto os proibidos por seus contemporâneos. São sagrados todos os procedimentos que são exigidos pela necessidade interior. São pecaminosos todos os procedimentos que obscurecem essa necessidade interior (KANDINSKY, 2006, p. 69).

Posteriormente, o espectador encontra a obra de arte e novamente, se for suficientemente culto para reconhecer o aspecto espiritual da grande arte, experimentará a mesma vibração interior – ou som interior – que inspirou originalmente o artista. Tudo isso implica uma visão da arte como comunicação da inspiração tal como encontramos no *Íon* de Platão, em que a inspiração artística percorre uma corrente magnética, passando da esfera divina ao artista e depois à obra de arte, ao rapsodo (ou intérprete) até chegar ao espectador (cf. PLATÃO, 2001). Em cada nível a pessoa é inspirada pelo entusiasmo contagioso do gênio artístico e isso significa que a obra de arte é capaz de comunicar o mais alto refinamento espiritual ao espectador individual. Esta narrativa explica por que grandes artistas, como Beethoven, Picasso, Stravinsky ou Schoenberg, não foram reconhecidos imediatamente durante sua vida: é porque se encontravam no ápice do triângulo espiritual e leva tempo até os outros chegarem ao mesmo nível, porque suas sensibilidades espirituais precisam ser refinadas e sensibilizadas para estas novas possibilidades. Mas agora parece impossível compreender como alguém pode ser incapaz de apreciar um tal gênio!

Para Kandinsky, outro sinal desta evolução espiritual foi a maneira como as várias artes foram se aproximando e aprendendo umas das outras. Kandinsky apresenta vários exemplos, mas diz que estes estão descobrindo "o melhor professor" de música, porque a música evita a representação da natureza, que limita a pintura, a literatura e a maioria das outras artes. A música oferece uma expressão direta da alma do artista no som musical e, por isso, é a *mais livre* de todas as artes. Kandinsky chega a descrever que o pintor tem "inveja" do músico, porque, de acordo com a visão popular – afirmada por Schopenhauer e outros –, a música é uma revelação direta da realidade última, ao passo que a pintura precisa seguir a mediação da representação física:

> Para o artista criador que quer e que deve exprimir seu universo interior, a imitação, mesmo bem-sucedida, das coisas da natureza não pode ser um fim em si. E ele inveja a desenvoltura, a facilidade com que a arte mais imaterial de todas, a música, alcança esse fim. Compreende-se que ele se volte para essa arte e que se esforce, na dele, por descobrir procedimentos similares. Daí, na pintura, a atual busca de ritmo, da construção abstrata, matemática; daí também o valor que se atribui hoje à repetição dos tons coloridos, ao dinamismo da cor (KANDINSKY, 2006, p. 41).

Kandinsky sempre rejeitou a ideia de que ele estava apenas pintando música. Mas aqui ele segue o fio condutor da música e especialmente da nova música experimental, que procurava fugir das limitações tradicionais da forma musical. Ele ficou impressionado com Scriabin e especialmente com Schoenberg: "Sua música nos faz penetrar num reino novo, onde as emoções musicais já não são somente auditivas, mas, sobretudo, interiores. Aí começa a 'música futura'" (KANDINSKY, 2006, p. 35). Mas esta é também a abertura de que a pintura necessita para transcender o mundo cotidiano, pois este é um obstáculo à conquista espiritual, especialmente numa época de materialismo na qual os temas espirituais se esconderam. Desta maneira, Kandinsky descreve e justifica o que sem demora tornou-se pintura abstrata ou arte "não objetiva". Isso não significa que ele repudia qualquer outro tipo de pintura ou que situa sua arte acima de todas as outras. Em diversas passagens ele retorna à ideia da "necessidade interior" e descreve sua obra nestes termos, mas sempre deixa em aberto a possibilidade de que outros artistas possam exigir as formas *tradicionais* de representação a fim de expressar sua própria verdade espiritual e as formas espirituais que eles concebem[50].

A esta altura, portanto, podemos passar à segunda parte do livro de Kandinsky chamada "Sobre a pintura", que considera a possibilidade de uma gramática subjacente das cores e das formas que podem expressar energias e sentimentos espirituais. Aqui as ideias se baseiam nas intuições artísticas e experimentos do próprio Kandinsky e permanecem um tanto provisórias. Mas são um aspecto importante de sua busca espiritual e são movidas por um sentimento de necessidade interior. Numa passagem notável de seu ensaio autobiográfico, Kandinsky descreve o primeiro conjunto de pinturas a óleo quando era ainda criança. Para Kandinsky as cores individuais expressavam diferentes formas e valores espirituais; e faz uma vigorosa descrição delas como seres "mágicos", cada um parecendo ter uma personalidade própria diferente:

> O sentimento que tive nessa ocasião – ou melhor: a experiência da cor saindo da bisnaga – permanece comigo até hoje. Uma pressão dos dedos e esses seres únicos que denominamos cores foram saindo um depois do outro, jubilosos, alegres, pensativos, sonhadores, absortos em si mesmos, com profunda seriedade, com

---

50. Cf., p. ex., seu argumento em *On the question of form*, defendendo que o realismo *e* a abstração representam as duas direções mais viáveis para o futuro da pintura, em: KANDINSKY, W.; MARC, F. (orgs.). *The Blaue Reiter almanac*. Trad. H. Falkenstein. Nova York: Viking, 1974, p. 147-187.

marotice borbulhante, com o suspiro da libertação, com a profunda ressonância da tristeza, com poder e resistência desafiadores, com complacente suavidade e devoção, com obstinado autocontrole, com sensível insegurança de equilíbrio – cada um ativo em si e por si, independente, dotado de todas as qualidades necessárias para uma vida independente ulterior e pronto e disposto a submeter-se a todo momento a novas combinações, a misturar-se entre si e criar séries infinitas de novos mundos. [...] Parecia-me às vezes que o pincel, que com vontade pertinaz arrancava pedaços desta criação de cores vivas, evocava um som musical neste processo dilacerante. Às vezes eu ouvia um sibilo das cores enquanto estavam se misturando. Era como uma experiência que se podia ouvir na cozinha secreta do alquimista, envolta em mistério (KANDINSKY, 2000, p. 30s.).

A passagem mostra o fascínio de Kandinsky pela cor, que começou numa idade precoce. Mas o que é tão intrigante, em seu livro, é sua tentativa metódica e sistemática de mostrar como a arte e a vida espiritual podem ser correlacionadas mais primorosamente uma com a outra. Resumirei brevemente algumas das afirmações que ele faz.

De acordo com Kandinsky, as cores na paleta do pintor provocam um duplo efeito. Em primeiro lugar, existe um efeito físico, no qual o olho é seduzido pela beleza das cores e responde com prazer num nível puramente físico. Mas o efeito pode também ir muito mais fundo, causando uma vibração da alma, ou uma resposta espiritual, na qual a cor toca a parte mais profunda do nosso ser. Kandinsky descreve as propriedades que vemos quando olhamos uma cor isolada e lhe permitimos agir por si mesma: o calor ou a frieza do tom da cor e, depois, sua claridade ou obscuridade. Ele diz que o calor implica uma tendência para o amarelo e a frieza é uma tendência para o azul. Desta maneira, o amarelo e o azul formam o primeiro grande contraste dinâmico. Kandinsky observa também que o quadrado amarelo tem um movimento *excêntrico* na medida em que parece aproximar-se de nós, enquanto a superfície azul é *concêntrica* porque parece afastar-se de nós. O amarelo é uma cor terrestre cuja violência pode ser muito agressiva, enquanto o azul é uma cor celeste que tende a evocar grande calma. O verde expressa contentamento mundano e tranquilidade porque absorve a dinâmica conflitante entre o amarelo e o azul.

Continuando, Kandinsky explica a claridade como uma tendência para o branco e a obscuridade como uma tendência para o preto. Descreve o branco como um silêncio profundo, cheio de possibilidades, ao passo que o preto é um nada sem possibilidades, que corresponde à morte. A mistura de preto e branco cria o cinzento, que tende ao desespero e à ausência de esperança. O vermelho é uma cor quente, vívida e agitada. O vermelho e o verde formam o terceiro grande contraste, e o alaranjado e o violeta formam o quarto. Kandinsky continua analisando a influência da forma e da cor e afirma:

> Um triângulo completamente cheio de amarelo, um círculo cheio de azul, um quadrado cheio de verde, um segundo triângulo também cheio de verde, depois, de novo, um círculo amarelo, um quadrado azul, e assim por diante, são todos

seres diferentes, exercendo cada um deles uma ação diferente (KANDINSKY, 2006, p. 56).

Ora, Kandinsky reconhecia que seria uma tarefa sobre-humana elaborar os valores espirituais de cada forma e de cada cor, especialmente porque cada uma é afetada por formas afins sobre a mesma tela, que podem alterar seu efeito espiritual. Mas tudo isso é apenas uma tentativa preliminar de descrever as coisas a partir de sua própria perspectiva pictórica. Ele admite: "Estas afirmações não têm base científica, mas se fundamentam na experiência espiritual" (KANDINSKY, 2006, p. 73). Em outro lugar ele comenta de forma mais decisiva: "O som das cores é tão definido que não há quem possa descortinar uma semelhança entre o amarelo-vivo e as notas baixas do piano ou entre a voz do soprano e a laca vermelho-escura" (KANDINSKY, 2006, p. 51). Isso soa plausível, mas quanto disso é idiossincrático e quanto é determinado culturalmente?

Para Kandinsky a cor é talvez o meio mais poderoso que um artista tem para poder afetar a alma humana. Aqui ele estava certamente articulando suas próprias associações, porque, como mostra Peter Selz num comentário que, quanto eu saiba, ainda é válido: "Reações específicas a cores específicas nunca foram provadas experimentalmente" (SELZ, 1982, p. 433). Selz apresenta alguns exemplos em apoio de sua afirmação:

> O amarelo [...] significava a terra para Leonardo, tinha características festivas e favoráveis para Goethe, significava benevolência para Kant e esplendor celestial para Van Gog, sugeria a noite para Gauguin e agressividade para Kandinsky. Poderíamos acrescentar que isso

simboliza o ciúme no uso alemão, uma emoção associada ao verde no linguajar inglês (SELZ, 1982, p. 433).

E, no entanto, dificilmente se pode negar que Kandinsky *conhecia* a cor e o efeito que certas cores e formas têm umas sobre as outras no contexto total da obra de arte. É como o compositor que "conhece" os princípios da harmonia musical mesmo que seja incapaz de explicar todas as escolhas musicais que faz:

> Nem a qualidade da necessidade interior nem sua forma subjetiva podem ser medidas ou pesadas. Semelhante gramática da pintura somente pode, por enquanto, ser pressentida. Quando, finalmente, existir uma, ela se apoiará menos nas leis físicas (como já se tentou fazer e como tenta fazer de novo o cubismo) do que nas leis da necessidade interior, às quais se pode dar o nome de espirituais (KANDINSKY, 2006, p. 70).

Afinal, tudo o que sabemos é talvez que uma pintura estimula a alma do espectador da mesma forma que a música estimula a alma do ouvinte, e o bom artista ou o bom músico tem uma compreensão básica de como provocar isso. Portanto, Kandinsky está pelo menos descrevendo sua própria apreensão das cores e das diferentes energias entre elas, mas compreende também que um bom artista não pinta apenas para si mesmo, mas comunica a verdade espiritual aos outros; e isso implica um sentimento de como estas coisas podem ser expressas com sucesso na pintura.

Finalmente, resta a questão do artista como líder espiritual: Kandinsky parece se entender como o artista dedicado ou o "visionário espiritual" que introduzirá uma nova revolução na arte. No fim de seu livro, ele fornece um relato ascético da arte que ele seguiu durante sua vida, observando que:

> O artista não nasceu para uma vida de prazer. Não deve viver ocioso; ele tem um árduo trabalho a realizar e um trabalho que muitas vezes se revela uma cruz a ser carregada. Ele precisa compreender que todos os seus atos, sentimentos e pensamentos são matéria-prima, mas segura, da qual deve surgir sua obra, e que ele é livre na arte, mas não na vida (KANDINSKY, 2006, p. 107).

Depois Kandinsky especifica os deveres do artista diante dos que não possuem talentos artísticos:

> 1) Ele precisa retribuir o talento que tem; 2) seus atos, sentimentos e pensamentos, como os de qualquer homem, criam uma atmosfera espiritual que é pura ou venenosa; 3) Estes atos e pensamentos são materiais para suas criações, que por sua vez exercem influência sobre a atmosfera espiritual (KANDINSKY, 2006, p. 108).

Em suma, o artista tem não só grande poder, mas também grandes responsabilidades. Para Kandinsky a arte é, em alguns aspectos, uma nova religião que nos permitirá compreender as verdades espirituais mais altas. E assim faz sentido pensar os artistas como líderes espirituais que se dedicam à criação da arte como um imperativo ético ou como uma obrigação religiosa. Ele pergunta: "Para onde tende esta existência? Qual é a mensagem do artista competente?" E, citando Schumann, responde: "Projetar a luz nas profundezas do coração humano – eis a vocação do artista" (KANDINSKY, 2006, p. 10). Para Kandinsky o artista é o precursor da renovação espiritual. Estas são as linhas gerais da filosofia da arte de Kandinsky. Agora examinaremos algumas das implicações espirituais de sua postura.

3.2 O desafio do espiritual

Em seu livro Kandinsky apresenta reproduções de suas próprias pinturas, inclusive uma chamada *Composição 2*. De acordo com Kandinsky, as *Composições*, em oposição aos *Esboços* e às *Improvisações*, estavam entre suas obras mais uniformes e perfeitas, que começavam com um sentimento interior e só se concretizavam após um longo período de maturação. Kandinsky pintou dez *Composições* durante a vida e elas estão entre suas obras mais importantes. Sugestivamente, as três primeiras Composições foram confiscadas de galerias da Alemanha pelos nazistas. Foram exibidas na infame Exibição de *Arte degenerada* em 1937 e é provável que tenham sido destruídas junto com obras de Franz Marc, Paul Klee e outros artistas. Evidentemente as possibilidades espirituais que Kandinsky defendia estavam completamente em descordo com a apropriação *política* da arte, e não causa nenhuma surpresa que sua obra fosse rejeitada pelo Terceiro Reich (cf. PETERS, 2014). Mas, na década de 1930, a obra de Kandinsky foi criticada por outros autores por causa de seu aparente afastamento do mundo real, e ele foi acusado de pintar "redemoinhos cósmicos" em vez de documentar a vida[51]. Estas são acusações perturbadoras, mas pertencem

---

51. Cf. a análise de Rose-Carol Washton em Expressionism, Abstractionism and the Search for Utopia in Germany. *In*: TUCHMAN, M.

exatamente ao mesmo tipo de críticas que as pessoas fazem rotineiramente contra a espiritualidade em geral. Dizia-se que a espiritualidade era egocêntrica ou que a espiritualidade é apenas uma maneira de fugir das questões e problemas reais que enfrentamos. Como respondemos a essas acusações? E como devemos compreender a "espiritualidade" que, à primeira vista, é um conceito intrinsecamente vago? Precisamos começar perguntando como Kandinsky entendia a espiritualidade a partir de seu próprio ponto de vista artístico.

Kandinsky era um cristão devoto e, segundo dizem, uma pessoa profundamente "espiritual". Apresentarei um exemplo dentre diversos que ele relata: em seu relato autobiográfico *Reminiscences*, Kandinsky conta como, quando era criança na Rússia, passava muitas horas brincando com um cavalo de brinquedo favorito que tinha marcas amarelas características no corpo e na crina (KANDINSKY, 2000, p. 19s.). Mais tarde, aos trinta anos, ofereceram-lhe um cargo de prestígio como professor universitário de direito. Angustiou-se pensando se devia aceitar esse emprego, mas finalmente decidiu dedicar sua vida à arte. Por um longo tempo ele não sabia se tinha tomado a decisão certa. Então, algum tempo depois de mudar-se para Munique a fim de estudar pintura, ele estava andando perto de sua casa quando viu um cavalo real que se parecia exatamente com seu brinquedo de infância, com as mesmas marcas idênticas; e alguns anos mais tarde encontrou este cavalo na rua. Chegou a pensar que o cavalo era um "imortal" porque parecia nunca mudar; e, conectando Munique com sua vida anterior na

---

et al. (orgs.). *The spiritual in art*: Abstract painting 1890-1945. Nova York: Abbeville, 1986, p. 201-218.

Rússia, o cavalo parecia devolver-lhe a infância. Sendo assim, foi correto ele dedicar sua vida à pintura e não ao ensino do direito? A aparição do cavalo o levou a concentrar-se completamente neste ponto! E, ao contar esta história, Kandinsky mostra seu apreço pela dimensão *mágica* da vida e de todos os milagres cotidianos que inspiram um sentimento de admiração e uma resposta espiritual. Ele simplesmente se recusou a considerar isso "uma mera coincidência", como fariam muitas pessoas. Do mesmo modo, em seu livro *Do espiritual na arte*, ele comenta que a *recusa* do milagre e do mistério é um dos traços característicos da modernidade que confirma o esquecimento da vida espiritual, porque: "o que destruiu a alegria do pensamento abstrato foi a convicção de que nada de misterioso pode jamais acontecer em nossa vida cotidiana. As considerações práticas expulsaram todo o resto" (KANDINSKY, 2006, p. 99).

Em minha opinião, esta é uma história poderosa e mostra a sintonia de Kandinsky com as possibilidades e os temas espirituais. Mas, embora tenha vivido uma vida espiritual muito séria, ele nunca apresenta realmente uma definição clara do que é a espiritualidade. Geralmente ele parece considerar o espiritual como a possibilidade negativa do material, embora isso sugira uma espécie de dualismo, em que o "espiritual" não tem nenhum valor no mundo físico:

> Tudo é material? Ou tudo é espiritual? Podem estas distinções que fazemos entre matéria e espírito não ser mais do que modificações relativas de um ou do outro? O pensamento que, embora seja um produto do espírito, pode ser definido com a ciência positiva, é matéria, mas de substância fina e não bruta. É espiritual tudo

o que não se pode tocar com a mão? Esta discussão está fora do objetivo deste livro; tudo o que importa aqui é que os limites traçados não deveriam ser demasiadamente definidos (KANDINSKY, 2006, p. 19s.).

Penso que aqui devemos tomar Kandinsky ao pé da letra e precisamos evitar qualquer tentativa de considerar sua teoria da espiritualidade na arte como se fosse algo mais preciso e completo. Ao mesmo tempo, no entanto, podemos tentar compreender seu sentido subjacente do que é a "espiritualidade".

Em primeiro lugar, será útil fazer uma distinção entre a narrativa da espiritualidade de Kandinsky e suas ideias sobre o *espiritualismo* e outros temas afins. O espiritualismo implica um interesse por esferas ocultas e invisíveis para além desta, ao passo que a espiritualidade se preocupa mais com viver de maneira consciente e autêntica com os outros aqui e agora, em oposição a um "céu" no além. Em Kandinsky existe certa sobreposição entre as duas ideias, porque ele era um devoto da teosofia e endossava as ideias de evolução espiritual de Madame Blavatsky, que eram populares na época (cf. KANDINSKY, 2006, p. 28s.)[52]. No entanto, se enfocarmos a questão da *espiritualidade*, são de máxima importância os pontos seguintes: em primeiro lugar, parece óbvio que, para Kandinsky, a espiritualidade precisa ser

---

52. Para uma análise da relação de Kandinsky com a teosofia, cf. RINGBOM, S. Transcending the Visible: The Generation of the Abstract Pioneers. *In*: TUCHMAN, M. *et al*. (orgs.). *The spiritual in art*: Abstract painting 1890-1945. Nova York: Abbeville, 1986, p. 131-153. • Cf. também ETTER, B. *From Classicism to Modernism*: Western culture and the metaphysics of order. Aldershot: Ashgate, 2001, esp. cap. 6: The new music and the influence of Theosophy.

entendida em oposição ao materialismo. Kandinsky ansiava por uma revolução na arte, porque pensava que só um novo tipo de arte poderia desafiar a influência do materialismo sobre a vida contemporânea. Estamos preocupados com dinheiro e negócios e parece que só cuidamos do que está imediatamente diante de nós. Somente o que pode ser medido é considerado real. E a nossa vida interior, ou a vida do espírito, é negligenciada como algo secundário ou é denominada "puramente subjetiva". Neste sentido, a espiritualidade deve ser considerada a inversão dialética do materialismo e a recuperação da verdade mais profunda que havia sido rejeitada ou ignorada. Para Kandinsky não existe questão de compromisso e, especialmente após a Primeira Guerra Mundial, a rejeição completa do materialismo parecia implicar a necessidade da arte *abstrata*, que é a pura expressão da verdade espiritual.

A partir disto, o próximo ponto é que, para Kandinsky, a ideia de *necessidade interior* é a origem de uma autêntica vida espiritual. Os verdadeiros artistas sentem uma necessidade absoluta de criar e precisam descobrir as formas mais apropriadas de expressar sua própria visão artística. O próprio Kandinsky utilizou muitas técnicas artísticas diferentes antes de escolher a abstração como a forma mais autenticamente sua. Existem diversas passagens que poderíamos citar aqui, inclusive sua afirmação de que:

> O artista é não só justificado a utilizar, mas tem também o dever de utilizar somente as formas que satisfazem sua própria necessidade. Deve-se dar ao artista absoluta liberdade, seja de anatomia ou de qualquer outro tipo, em sua escolha do material (KANDINSKY, 2006, p. 105).

Esta necessidade interior é um impulso criativo que precisa ser satisfeito, a fim de experimentar a realização espiritual e artística. E isso significa dar prioridade à expressão das próprias ideias ou sentimentos e não aos requisitos formais da beleza convencional. Poderíamos falar sobre a necessidade interior em termos da *busca* de uma verdade mais profunda, que estamos fadados a empreender se quisermos viver uma existência verdadeiramente espiritual. Para o próprio Kandinsky, o que era absolutamente necessário era o caminho para a pura abstração, mas ele reconhecia que outros caminhos são possíveis para outras pessoas e estes também podem levar à verdade espiritual do mundo.

Kandinsky descreve a meta espiritual da arte no fim de seu livro, quando observa que: "a pintura é uma arte e a arte não é uma produção vaga, transitória e isolada, mas uma força que deve ser direcionada para o progresso e refinamento da alma humana – na realidade, para a produção do triângulo espiritual" (KANDINSKY, 2006, p. 106). Em outro ensaio publicado mais ou menos na mesma época, ele explica: "O objetivo de uma obra é um complexo característico de vibrações. O refinamento da alma por meio da acumulação de complexos característicos – eis o objetivo da arte" (KANDINSKY, 2013, p. 191). Estas são ideias condensadas, que nem sempre são sustentadas por argumentos completos; mas é claro que para Kandinsky a ideia da necessidade interior se refere ao sentimento de destino espiritual ou criativo do artista, destino que é então transferido para a obra de arte e experimentado por outros para inspirar e aprimorar seu próprio crescimento espiritual.

O último ponto é o seguinte: para Kandinsky a espiritualidade não é apenas um estado emocional ou um estado subjetivo da mente. Uma vida espiritual está conectada com a realidade última e com a verdade – e esta é a vida espiritual, em oposição à realidade material da qual geralmente temos consciência. E a verdade espiritual da grande obra de arte é algo acessível a todos. Não está limitada culturalmente, embora possamos precisar aprender a compreender e apreciar a obra de arte, caso inicialmente não saibamos como responder a ela. A vida espiritual é tão real quanto a vida física, mas é mais importante porque pertence a uma realidade e verdade superior. E neste sentido a arte descobre a verdade superior acerca do mundo, desencadeando possibilidades espirituais das quais de outra maneira não teríamos consciência. Para Kandinsky a realidade espiritual última pode ser alcançada mediante a linguagem da pintura. Para Schoenberg e Scriabin ela vem por meio dos valores espirituais da música. Em algumas tradições asiáticas, o mantra ou a mandala são uma maneira de focalizar a mente, que leva à abertura e à iluminação espiritual. Mas esses são meios diferentes para o mesmo objetivo final, que é a revelação de um mundo espiritual, não como um lugar extraterrestre, mas como uma realidade mais profunda que nos cerca e nos contém, realidade que podemos experimentar por meio da arte, da religião e do amor entre outras coisas. Em suma, Kandinsky compreendia a espiritualidade primeiramente em oposição ao materialismo, como o sentimento de necessidade interior que tipifica a vida criativa subjetiva e como a revelação da realidade e verdade última que a arte revela. Kandinsky não amarra os conceitos básicos da maneira como desejaríamos que o fizesse. Mesmo assim, ele oferece uma narrativa perspicaz da arte e da espiritualidade e isso é algo que pode ser fundamentado.

3.3 Respostas às três perguntas

No início deste capítulo apresentei três perguntas básicas sobre a relação entre arte e espiritualidade e utilizei estas perguntas para refletir sobra a importante obra de Kandinsky *Do espiritual na arte*. As perguntas eram: 1) Qual é a relação entre arte e espiritualidade? 2) Como determinada obra de arte expressa temas ou ideias espirituais? 3) É o artista um visionário ou um vidente espiritual? Agora podemos retornar a estas perguntas e, ao mesmo tempo, reconsiderar a relevância da resposta de Kandinsky, mais de um século após a publicação original do livro *Do espiritual na arte*.

Em primeiro lugar, sobre a relação entre arte e espiritualidade: se considerarmos a história da arte em sua totalidade, é evidente que, pelo menos na tradição ocidental, a arte geralmente ilustrou as verdades *espirituais* oferecidas pela religião: a Crucifixão de Brueghel, a Última Ceia de Leonardo, a pintura da criação de Adão de Michelangelo, que adorna o teto da Capela Sistina, e numerosas outras obras. Em muitas passagens, Kandinsky parece identificar a arte com o objetivo espiritual da arte. Num ensaio posterior, ele diz bem diretamente:

> Meu livro *Do espiritual na arte* e também *Der Blaue Reiter* tinham como objetivo principal despertar esta capacidade, absolutamente necessária no futuro, de experiências infinitas do espiritual nas coisas materiais e abstratas (KANDINSKY, 2000, p. 38).

Para Kandinsky a arte é intrinsecamente espiritual em sua orientação porque é uma forma de vida espiritual.

Nos últimos anos, no entanto, muito poucos artistas criativos dedicaram-se a apresentar ideias explicitamente religiosas em seu trabalho, embora muitos artistas explorem temas espirituais presentes no mundo. Vejamos o exemplo de Anselm Kiefer ou Barnett Newman, Mark Rothko e mesmo Francis Bacon, para citar apenas alguns entre muitos[53]. Estes artistas nos apresentam pinturas que procuram dizer algo acerca de nossa experiência do sagrado ou de questões espirituais como o sentido da vida, mesmo quando a discussão racional é deficiente. Assim, uma pintura como *Guernica* de Picasso mostra a terrível realidade da Guerra, enquanto, ao mesmo tempo, nos aponta a realidade sagrada da vida como outra perspectiva que está claramente ausente[54].

A pergunta seguinte é: como uma obra de arte transmite temas espirituais? Parece claro que as pinturas tradicionais, junto com a literatura, o drama e outras artes, podem transmitir sentido espiritual e verdade. Por exemplo, muitas pinturas parecem buscar o espiritual na natureza, no sentido de que acalentam o particular e nos inspiram um amor ao mundo. Os artistas contemporâneos tratam também de temas espirituais importantes, como o amor, a compaixão, o sofrimento e a morte; e, na maioria dos casos, o artista utiliza a representação para transmitir valores e ideias espirituais. O próprio Kandinsky acreditava que a

---

53. Para uma análise completa da dimensão espiritual na arte moderna, cf. SPRETNAK, C. *The spiritual dynamic in modern art*: Art history reconsidered, 1800 to the present. Nova York: Palgrave, 2014.

54. Cf. a análise de TILLICH, P. Contemporary visual arts and the revelatory character of style. *In*: DILLENBERGER, John.; & DILLENBERGER, Jane. (orgs.). *On art and architecture*. Nova York: Crossroad, 1987, p. 136.

pintura abstrata era uma maneira mais direta de expressar estas ideias mediante a linguagem da cor e da forma. Ele argumenta: "O mais óbvio é a separação em relação à natureza, o mais provável é que o sentido interior seja puro e sem limitações" (KANDINSKY, 2006, p. 98). Para ele, pressupõe-se que a pintura abstrata é como a música – uma forma não representacional que apela diretamente ao nosso ser espiritual – e eu diria que, em grande parte, as pinturas do próprio Kandinsky funcionam da maneira como ele descreve. Podemos ver isto, por exemplo, em algumas das suas últimas obras, que são tão fascinantes e misteriosas. A pintura intitulada *Sete círculos* (1926) retrata um círculo azul escuro parcialmente sobreposto por outro círculo negro, a fim de criar uma espécie de eclipse solar ao lado de mundos radiantes e luas flutuando pelo espaço profundo. É uma pintura vigorosa que parece mostrar a origem do próprio cosmos. Outra pintura, *Acento em rosa* (1926), mostra novos mundos surgindo de um espaço central e, como argumenta Roger Lipsey, sugere algo como a derivação de muitos do Um:

> Podemos descrevê-la como um ícone da renovação cósmica: novos mundos jorram de uma abertura central e flutuam no espaço profundo para tornar-se um universo. Perto do centro, uma pequena versão do motivo dos círculos sobrepostos sugere a divisão biológica de células, como se os mundos nesta tela se separassem de uma unidade original (LIPSEY, 2004, p. 211).

Estas duas obras parecem ilustrar a ideia de Kandinsky de que a criação de uma obra de arte é a criação de um novo mundo e de novas vibrações que realçam a realidade da vida espiritual[55].

As pinturas de Kandinsky inspiram novas possibilidades na alma. São como mantras ou yantras, que são destinados à meditação e pretendem focalizar a mente ou pô-la em harmonia com um padrão de vibrações espirituais. Evidentemente exigem trabalho, mas não no sentido de que precisamos aprender a iconografia de Kandinsky e todas as ideias recebidas acerca de diferentes cores e formas. A tarefa é mais exatamente uma tarefa de meditação e reflexão concentradas na pura presença destas obras de arte, que exigem nossa atenção individual. Como explica Kandinsky:

> Considero, no entanto, justo e lógico que a pintura de um objeto na arte impõe grandes exigências à experiência interior da pura forma pictórica e que, portanto, uma evolução do observador nesta direção é absolutamente necessária e não pode de modo algum ser evitada. Assim são criadas as condições para uma nova atmosfera. Nesta atmosfera será criada muito mais tarde a *pura arte*, que paira diante de nós, em nossos sonhos fugidios de hoje, com uma atração indescritível (KANDINSKY, 2000, p. 37).

Embora a arte de Kandinsky seja muito diferente das pinturas tradicionais, penso que esta narrativa continua útil

---

55. "A pintura é uma colisão fulminante de mundos diferentes, que pretende criar um novo mundo e, na luta de uns com os outros, um novo mundo que é a obra de arte. Cada obra se origina exatamente como o cosmos se origina – através de catástrofes que, de um ruído caótico de instrumentos, cria finalmente uma sinfonia, a música das esferas. A criação de obras de arte é a criação do mundo" (KANDINSKY, 2000, p. 31).

no sentido de que a compreensão da arte nos inspira muitas vezes possibilidades espirituais que apelam para a parte mais profunda de quem somos – e precisamos permanecer abertos a isto.

Finalmente, seria útil considerar o artista um vidente espiritual? De muitas maneiras o sentido da arte está ligado a ideias e valores espirituais e Kandinsky tinha razão em enfatizar a importância do artista para provocar esta renovação espiritual. De algum tempo para cá, parece que os críticos concordavam com Hegel que a arte está "morta" ou que a arte perdeu de certa forma sua capacidade de expressar a verdade fundamental de determinada época[56]. Mas esta conclusão pode ser questionada e repensada. Hoje a filosofia parece ser uma atividade marginal; a religião ainda é popular, mas abunda em ideias fixas e dogmas acerca desta vida e da vida futura, e nem sempre é capaz de inspirar o pensamento subjetivo. Mas a arte permanece uma força poderosa no sentido de que continua a estimular a alma de maneiras significativas – com grandes pinturas, mas também com música, filmes, óperas, romances, poesia e arquitetura. Neste sentido, o artista continua sendo uma espécie de vidente espiritual e possivelmente o único personagem que foge das ideias recebidas da vida cotidiana. Robert Wuthnow observou isso em sua análise dos artistas contemporâneos:

> Não passa de um leve exagero dizer que os artistas se tornaram cada vez mais os líderes espirituais de nosso tempo. Muitos de nós, consciente ou inconscientemente, confiamos nos artistas, escritores e músicos para orien-

---

[56]. Cf., p. ex., a análise deste tema e de outros afins em: DANTO, A. *After the end of art*. Princeton: Princeton University Press, 1988.

tação espiritual, compreensão e inspiração. Os artistas estão muitas vezes entre os poucos que gastam tempo refletindo sobre o sentido mais profundo da vida e buscando maneiras de expressar tanto o turbilhão de sua busca quanto as compreensões provisórias que obtiveram (WUTHNOW, 2001, p. 206).

Talvez não esperemos que os artistas sejam santos morais da maneira como Kandinsky esperava, mas os artistas possuem uma espécie de autenticidade radical na medida em que permanecem fiéis a si mesmos e à sua arte. E disto se segue geralmente um compromisso muito real com questões básicas e temas de interesse último.

Hoje os críticos estão basicamente de acordo sobre a importância de Kandinsky como artista, mas existe algum desacordo quanto à relevância de seus escritos acerca da espiritualidade e da arte. Por exemplo, Charles Pickstone é desdenhoso porque, embora aprecie as pinturas de Kandinsky, parece considerar os escritos espirituais uma espécie de equívoco juvenil. Como ele observa:

> Tudo parece um tanto desnecessário. Suas obras podem ser apreciadas simplesmente como marcas pintadas sobre tela, como pura oticalidade. Desmitologizá-las provavelmente as melhora, assim como alguém aprecia Fausto sem precisar acreditar num Demônio implausível. [...] A obra é perfeitamente compreensível sem arcanos espirituais (PICKSTONE, 2006, p. 74).

Como vimos, Kandinsky foi um artista com um sentimento real de missão, mas para Pickstone este objetivo propulsor é basicamente irrelevante. Eu discordo desta leitura e, a título pessoal, diria que ter consciência do manifesto espiritual de Kandinsky e do objetivo explicitamente espiritual de sua arte ajudou-me a compreender suas pinturas, como também o contexto geral de seu surgimento. Ocorre também que *Do espiritual na arte* levanta importantes questões acerca da arte e da espiritualidade, que nos permitem pensar mais sobre estas questões.

Afirma-se às vezes que, nos últimos anos, a arte sucumbiu aos negócios e aos males da mercantilização[57]. Agora, mais do que antes, diz-se que a arte pertence ao mercado e seu valor é primariamente seu valor comercial, medido pelo preço pago pela obra de arte no leilão. Em contrapartida, a ênfase de Kandinsky no valor espiritual da arte nos ajuda a pensar mais claramente e mais ponderadamente sobre o significado da obra de arte. O valor espiritual da arte não é de modo algum seu único valor, mas ajuda a realçar o fato de que grandes obras de arte são muitas vezes tão poderosas, porque nos afetam num nível profundamente espiritual. A grande obra de arte nos leva a lembrar-nos de nós mesmos; torna-nos mais conscientes do mundo espiritual a que pertencemos e inspira reflexão sobre temas espirituais importantes. É isso que a arte faz de maneira mais direta e mais eficaz do que qualquer outra coisa. De maneiras diferentes, os escritos e pinturas de Kandinsky ajudam a iluminar a dimensão espiritual da arte, embora isso seja ignorado por aqueles que rejeitam a dimensão espiritual da *vida*. Talvez,

---

57. Cf., p. ex., os comentários de Donald Kuspit em todo o ensaio: KUSPIT, D. "Reconsidering the Spiritual in Art". *Blackbird*: An online journal of literature and the arts 2/1 (primavera 2003). Disponível em: www.blackbird.vcu.edu/v2n1/gallery/ kuspit_d/reconsidering_text.htm.

no futuro, possamos aguardar ansiosamente uma narrativa mais "robusta" da relação entre arte e espiritualidade; e essa narrativa deverá considerar a música, a literatura, a dança e outras artes performáticas, como também a pintura. Neste capítulo argumentei que a obra pioneira de Kandinsky *Do espiritual na arte* continua sendo um importante ponto de partida para reflexões sobre este tema.

4 BENJAMIN SOBRE A SABEDORIA

Walter Benjamin é difícil de classificar: ele não é estritamente um filósofo, um teórico literário, um sociólogo ou um teólogo, mas trouxe uma profunda contribuição a todos estes diferentes campos. Como estudioso e amante da literatura, Benjamin escreveu sobre o drama trágico alemão e tem alguns ensaios extraordinários sobre o surrealismo, sobre Proust, sobre Baudelaire e sobre Kafka. Mas, ao mesmo tempo, procurou encarar a natureza da experiência moderna e esta preocupação teve como resultado alguns dos escritos mais vigorosos sobre a realidade da vida na cidade moderna – Paris, Moscou, Nápoles etc. – e suas reflexões sobre como a experiência urbana pode ser transformadora dos seres humanos e da própria natureza humana. Benjamin tinha um profundo interesse pela nova era da informação, à qual ainda pertencemos; e escreveu extensamente sobre as novas tecnologias, entre as quais a fotografia e especialmente o filme, com seu potencial de criar solidariedade numa época de conflito ideológico. Estava muito consciente do contexto político e histórico no qual escrevia e, como outros autores da época, tinha um forte sentimento de viver num momento decisivo da história mundial, em que a democracia parecia estar fora de moda e era preciso fazer uma escolha entre socialismo e fascismo. Isso explica a perspectiva ideológica de sua obra. Mas existe também uma real espiritualidade em alguns dos seus escritos, entre os quais a narrativa de sua infância em *Crônica de Berlim*; ensaios autobiográficos como *Desempacotando minha biblioteca* ou *Rua de mão única*, que é uma série de aforismos ou observações acerca da vida moderna e estruturada em termos de nossa experiência vivida da cidade.

Em muitos aspectos, Walter Benjamin é um dos pensadores mais originais do século XX. Neste capítulo focalizo a ideia da sabedoria, que é um tema subjacente e um fio condutor que conecta diversas preocupações suas. Benjamin foi certamente crítico da era da informação e, embora em certos aspectos tenha permanecido otimista acerca das possibilidades futuras da sociedade de massas, tinha também uma forte percepção de que no mundo moderno a experiência humana foi achatada e algo importante se perdeu. Aqui eu argumento que o que se perdeu é a possibilidade da *sabedoria* ou algo que é mais do que apenas informação. A sabedoria é a verdadeira profundidade da compreensão, que não deve ser associada à habilidade técnica, mas a uma forte percepção do que é importante e do que não é importante; uma percepção da maneira como nossa vida individual se relaciona com a grande pintura; e uma percepção da comunidade humana e da importância dos outros. Este tipo de sabedoria é uma virtude *espiritual*, porque implica a experiência de conexão com o que é superior ou maior do que nós mesmos. E, sem este tipo de sabedoria, somos obrigados a viver na caverna da ignorância, na qual, de acordo com Platão, nos preocupamos com "sombras" e com coisas que na realidade não são importantes. Benjamin enfatiza que a sabedoria é também uma virtude encarnada e é uma virtude *prática* em oposição a meramente teórica.

É difícil articular a verdadeira natureza da sabedoria; mas, assim como qualquer outra coisa, ela inclui um sentimento de sintonia com possibilidades superiores da vida, que são dignas de reverência e respeito.

Benjamin continua sendo um pensador importante, porque a situação espiritual que ele descreve na primeira metade do século XX, com o surgimento de novas tecnologias e da era da informação, reflete algo de nossa própria situação com a internet e com a nova cultura eletrônica que afetou profundamente toda a nossa vida. Em certos aspectos, seus efeitos foram benéficos, porque a transmissão do conhecimento nunca foi tão eficiente ou eficaz. Mas, em outros aspectos, a era eletrônica diminuiu a experiência humana, reduzindo tudo a uma estrutura uniforme da verdade, e minou a comunidade. Seria interessante saber o que Benjamin teria pensado sobre a internet e esta é uma pergunta que farei neste capítulo. A seguir, começo juntando alguns dos fios principais do ensaio de Walter Benjamin intitulado *O narrador*, que trata do significado da contação de histórias e daquilo que seu declínio acarreta. Em seguida, considerarei três temas importantes – *compreensão*, *comunidade* e *personificação* – que mostram a relevância permanente de Benjamin na era eletrônica moderna. Finalmente, focalizarei a própria possibilidade da *sabedoria*, que é a meta de Benjamin como também dos contadores de histórias.

4.1 Lendo "O narrador"

Walter Benjamin publicou dois ensaios importantes em 1936. O primeiro e certamente o mais conhecido é *A obra de arte na época de suas técnicas de reprodução*, que considera o lugar da arte na sociedade contemporânea de massas (cf. BENJAMIN, 1975). Neste ensaio, Benjamin apresenta um relato da arte que enfatiza sua origem na religião e no ritual. Podemos pensar nas magníficas pinturas em cavernas, que foram descobertas em Lascaux, nos afrescos que enchiam as igrejas na Itália da Renascença e na correlata percepção da arte como um aspecto do sagrado. Na verdade, Benjamin argumenta que, até bem recentemente, a obra de arte individual sempre possuía uma "aura", na medida em que é única e domina o espectador com sua autoridade ou categoria estética. Todo aquele que enfrentou a fila no Louvre para ter uma oportunidade de ver a Mona Lisa por trás de seu escudo protetor de plexiglas compreenderá esta ideia da aura, que é tipicamente associada a grandes obras de arte. Benjamin, no entanto, insiste que na era da reprodução mecânica a obra de arte individual está perdendo sua unicidade – e sua aura – à medida que a arte se torna acessível para o consumo em massa. E, de acordo com Benjamin, isso é realmente uma coisa boa, porque devolve a experiência estética ao contexto mais cotidiano ao qual ela pertence. Em suas próprias palavras:

> As técnicas de reprodução separam o objeto reproduzido do âmbito da tradição. Multiplicando as cópias, elas transformam o evento produzido apenas uma vez num fenômeno de massas. Permitindo ao objeto reproduzido se oferecer à visão e à audição, em quaisquer circunstâncias, conferem-lhe atualidade permanente. Esses dois processos conduzem a um abalo considerável da realidade transmitida – a um abalo da tradição, que se constitui na contrapartida da crise por que passa a humanidade e sua renovação atual (BENJAMIN, 1975, p. 14).

A obra de arte na época de suas técnicas de reprodução é um ensaio brilhante cheio de *insights* e extremamente provocativo, mas continua frustrante e até desconcertante, porque parece questionar o significado espiritual da própria arte. Para Benjamin a arte tem possibilidades revolucionárias, mas neste ensaio ele deseja nos libertar de tudo aquilo que enfatiza a autonomia, a unicidade e a distância como uma ameaça à transformação social. Grande parte disto é, evidentemente, objeto de polêmica. O ensaio foi escrito num momento crítico da história, quando o fascismo estava em ascensão; e, por isso, não causa surpresa que comece com a ideia de Marx acerca da superestrutura e termine com a necessidade de politizar a arte. Suas palavras textuais são significativas e revelam a intenção estratégica de seu ensaio: "Essa é a estetização da política, tal como a pratica o fascismo. A resposta do comunismo é politizar a arte" (BENJAMIN, 1975, p. 34). Em *A obra de arte na época de suas técnicas de reprodução*, Benjamin rejeita a aura e tudo o que parece conferir distinção "autêntica" à obra de arte, como parte de uma perspectiva quase teológica que precisa ser superada. Talvez deveríamos considerar este ensaio um exemplo de pensamento *especulativo* no melhor sentido. Ele não é o foco principal deste capítulo, mas nos proporciona um importante contraponto ao que estamos prestes a examinar.

Em contrapartida, o segundo grande ensaio que Benjamin publicou em 1936 – *O narrador* – fala do declínio da contação de histórias e da possibilidade de experiência compartilhada, que é um sentimento real de perda (cf. BENJAMIN, 1987, p. 197-221). Benjamin é rápido em dizer que o declínio da contação de histórias não é "um sintoma de decadência" e acrescenta:

> Na realidade, este processo, que expulsa gradualmente a narrativa da esfera do discurso vivo e ao mesmo tempo dá uma nova beleza ao que está desaparecendo, tem-se desenvolvido concomitantemente com toda uma evolução secular das forças produtivas (BENJAMIN, 1987, p. 201).

Neste sentido *O narrador* dá mais atenção ao presente do que ao passado ou ao futuro e evita a perspectiva polêmica que caracteriza o ensaio sobre a obra de arte. Sugiro que o ensaio focalize a arte perdida da contação de histórias, não para reviver o passado, mas para estabelecer a possibilidade real da *sabedoria* que a vida moderna ignora cada vez mais e relega ao esquecimento. Perguntamos: O que é a sabedoria e como ela pode ser ensinada? Mas pode não haver nenhuma resposta se, como afirma Benjamin, todo o nosso conhecimento se tornou hoje nada mais do que *informação*. Em *O narrador*, Benjamin descreve a era da informação, que é o núcleo de nossa própria experiência da internet e de outros meios eletrônicos. Neste sentido, *O narrador* pode realmente ser o ensaio mais relevante e importante para ajudar-nos a compreender alguns dos traços subjacentes de nossa vida contemporânea.

Aparentemente *O narrador* pretende ser uma reflexão sobre as obras de Nikolai Leskov, um autor russo do século XIX que é aclamado como um homem do povo e o mais russo de todos os escritores. O ensaio analisa outros autores, inclusive Hebel, que oferecem versões escritas de histórias populares, mas se concentra na arte da contação de histórias e nas razões de seu declínio nos tempos modernos. No início do ensaio, Benjamin observa que, após o profundo deslocamento da Primeira

Guerra Mundial, os homens voltaram do campo de batalha completamente incapazes de comunicar suas experiências. Eles eram neuróticos de guerra e, como comenta Benjamin de maneira comovente:

> Uma geração que ainda fora à escola num bonde puxado por cavalos se encontrou ao ar livre numa paisagem em que nada permanecera inalterado, exceto as nuvens, e debaixo delas, num campo de forças de torrentes e explosões, o frágil e minúsculo corpo humano (BENJAMIN, 1987, p. 198).

A guerra, a industrialização, o crescimento da cidade e outras mudanças rápidas associadas à modernidade minaram o intelecto reflexivo, e a incapacidade de comunicar experiências significativas tornou-se agora um traço da vida moderna.

Em contrapartida, Benjamin especula, talvez romanticamente, que em tempos anteriores tanto o mestre artesão quanto o artesão assalariado compartilhavam a mesma oficina e conheciam em comum todas as histórias associadas aos "contos e tradições locais", como também as de lugares muito mais distantes. Contavam estas histórias nas oficinas para matar o tempo e tornar seu trabalho mais interessante e produtivo. Assim a contação de histórias ocorre num contexto coletivo e a relação de contação de histórias ajuda a *criar* os indivíduos que pertencem a este campo. Diferentemente de algumas "grandes" obras de arte, que podem provocar um sentimento de separação e até de alienação, a história é uma forma popular que permite uma comunicação autêntica entre indivíduos diferentes. Benjamin prossegue descrevendo a atitude do ouvinte:

> Quanto mais o ouvinte se esquece de si mesmo, mais profundamente se grava nele o que é ouvido. Quando o ritmo do trabalho se apodera dele, ele escuta as histórias de tal maneira que adquire espontaneamente o dom de narrá-las. Assim se teceu a rede em que está guardado o dom narrativo (BENJAMIN, 1987, p. 205).

Por fim, não existe separação final entre o narrador e o ouvinte, porque o ouvinte é também um narrador potencial que transmite a outros sua própria versão da história. E, pela contação de histórias, a experiência coletiva de um povo é passada de geração em geração.

O que a história transmite? Sobre este ponto Benjamin observa que a história real oferece algo útil – geralmente algum tipo de moral ou conselho que ajudará os ouvintes em sua vida: não "o sentido da vida" que é por demais grandioso, mas "a moral da história" que é certamente mais prática:

> Tudo isso esclarece a natureza da verdadeira narrativa. Ela tem sempre em si, às vezes de forma latente, uma dimensão utilitária. Essa utilidade pode consistir seja num ensinamento moral, seja numa sugestão prática, seja num provérbio ou numa norma de vida – de qualquer maneira, o narrador é um homem que sabe dar conselhos. Mas, se "dar conselhos" parece hoje algo de antiquado, é porque as experiências estão deixando de ser comunicáveis. Em consequência, não podemos dar conselhos nem a nós mesmos nem aos outros (BENJAMIN, 1987, p. 200).

Este é o ponto crucial do argumento de Benjamin. Por "conselho" ele entende a sabedoria – não uma informação factual ou alguma coisa meramente *objetiva*, mas uma verdade viva que pode ser absorvida e meditada e posteriormente comunicada a outros. Mas a arte da contação de histórias está se extinguindo porque a própria sabedoria está em declínio. Os indivíduos são separados uns dos outros: a oficina deu lugar à fábrica – mais recentemente ao gabinete e ao posto de trabalho – e isso acarreta o declínio do encontro interpessoal que deveria promover a comunicação da sabedoria.

Benjamin enfatiza que a verdadeira história é aberta e desta maneira provoca e inspira recordações. Heródoto, Leskov e Hebel são bons contadores de histórias, porque não procuram explicar ou justificar e resistem à tentação de uma narrativa psicológica. Isso valeria também para Kafka, que Benjamin admirava, elogiando até mesmo suas parábolas como "contos de fadas para dialéticos" (BENJAMIN, 1969a, p. 117). Para ilustrar seu propósito geral, Benjamin utiliza um exemplo tomado Heródoto: Psamético era rei do Egito; o rei persa Cambises derrotou Psamético e, para humilhá-lo, obrigou Psamético a assistir à procissão da vitória, que incluía a filha do próprio Psamético e seu filho a caminho da execução. Durante tudo isto, Psamético permaneceu mudo e imóvel; mas, quando viu um de seus criados idosos entre os prisioneiros, sucumbiu e "mostrou os sinais do mais profundo desespero" (BENJAMIN, 1987, p. 204). Como muitos outros, Montaigne era fascinado por esta história e se pergunta como foi que Psamético conseguiu controlar-se ao longo de cada provação até ver seu criado (cf. MONTAIGNE, 1958, p. 6). Foi simplesmente a gota d'água ou a consequência de relaxar a tensão depois de seus próprios filhos terem passado, ou existe outra forma de compreender seu colapso mental? Em minha opinião, o ponto central é que essa história é como uma parábola – é uma narrativa vaga e indeterminada, que requer a atividade do ouvinte ou do leitor para compreender as coisas, incorporando seu sentido no contexto de sua própria vida.

Benjamin não diz isto, mas presumivelmente é por isso que alguns dos grandes mestres do mundo, entre os quais Jesus e Buda, utilizam parábolas para transmitir sua sabedoria. No cristianismo, a história do Bom Samaritano é inesquecível e estimula a pensar sobre o que significa ser um bom próximo: outras pessoas, entre as quais um sacerdote e um levita, deixaram de ajudar o homem que fora espancado e abandonado como morto à beira do caminho; mas o Samaritano parou, levou-o para uma pousada e pagou por sua recuperação, e fez tudo isso sem hesitar e mesmo sem pensar sobre o que seu "dever" exigia (cf. Lucas 10,29-37). No budismo, a história de Kisagotami trata de uma mulher enlutada à qual dizem que Buda devolverá seu filho se ela puder coletar sementes de mostarda de uma família que nunca fora perturbada pela morte; ela vai de casa em casa sem sucesso, até que finalmente se dá conta de que sua aflição não é excepcional, porque o sofrimento é a realidade última da vida[58]. Esta não é a solução para um dilema, mas um fragmento de sabedoria prática que nos ajuda a viver e se apresenta mais vigorosamente *sem* uma hipótese explicativa. Com efeito, a sabedoria não é um conteúdo fixo ou um fragmento de informação, mas a capacidade de compreender e integrar as lições da contação de histórias e da própria vida. Nas palavras de Benjamin:

---

[58]. A história de Kiagotami é analisada pelo Dalai Lama em: *The art of happiness*. Nova York: Riverhead, 1999, p. 133-134.

Não facilita mais a memorização das narrativas que aquela sóbria concisão que as salva da análise psicológica. Quanto maior a naturalidade com que o narrador renuncia às sutilezas psicológicas, mais facilmente a história se gravará na memória do ouvinte, mais completamente ela se assimilará à sua própria experiência e mais irresistivelmente ele cederá à inclinação de recontá-la um dia (BENJAMIN, 1987, p. 204).

No entanto, Benjamin conclui esta passagem admoestando-nos: "Esse processo de assimilação se dá em camadas muito profundas e exige um estado de distensão que se torna cada vez mais raro" (BENJAMIN, 1987, p. 204). Neste ensaio sobre o narrador ele oferece algumas razões para explicar por que isso acontece.

Em primeiro lugar, à maneira de um comentário geral, Benjamin cita Valéry acerca da aceleração da vida moderna e da nossa aversão a qualquer tipo de processo trabalhoso que requer paciência ou proceder vagarosamente: Valéry observa:

Antigamente o homem imitava essa paciência. Iluminuras, marfins profundamente entalhados; pedras duras, perfeitamente polidas e claramente gravadas; lacas e pinturas obtidas pela superposição de uma quantidade de camadas finas e translúcidas... – todas essas produções de uma indústria tenaz e virtuosística cessaram, e já se passou o tempo em que o tempo não contava. O homem de hoje não cultiva o que não pode ser abreviado (BENJAMIN, 1987, p. 206).

Benjamin concorda que hoje nós temos dificuldade em manter uma reflexão continuada sobre o que não pode ser produzido imediatamente. Com efeito, diz ele, estamos perdendo nossa capacidade de suportar um longo tempo em aberto, porque a abertura da ociosidade ou inatividade vai contra o ritmo frenético da vida moderna. É interessante observar: Benjamin molda esta análise em termos de tédio, que ele considera muito positivamente uma das condições para aquela abertura que a contação de histórias exige. E ele comenta: "Se o sono é o ponto mais alto da distensão física, o tédio é o ponto mais alto da distensão psíquica. O tédio é o pássaro de sonho que choca os ovos da experiência" (BENJAMIN, 1987, p. 204). O "tédio" sugere abertura e ausência de qualquer envolvimento real com o ambiente imediato da pessoa – porque é isso que pode inspirar o devaneio e a imaginação produtiva. E, com todas as distrações e interrupções que caracterizam a vida moderna, é mais difícil atingir um estado de devaneio.

Mais especificamente, Benjamin argumenta que o surgimento do romance foi um golpe significativo para a contação de histórias. Por um lado, o romance moderno é o produto da "reprodução mecânica" e assim contribui para o declínio da contação de histórias e da "aura" do narrador. Por outro lado, enquanto a contação de histórias é uma experiência interpessoal, a leitura de um romance (como também o fato de escrever romances) é um assunto privado. Com efeito, "o leitor de um romance é solitário. Mais solitário do que qualquer outro leitor. [...] Nessa solidão, o leitor do romance se apodera ciosamente da matéria de sua leitura. Quer transformá-la em coisa sua, devorá-la, de certo modo" (BENJAMIN, 1987, p. 213). Como observamos, o sentido de nossa própria vida é muito mais difícil de discernir à medida que a experiência se torna mais desconcertante e menos comunicável no mundo moderno. No romance, é apresentado ao leitor um sentido da vida como uma totalidade significativa. E aqui parece que podemos seguir o drama da vida de outra pessoa, que leva ao conhecimento privado acerca de um herói individual como substituto daquilo que não podemos alcançar por nós mesmos. Talvez esta afirmação seja contestável porque ignora o *insight* que os (grandes) romances frequentemente proporcionam. Mas Benjamin insiste:

> O romance não é significativo por descrever pedagogicamente um destino alheio, mas porque esse destino alheio, graças à chama que o consome, pode dar-nos o calor que não podemos encontrar em nosso próprio destino. O que seduz o leitor no romance é a esperança de aquecer sua vida gelada com a morte descrita no livro (BENJAMIN, 1987, p. 214).

Neste sentido, o romance deve ser entendido como uma fuga da vida ou uma fuga para outra vida que nunca será minha. E assim ele segue uma das principais tendências da vida moderna que inclui a evitação da morte e outros aspectos do mundo natural. Como observa Benjamin, a morte retirou-se da vida e agora tendemos a imaginá-la apenas como uma experiência limite: "Hoje os burgueses vivem em espaços depurados de qualquer morte e, quando chegar sua hora, serão depositados por seus herdeiros em sanatórios e hospitais" (BENJAMIN, 1987, p. 207).

Remando contra esta tendência, Benjamin afirma que a contação de histórias está enraizada nos ritmos da vida e da morte, e insiste: "Suas histórias remetem à história natural" (BENJAMIN, 1987, p. 208). A história – e especialmente o conto de fadas – apresenta a mais completa *integração* do que é natural com o que é humano. Com efeito, ela preserva a ambiguidade da existência humana, enquanto sugere uma solução prática das dificuldades que pareciam insuperáveis no início. Os contos de fadas estão entre as primeiras histórias que muitos de nós ouvimos. Graças aos contos de fadas, a criança cultiva uma profunda consciência do mundo natural e aprende algumas maneiras que mostram como a dificuldade e o perigo devem ser enfrentados. Consideremos *Cinderela*, *Rumpelstiltskin* (O anão saltador) ou *Mulan*, que enfatizam todos a necessidade de enfrentar o mundo com astúcia e audácia. Como comenta Benjamin: "Assim o conto de fadas dialetiza a coragem (*Mut*) desdobrando-a em dois polos: de um lado *Untermut*, isto é, astúcia, e de outro lado *Übermut*, isto é, arrogância" (BENJAMIN, 1987, p. 215). Assim como a parábola, o conto de fadas promove uma espécie de sabedoria prática que pode reanimar a consciência reflexiva. Ele aponta para a existência de algo que vai além da aparente "fixidez" do mundo físico e contribui para a felicidade humana, recuperando possibilidades que estavam aparentemente fechadas.

Mas tudo isso está ameaçado e, por isso, retornamos ao ponto original de Benjamin acerca do declínio da contação de histórias, não apenas por causa do romance, mas mais ainda por causa do surgimento dos jornais, revistas e outras formas populares que minam a própria possibilidade da sabedoria. Aqui Benjamin soa bastante contemporâneo: ele afirma que a época moderna acarreta o surgimento de uma nova forma de comunicação que desafia tanto o romance quanto a contação de histórias. Escreve ele: "Essa nova forma de comunicação é a informação" (BENJAMIN, 1987, p. 202). Hoje certamente vivemos também numa era da informação e isso significa que a comunicação implica a transmissão dos fatos e relatos que chegam geralmente com seu próprio conjunto de explicações ou justificação. Como se expressa Benjamin:

> Cada manhã recebemos notícias do mundo todo. E, no entanto, somos pobres em histórias surpreendentes. A razão é que os fatos já nos chegam acompanhados de explicações. Em outras palavras: quase nada do que acontece está a serviço da narrativa, e quase tudo está a serviço da informação (BENJAMIN, 1987, p. 203).

Em minha opinião, esta é a chave para aquilo que Benjamin descreve na primeira seção de seu ensaio – estamos perdendo nossa capacidade de integrar ou intercambiar a experiência pessoal e já não compreendemos nada *a não ser* a informação e a explicação dos fatos. Mas, dada a prioridade da informação, como devemos compreender nossas experiências mais profundas que não se encaixam neste modelo? E, mais ainda, como comunicar estas experiências aos outros? A busca de Benjamin por um autêntico intercâmbio entre as pessoas e pela possibilidade de comunicação real permanece relevante. Neste ensaio ele focaliza as *notícias* da imprensa. Mas o que ele diz se aplica igualmente à transmissão *eletrônica* de ideias, que também implica uma espécie de nivelamento da nossa própria vida interior. Nesse sentido, pode-se argumentar que o ensaio de Benjamin é particularmente relevante para as discussões da cultura digital e dos temas afins de *compreensão*, *comunidade* e *personificação*, que foram todos questionados em anos recentes. Isso não significa que Benjamin previu os desenvolvimentos contemporâneos; e, dada sua ambivalência acerca da cultura popular, não sabemos realmente o que ele teria pensado acerca da internet. Mas a cultura em que vivemos é uma extensão da cultura que ele conheceu e a crítica dela por Benjamin ainda é notavelmente perspicaz.

4.2 Compreensão, comunidade e personificação

Em seu ensaio *Sobre alguns temas em Baudelaire* (1939), Benjamin fala sobre a multidão moderna e a experiência viva da cidade, com seus frequentes "choques" e estímulos opressivos, movimento frenético, acotovelamento e barulho. Baudelaire procurou descrever estes aspectos em sua poesia lírica e, de acordo com Benjamin, foi capaz de captar a verdade desta experiência no instante em que ela estava se retirando da percepção consciente, como o trauma da guerra que é reprimido pela consciência e tornado invisível. No fim deste notável ensaio, Benjamin resume sua análise em termos da distinção entre duas formas diferentes de experiência: *Erlebnis*, que sugere a percepção cotidiana de momentos separados, e *Erfahrung*, que para ele implica um sentimento mais profundo de participação nas formas culturais que transcendem o indivíduo e o moldam de acordo:

> Baudelaire se volta contra a multidão – e faz isso com a fúria impotente dos que se voltam contra a chuva ou o vento. Essa é a natureza de algo experimentado (*Erlebnis*), à qual Baudelaire dá o peso de uma experiência em sentido amplo (*Erfahrung*). Ele designou assim o preço que se paga por um impacto [*Sensation*] moderno: o fraturar [*Zertrümmerung*] da alma através da experiência do choque (BENJAMIN, 2021, XII).

Na vida moderna, a experiência se torna cada vez mais fragmentada; os acontecimentos são desligados de seu contexto subjacente e isso leva a uma redução na compreensão e na comunidade. O ponto principal de Benjamin sobre a desintegração da aura implica também o desencantamento da vida moderna. De acordo com Benjamin, Baudelaire viu isso particularmente no surgimento da fotografia como uma forma popular, e observa que "a fotografia tem um papel determinante nos fenômenos da 'perda da aura'" (BENJAMIN, 2021, XI). Assim uma nova forma de reprodução técnica modifica a natureza da nossa experiência. Presumivelmente o desenvolvimento da mídia eletrônica nos empurra mais para baixo no mesmo caminho.

Ora, tudo isso ajuda a esclarecer a narrativa de Benjamin sobre a contação de histórias como algo que implica a profundeza coletiva da vida cultural – ou tradição – em oposição à experiência pessoal do próprio indivíduo: *Erfahrung* em oposição a *Erlebnis*. Nas palavras dele:

> Ela [a narrativa] não está interessada em transmitir o "puro em-si" da coisa narrada como uma informação ou um relatório. Ela mergulha a coisa na vida do narrador para em seguida retirá-la dele. Assim se imprime na narrativa a marca do narrador, como a mão do oleiro na argila do vaso (BENJAMIN, 1987, p. 205).

Deste modo, a contação de histórias se torna a fonte de sabedoria coletiva. Com efeito, aqui os comentários de Benjamin podem ajudar-nos a pensar sobre diferentes aspectos da vida moderna como uma extensão do mundo, que ele descreve em seu ensaio sobre o narrador. Esta parte de nossa análise será mais especulativa, mas utiliza a estratégia retórica do texto do próprio Benjamin para provocar reflexão sobre alguns dos temas mais importantes do nosso mundo contemporâneo.

Em primeiro lugar, Benjamin argumenta que nós vivemos numa era da informação, na qual o conhecimento é reduzido a notícias, a frases de efeito e outros fragmentos descontínuos de informação, que não exigem ulterior interpretação ou reflexão. Ele comenta:

> A informação aspira a uma verificação imediata. Antes de mais nada, ela precisa ser compreensível "em si e para si". Muitas vezes não é mais exata do que os relatos antigos. Porém, enquanto esses relatos recorriam frequentemente ao miraculoso, é indispensável que a informação seja plausível (BENJAMIN, 1987, p. 203).

Da mesma forma, a informação se tornou hoje uma rede inconsútil – a web mundial – e não se requer que os indivíduos sejam atuantes no que diz respeito a este tipo de conhecimento; com efeito, eles são receptores passivos, treinados para reproduzir a informação como se requer. Benjamin desenvolve esta ideia em sua análise do filme, no ensaio sobre a obra de arte. Ali ele observa que:

> A arte se entrega àquelas [tarefas] que são mais difíceis e importantes, desde que possa mobilizar as massas. É o que ela faz agora, graças ao cinema. Essa forma de acolhida pela seara da diversão, cada vez mais sensível nos dias de hoje, em todos os campos da arte, e que é também sintoma de modificações importantes quanto à maneira de percepção, encontrou no cinema, seu melhor terreno de experiência (BENJAMIN, 1975, p. 32s.).

Presumivelmente pode-se apresentar um argumento semelhante acerca da informação dada na internet e do estado de distração e aquiescência que prevalece ao navegar na internet ou acessar websites como a Wikipédia, que se apresentam como "oráculos" da informação. Mas devemos notar também o cinismo de Benjamin neste ponto: ele não celebra o filme como uma forma superior de arte ou mesmo como um meio realmente democrático; sua diferença consiste apenas em romper com os modelos tradicionais de arte e de autoridade estética. Tanto os fascistas quanto os comunistas foram rápidos em compreender que o filme é uma forma de reunir as pessoas e orientar suas respostas, de modo a tornar possível a ação coletiva no futuro. Cineastas como Sergei Eisenstein e Leni Riefenstahl estavam entre os muitos que procuraram explorar o apelo popular do filme desenvolvido primeiramente em Hollywood.

Como vimos, Benjamin proporciona certo pano de fundo para estas reivindicações. Ele descreve os frequentes "choques" da vida moderna – com o tumulto da guerra, a expansão da cidade e todas as rápidas transições da modernidade, somos continuamente distraídos por experiências que não conseguimos integrar e vivemos num estado de contínua distração. E estamos perdendo nossa capacidade de suportar um longo tempo indeterminado, porque a abertura da ociosidade ou inatividade vai contra o ritmo frenético da vida moderna[59]. Tudo isso vem acompanhado pelo surgimento da informação como o

---

59. Para uma excelente análise da atitude de Benjamin acerca da cidade e da modernidade em geral, cf. GILLOCH, G. *Myth and metropolis*. Cambridge: Polity, 1997, esp. p. 132-167.

único modelo aceitável de conhecimento ou *compreensão*. Mas a informação é dada toda de uma vez e chega completa com sua própria estrutura explicativa que rejeita interpretação ulterior; e assim passamos de um item para outro sem parar para refletir ou ruminar. É ainda possível uma ação coletiva? Na passagem acima citada, Benjamin argumenta cinicamente que "as massas" podem ser manipuladas para promover seu próprio futuro revolucionário. Ele provavelmente concordaria que neste sentido nada mudou realmente, porque nesta era da informação *eletrônica* estamos ainda no ponto em que a sabedoria se retraiu, de modo que a humanidade pode ser controlada de uma maneira ou de outra. Estamos perdendo o poder da reflexão crítica, e cada vez mais passamos a pertencer a uma "mente de colmeia", que exige conformidade e zomba de qualquer coisa que não possa ser reduzida à sua própria perspectiva.

Este é um cenário perturbador, mas nossa situação pode ainda mudar com a recuperação da sabedoria e o desmascaramento de outras formas de conhecimento/informação que fazem parte do processo de nivelamento. Por exemplo, o especialista cibernético Jaron Lanier afirmou que "a informação é experiência alienada" (cf. LANIER, 2010, p. 28s.). Ele entende isso como um lema para nossa vida e sugere pelo menos dois pontos relevantes a serem considerados aqui. Em primeiro lugar, nós tendemos a pensar a "informação" como um corpo autossuficiente de conhecimento que se impõe a nós, ainda que em última análise derive da experiência humana. Isso significa que a informação inclui *reificação*, porque é algo que projetamos para fora de nós mesmos como um objeto independente e esquecemos suas origens sociais[60]. Podemos pensar sobre o *status* oracular da Wikipedia e de outros *sites* e podemos pensar sobre outro lema popular – "A informação quer ser livre" – que é atribuído ao escritor Steward Brand. *Este* lema é utilizado frequentemente por aqueles que são entusiastas da internet, mas novamente ele assevera a (falsa) autonomia de algo que realmente nos pertence[61].

Em segundo lugar, embora derive da experiência vivida, a informação é geralmente apresentada num gabarito uniforme para aquilo que o conhecimento deveria ser, e isso refreia nossa experiência do mundo: na Wikipedia, por exemplo, que enquadra todo conhecimento humano nos mesmos parâmetros e rejeita toda hierarquia, ou no Twitter, que hoje nos permite empacotar a experiência em 280 caracteres ou menos. O fato é que temos sempre mais dificuldade de compreender o que *não* nos é dado nas categorias ordinárias de pensamento; e achamos difícil não nos apropriarmos de tudo em nossos próprios termos conceituais, que se baseiam cada vez mais na informação ou nos "fatos do caso". No ensaio sobre Baudelaire, Benjamin mostra que a poesia lírica perdeu sua popularidade e isso ocorreu presumivelmente porque a estrutura de nossa experiência mudou. O ensaio sobre o narrador faz uma afirmação semelhante acerca da contação de histórias, em oposição à leitura de romances e outras

---

60. Sobre a reificação cf. LEWIS, P. Walter Benjamin in the Information Age? On the limited possibilities for a defetishing critique of culture. *In*: GUMBRECHT, H. *et al.* (orgs.). *Mapping Benjamin*: The work of art in the digital age. Stanford: Stanford University Press, 2003, p. 221-227.

61. Cf. a análise da afirmação de Brand em: JORDAN, T. *Cyberpower*: The culture and politics of the internet. Londres: Routledge, 1999, p. 193-194.

formas populares. Mas o ponto central de Benjamin pode ser ampliado para o presente – porque nossa compreensão está hoje mais do que nunca completamente limitada por gabaritos de conhecimento e de informação, de modo que é muito mais difícil apreciar a poesia, as parábolas ou mesmo as histórias que Benjamin confirma.

Como corolário disto, Benjamin insiste no isolamento do indivíduo na sociedade de massas, um fenômeno que os sociólogos às vezes denominaram "a multidão solitária". Este ponto repercute a crítica dirigida por Kierkegaard à época atual, na qual os indivíduos separados são coagidos pela abstração do "público", que parece reduzir todas as opiniões e experiências ao mesmo nível básico. Para Kierkegaard:

> Somente quando não existe nenhuma vida comunitária forte para dar substância à concretude a imprensa irá criar esta abstração, "o público", constituído por indivíduos insubstanciais que nunca estão unidos ou nunca podem estar unidos na simultaneidade de qualquer situação ou organização e, no entanto, são considerados um todo (KIERKEGAARD, 1978, p. 91)

Esta é a chamada sabedoria da multidão ou "mente de colmeia", que pressupõe conformidade acrítica e isolamento ao mesmo tempo. De acordo com Benjamin, o surgimento da informação como forma dominante de conhecimento levou a uma redução de nossa capacidade de comunicar nossa experiência aos outros acima de um nível superficial. E a incapacidade de compartilhar experiências significa que não conseguimos lidar com elas ou ir além de nós mesmos rumo à perspectiva saudável da *comunidade*, que fundamenta a vida individual. Prosseguindo e chegando ao tempo presente, ainda não está claro se a comunidade eletrônica – como o Facebook – é uma comunidade real num sentido forte. Pode-se facilmente argumentar que ela é uma coleção de indivíduos separados, que renunciam ao encontro por causa da associação online. E por meio dessas associações virtuais é negligenciada e minada a comunidade real[62]. A internet trouxe benefícios extraordinários, mas também reduziu nossa vida, desconectando-nos da experiência direta dos outros seres humanos. Isso é realçado pelas postagens irritadas e desinibidas de muitos daqueles que fazem comentários sobre a internet, os quais manifestam uma espécie de individualismo egoísta. Da mesma forma, o trabalho social em rede reduz a complexidade da amizade e da relação a categorias identificáveis fixas, que são mapeadas de antemão; e o encontro vivo entre dois seres humanos, que deveria envolver a experiência da diferença e até da novidade, torna-se uma questão de interesses e gostos compartilhados.

Ora, qualquer tentativa de criticar as formas da cultura de massas – cinema, televisão, internet, Facebook etc. – está fadada a ser elitista ou até reacionária por natureza. Mas esta é toda a *raison d'être* do *narrador* de Benjamin, que encarna uma crítica oblíqua da modernidade. Assim Benjamin analisa a importância de Leskov. Ele comenta que, "por mais familiar que seja seu nome, o narrador não está de fato presente entre nós, em sua atualidade viva. Ele é algo distante, e que se distancia ainda mais" (BENJAMIN, 1987, p. 197); e "descrever Leskov como narrador não significa trazê-lo mais perto de nós, e sim, pelo contrário, aumentar a

---

62. Sobre a ideia de comunidade e internet, cf. DREYFUS, H. *On the internet*. 2. ed. Londres: Routledge, 2009, p. 136-141.

distância que nos separa dele" (BENJAMIN, 1987, p. 197). Mas o importante é o seguinte: todo o objetivo do ensaio de Benjamin não é apenas discutir Leskov ou mesmo a contação de histórias como tal. É mostrar como o declínio da contação de histórias é o sintoma de um fenômeno muito mais amplo, conectado com o isolamento do indivíduo na vida privada e com a incapacidade de comunicar a experiência ou compreender a sabedoria – porque isso se tornou uma característica da modernidade. Parte do problema aqui é que nós separamos as experiências (*Erlebnis*) que acumulamos, mas não possuímos o tipo profundo de experiência (*Erfahrung*) na qual somos transformados por aquilo que encontramos. Somos inseguros e reativos, mas não integramos a experiência num nível mais profundo. De maneiras diferentes, nós apenas tentamos repeli-la sem torná-la nossa.

É importante observar que Benjamin insiste na *personificação* ou aspecto físico da contação de histórias. Ele enfatiza, por exemplo, a coordenação entre mãos, alma e olhos como a expressão mais completa do ofício de narrador:

> Pois a narração, em seu aspecto sensível, não é de modo algum o produto exclusivo da voz. Na verdadeira narração, a mão intervém decisivamente, com seus gestos, aprendidos na experiência do trabalho, que sustentam de cem maneiras o fluxo do que é dito. A antiga coordenação da alma, do olhar e da mão [...] é típica do artesão, e é ela que encontramos sempre, onde quer que a arte de narrar seja praticada (BENJAMIN, 1987, p. 220s.).

Em outras palavras, deveríamos dizer que a verdadeira contação de histórias é uma sabedoria encarnada e que o narrador não é apenas uma voz desencarnada que conta histórias. A contação de histórias implica o encontro vivo com um mestre ou personagem sábio, que se comunica de maneira singular com aquele(s) a quem se dirige, de maneira direta e ao mesmo tempo sensível. Por isso, em qualquer situação o narrador precisa saber a história correta a contar e ter uma memória suficientemente boa para lembrar-se como a história se desdobra. Mas ele precisa também sondar a plateia e estimular uma responsividade apropriada mediante o contato dos olhos, a inflexão da voz, pausas apropriadas e gestos físicos. Para *tornar-se* um narrador é necessário não só ouvir atentamente histórias, mas requer também estar atento à "performance" do narrador diante dos outros. De acordo com uma das distinções do próprio Benjamin, podemos dizer que o narrador é semelhante a um ator de teatro e não a um ator num filme: porque um é receptivo e sensível a cada plateia, enquanto o outro executa uma única performance, que é editada e fixada para sempre (BENJAMIN, 1975, p. 21).

Ora, tudo isso está aparentemente em desacordo com a experiência contemporânea do ciberespaço e da acumulação de informação eletrônica, que parece ocorrer na *ausência* do corpo e de todas as suas distrações "desnecessárias". Este é um tema controverso, mas neste ponto Hubert Dreyfus observa uma importante distinção entre personificação física e vida virtual, e apresenta boas razões para a prioridade da personificação como base da autêntica sabedoria. Em sua análise da internet, Dreyfus comenta ponderadamente:

> Nosso senso da realidade das coisas e das pessoas e nossa capacidade de interagir efetivamente com elas depende da maneira como

nosso corpo trabalha silenciosamente nos bastidores. Sua capacidade de controlar as coisas proporciona nosso senso da realidade daquilo que estamos fazendo e estamos prontos para fazer; isto, por sua vez, nos dá uma sensação de nosso poder e, ao mesmo tempo, de nossa vulnerabilidade à realidade perigosa do mundo físico. Além disso, a capacidade do corpo de concentrar-se no que é importante e então preservar nossa compreensão em nossa consciência de fundo, nos permite perceber situações cada vez mais refinadas e responder de maneira cada vez mais habilidosa. [...] Tudo isso o nosso corpo faz de maneira tão natural, difusa e bem-sucedida que quase não é notado. Esta é a razão por que é tão fácil imaginar que no ciberespaço podemos arranjar-nos sem ele e por que, de fato, seria impossível fazê-lo (DREYFUS, 2009, p. 70s.).

Esta é uma postura que Benjamin certamente confirmaria. Para citar um exemplo, ele pensa que a contação de histórias é uma performance encarnada, na qual os narradores precisam deixar sua própria marca: "Assim se imprime na narrativa a marca do narrador, como a mão do oleiro na argila do vaso" (BENJAMIN, 1987, p. 205)[63]. Mas, ao mesmo tempo, deveríamos acrescentar, inicialmente, que a contação de histórias implica também aqueles projetos privilegiados e *coisas* que são a ocasião para as histórias.

---

63. Para mais informações sobre a importância da mão, tanto na contação de histórias quanto na produção tradicional, cf. LESLIE, E. *Walter Benjamin*. Londres: Reaktion, 2007, p. 167-171.

Falarei sobre isso suscintamente: e seu ensaio biográfico *Infância em Berlin por volta de 1900*, Benjamin descreve lugares e objetos da infância, como o novo telefone, as meias enroladas em sua gaveta e a faixa de luz embaixo da porta de seu quarto de dormir quando seus pais recebiam hóspedes[64]. Ver estas coisas a partir de uma perspectiva de criança nos faz vê-las de outra forma e desta maneira essas coisas são libertadas do mundo da informação "objetiva" e se tornam luminosas por si mesmas. Os brinquedos e lugares especiais de sua infância, ou sua coleção de livros, entre os quais primeiras edições e outras obras raras – todas estas coisas parecem ter uma história para contar e por isso ele as coleciona e preserva ou fala sobre elas em seus escritos[65]. Elas são literalmente "comoventes" e nossa experiência dessas coisas pode aprofundar o sentimento que temos de nós mesmos ou de nossa alma, que está em sintonia com o mundo que nos cerca. De tudo isso parece que tanto o narrador quanto a contação de histórias se fundamentam no mundo físico da experiência viva, que nos é dada *aqui* e *agora*. Mas não podem florescer no ciberespaço, que é desencarnado em uma espécie de lugar nenhum. E assim como a vida na cidade requer repressão, que absorve todos os "choques" e traumas, também a internet pode ser considerada a última tentativa de fugir da personificação e da vida coletiva.

---

64. Cf. BENJAMIN, W. *Berlin Childhood around 1900*. Cambridge/MA: Harvard University Press, 2006.
65. Cf. o ensaio: BENJAMIN, W. Unpacking my library. *In*: *Illuminations*. Nova York: Random House, 1969, p. 59-68. Sobre o tema da contação de histórias e objetos, cf. também: FRIEDLANDER, E. *Walter Benjamin*: a philosophical portrait. Cambridge/MA: Harvard University Press, 2012, p. 180-189.

4.3 O retraimento da sabedoria

Todas estas ideias inter-relacionadas – o surgimento da informação como forma dominante de compreensão, o isolamento do indivíduo e o retraimento da comunidade, e a suspeita ou mesmo negação da personificação – refletem o declínio da contação de histórias, que aponta também para o retraimento da própria sabedoria. Mas precisamos ainda nos perguntar: O que *é* a sabedoria? Porque, devido à prioridade absoluta da informação na época moderna, torna-se cada vez mais difícil articular o que é a sabedoria ou mesmo aceitar a realidade de qualquer coisa que vai além das formas ordinárias de explicação. O fato é que nos tornamos céticos em relação à sabedoria. O sistema de informação que caracteriza a esfera do conhecimento moderno se baseia na quantidade e não na qualidade. Na internet tudo é de importância igual e não existe lugar para o que é de importância *primária* ou de interesse *último*. Em contrapartida, Benjamin insiste que o narrador encarna a sabedoria e conclui seu ensaio da seguinte maneira:

> Assim definido, o narrador figura entre os mestres e os sábios. Ele sabe dar conselhos: não para alguns casos, como o provérbio, mas para muitos casos, como o sábio. Pois pode recorrer ao acervo de toda uma vida (uma vida que não inclui apenas a própria experiência, mas em grande parte a experiência alheia. O narrador assimila à sua substância mais íntima aquilo que sabe por ouvir dizer). Seu dom é poder contar sua vida; sua dignidade é contá-la inteira (BENJAMIN, 1987, p. 221).

E depois acrescenta, um tanto ironicamente: "Daí a atmosfera incomparável que circunda o narrador" (BEN-

JAMIN, 1987, p. 221). No outro ensaio de 1936, a aura é a auréola associada às formas alienantes da cultura superior que intimidam e subjetivam as pessoas. É o sinal de uma falsa consciência e de um fetichismo que precisa ser superado. Mas a ideia da aura associada ao narrador é mais positiva, na medida em que implica a fonte da genuína sabedoria. Isso pode significar uma advertência prática, um conselho, um sentimento do que é e do que não é importante, ou uma percepção de seu lugar na natureza e da ordem última das coisas. Pois todas estas coisas abrangem a sabedoria. O narrador é um sábio e um mestre – como Sócrates, Buda, Confúcio ou Jesus – que nos oferece sabedoria espiritual em histórias, parábolas e contos de fadas. Com efeito, sem alguma medida de sabedoria, nosso mundo da informação se tornará uma multiplicidade opressiva que dificilmente poderemos compreender.

Benjamin não é direto acerca do tema da sabedoria, e toda a sua análise é geralmente indireta como ocorre em sua narrativa do narrador. Ele deixa claro também que a informação não é sabedoria importante, porque repele a possibilidade de lidar com as coisas, que parece ser essencial para a própria sabedoria. Neste sentido, portanto, Benjamin pode não ter uma "teoria" da sabedoria ou mesmo um conceito completo; mas a possibilidade da sabedoria continua sendo a questão latente em muitos dos seus escritos e molda o ideal da *Erfahrung* como a experiência que se desenvolve ao longo da história e do tempo. A conclusão é que agora estamos *perdendo* a sabedoria e este é um tremendo golpe espiritual que Benjamin procura compreender e ao qual ele responde.

Podemos recuperar a possibilidade da sabedoria na moderna era da informação? Deste ponto de vista, Benjamin parece esperar o pior, embora espere contra toda esperança algo melhor. Neste ensaio ele descreve um personagem que está se tornando sempre mais ausente da experiência cotidiana: o narrador como uma espécie de artesão, que sabe como falar às pessoas e que oferece sábios conselhos que nos ajudam a pilotar nossa vida. Ele comenta que os melhores escritores são os que se assemelham a Leskov, Hebel, Poe e Stevenson, cuja obra se aproxima mais estritamente da contação de histórias como forma verbal; e isso sugere a prioridade da palavra falada e da comunicação interpessoal entre o locutor e o ouvinte, que faz parte de uma corrente contínua de compreensão. De muitas maneiras esta é uma visão mais tradicional da sabedoria, que envolve o professor e o aluno, ou o mestre e o discípulo, visão esta na qual o conhecimento ou iluminação é transmitido de um para o outro por meio de parábolas e ensinamentos, que podem ser absorvidos no contexto da vida pessoal do aluno. Em minha opinião, isso vai na contramão de *A obra de arte na época de suas técnicas de reprodução*, que se opõe ao poder da tradição como algo que deve ser superado, caso se queira algum dia alcançar o progresso e a iluminação. Em contrapartida, *O narrador* é mais útil porque nos permite compreender nossa situação e o retraimento da sabedoria, que parece acompanhar todo o nosso "progresso" tecnológico. Sugeri que, neste sentido, Benjamin é um "filósofo espiritual", porque insiste no empobrecimento da vida moderna e na perda da profundidade espiritual e da compreensão que caracteriza nossa experiência do mundo. Evidentemente Benjamin pode não se ter considerado um pensador espiritual; mas, como um crítico da cultura moderna, ele parece descrever nosso mal-estar espiritual e as realidades mais profundas que estamos perdendo de vista.

Sugeri anteriormente que *O narrador* não é nem um ensaio revolucionário orientado para as possibilidades futuras do mundo, nem uma narrativa mais conservadora que sente saudade da plenitude do passado. Com efeito, *O narrador* é uma crítica do presente, que analisa as deficiências da vida moderna. Provavelmente nos faltam palavras para articular essas coisas e não há nada claro acerca das dificuldades que enfrentamos, mas *O narrador* apresenta um relato claro dos problemas da modernidade: a prioridade da informação, a redução das possibilidades de experiência e comunicação, o declínio da comunidade e da sabedoria que perdemos, muitas vezes em nome do progresso tecnológico, desde a era da reprodução mecânica e – acrescentaremos – até a internet, os smartphones e outras coisas mais.

Mas, em tudo isso, penso que o verdadeiro narrador é o próprio Benjamin. Em *O narrador*, ele nos conta uma história primorosa, que é *sua própria* história acerca da contação de histórias: o mestre artesão e o artesão assalariado estão na oficina, contando histórias a um grupo reunido de trabalhadores; depois a leitura de romances começa a questionar a contação de histórias e a isso se segue o surgimento da informação e o esvaziamento da sabedoria. Aqui e ali temos fragmentos do velho ideal de sabedoria presente em Leskov, em Hebel e possivelmente em Kafka. Mas tudo isso é uma *história* que Benjamin conta a seus leitores. Com efeito, é também a *estratégia* que ele utiliza para restaurar a possibilidade de uma autêntica comunicação e, em última análise, da própria sabedoria[66].

---

66. Sobre a ideia da estratégia filosófica em Benjamin, cf. ROCHLITZ, R. *The disenchantment of art*: The philosophy of Walter Benjamin. Nova York: Guilford Press, 1996, p. 117.

Diz-se às vezes que Walter Benjamin é um pensador "inclassificável": um filósofo, um teórico cultural, um crítico literário e um teólogo – ele é todas estas coisas e muito mais. Eu sugeriria, no entanto, que uma maneira de entender a obra de Benjamin é entendê-la em termos de *contação de histórias*; e, se isso for correto, o ensaio do próprio Benjamin sobre o narrador pode ser uma chave para seus outros escritos, porque Walter Benjamin é um narrador e um sábio que nos aponta a possibilidade da sabedoria em tempos difíceis. Neste capítulo, argumentei que a sabedoria é um tema espiritual que expressa a força de nossa conexão com o mundo, nossa relação com os outros, como também nosso conhecimento de nós mesmos. É difícil articular a natureza da sabedoria, mas isso é algo que Benjamin realiza, por um procedimento indireto, em sua narrativa da contação de histórias como autêntica comunicação e da informação como uma forma desumana. Seria sensato lembrar a obra de Benjamin quando tentamos especular sobre o sentido da cultura contemporânea ou sobre a natureza do futuro que ela nos aponta.

5 JUNG SOBRE A RELIGIÃO E O SAGRADO

No início de sua obra autobiográfica *Memórias, sonhos, reflexões*, Carl Gustav Jung descreve toda a sua vida em função de uma busca espiritual; porque, ao lançar um olhar retrospectivo sobre o decurso de sua existência, o que sobressai para ele não são os acontecimentos exteriores ou mesmo as pessoas, mas a jornada interior na qual ele experimentou a realidade da maneira mais profunda:

> O destino quer [...] que só o interior represente algo de substancial e determinante. É assim que todas as lembranças de acontecimentos exteriores empalideceram; mas talvez nunca tenham representado algo de essencial, ou apenas o foram na medida em que o coincidiram com as fases do meu desenvolvimento interior (JUNG, 2019, p. 20).

Em seguida, Jung descreve a vida consciente como um desabrochar individual que emerge do imenso rizoma da vida, que na maior parte é invisível e oculto. E, no entanto, o rizoma perdura através da decadência da vida individual e das civilizações e representa nossa *verdadeira* vida; porque é aqui que nossa existência finita entra em contato com uma realidade mais profunda e permanente e é esta conexão que torna nossa vida significativa (cf. JUNG, 2019, p. 31s.).

Para Jung esta é a origem do sagrado e ela subjaz ao poder que o mito e a religião têm de inspirar e aprimorar nosso sentimento de quem somos.

Pelo final de sua autobiografia, Jung passa a escrever sobre a importância de preservar um sentimento de mistério acerca da vida. Ele diz que deveríamos permanecer abertos a tudo o que é mágico e misterioso neste mundo, porque, se estamos fechados ao mistério, nossa vida nos será roubada:

> É importante que tenhamos um segredo e a intuição de algo incognoscível. Esse mistério dá à vida um tom impessoal e "numinoso". Quem não teve uma experiência desse tipo perdeu algo de importante. O homem deve sentir que vive num mundo misterioso, sob certos aspectos, onde ocorrem coisas inauditas – que permanecem inexplicáveis – e não somente coisas que se desenvolvem nos limites do esperado. O inesperado e o inabitual fazem parte do mundo. Só então a vida é completa. Para mim, o mundo, desde o início, era infinitamente grande e inabarcável (JUNG, 2019, p. 350).

No que diz respeito a Jung, não deveríamos buscar respostas consoladoras ou tentar reduzir cada dificuldade a um problema científico que precisa ser resolvido. Porque então perderemos tudo o que transcende os estreitos limites da ciência e do nosso quadro comum de referência. Sem a ideia de um "segredo", pode não haver nenhum sentimento de admiração e nossa experiência do mundo será reduzida pelo retraimento do sagrado ou do que Jung denomina *numinosum*, o elemento transcendente na vida.

Jung insiste na natureza científica de seu projeto e se apresenta como cientista e psicólogo. Ao mesmo tempo, no entanto, condena a estreiteza do reducionismo científico e lamenta o fato de que, à medida que a ciência se torna mais predominante, nossa vida espiritual é empobrecida e o mundo é cada vez mais "desumanizado". Lamenta também o perigo de racionalização que mina todos os símbolos poderosos que outrora davam acesso aos poderes sagrados da vida: "Despojamos todas as coisas do seu mistério e da sua numinosidade; e nada mais é sagrado" (JUNG, 2018, p. 94). O mundo se tornou desencantado; a dimensão sagrada da vida desapareceu; e agora corremos o maior perigo vindo de todos os poderes destrutivos que antes eram contidos pela religião e outras formas espirituais. Jung não quer reviver um tempo anterior, mas valoriza as compreensões da vida arcaica e procurou recuperar a dimensão sagrada do mundo. Como ele escreveu num ensaio de 1933: "Nós modernos estamos predestinados a viver novamente o espírito, isto é, a fazer uma experiência primitiva. Esta é a única possibilidade de romper o círculo vicioso dos eventos biológicos" (JUNG, 2022b, p. 131). Jung escreveu num momento decisivo da história mundial; ele passou por duas guerras mundiais e viu a chegada da era nuclear; e viu que aparentemente temos sempre as "melhores" razões para travar mais guerras, de modo que finalmente podemos destruir-nos a nós mesmos.

De acordo com Jung, o sagrado é evocado por símbolos, arquétipos e mitos que formam nosso inconsciente coletivo. Um símbolo é "uma expressão de algo incognoscível, ou de algo que ainda não se pode conhecer" e nos remete a uma realidade que, em última instância, é misteriosa e se encontra além do mundo cotidiano ao qual pertencemos (JUNG, 2012b, § 713). Diferentemente dos sinais, os símbolos não podem ser exauridos ou reduzidos a um sentido fixo, mas são afetivos e poderosos e contêm a fragrância da qualidade numinosa da vida. Os arquétipos são figuras recorrentes nas mitologias de todo o mundo e refletem as situações humanas mais significativas. Mas, mesmo que estejam em nós, eles não nos pertencem realmente, porque têm uma vida própria – nos sonhos, nas histórias, na literatura, na arte etc. Um mito proporciona uma representação mais profunda do que os fatos ou a verdade literal, porque um mito tem uma validade humana universal e é a verdade interior de uma situação a que respondemos. Portanto, embora não adotemos os mitos como literalmente verdadeiros, eles ainda expressam uma forma de pensamento poético, que é mais extenso e profundo do que o raciocínio científico moderno. Hoje, no entanto, com a rejeição do mito e a crescente ambivalência em relação à religião – que surge quando insistimos em tomá-la literalmente – a sabedoria da vida arcaica é limitada ao sonho e à acumulação de neuroses e sintomas que mostram nossa falta de sintonia.

Jung nunca procurou abandonar o eu consciente, mas acreditava que o eu precisava renovar sua relação com o sagrado, "sonhando o mito para frente":

> Até mesmo a melhor tentativa de explicação não passa de uma tradução mais ou menos bem-sucedida para outra linguagem metafórica (de fato, a linguagem nada mais é do que imagem!). Na melhor das hipóteses, *sonha-se a continuidade do mito*, dando-lhe uma forma moderna. O que quer que uma explicação ou interpretação faça com o mito, isso equivalerá ao que fazemos com nossa própria alma, e haverá consequências correspondentes para o nosso próprio bem-estar (JUNG, 2014, § 271).

Sem esta renovação espiritual subjacente, qualquer tipo de transformação ou "progresso" pode vir acompanhado de desastre moral ou do esquecimento da alma. No mesmo ensaio ele escreve:

> Progresso e desenvolvimento são ideais inegáveis; mas perdem todo o sentido se o homem chegar a seu novo estado apenas como um fragmento de si mesmo, deixando para trás, na sombra do inconsciente, todo o essencial que constitui seu pano de fundo, a um estado de primitividade, ou até de barbárie. A consciência cindida de seus fundamentos, incapaz de preencher o sentido de um novo estado, torna a cair com muita facilidade em uma situação bem pior do que aquela da qual a mudança quis libertá-la – *exempla sunt odiosa* (JUNG, 2014, § 293).

As ideias de Jung são complexas. Ele não é um filósofo sistemático que avança passo a passo em direção a uma conclusão, mas alguém que tem o sentimento de que até suas ideias mais básicas – referentes ao eu e ao arquétipo, ao inconsciente coletivo etc. – são apenas perspectivas provisórias, que serão revisadas a qualquer momento se for encontrada uma hipótese mais robusta. Mas é um pensador poderoso; está orientado para a espiritualidade, o sagrado e a *psique* em seu sentido original de alma; e se opõe à estrutura redutiva da razão instrumental que empobrece a vida.

Neste capítulo examinarei uma das obras mais controversas de Jung – a *Resposta a Jó* (publicada em 1952).

Este livro apresenta uma importante crítica da religião e da vida moderna; suscita perguntas profundas acerca do problema do mal e da natureza de Deus; e ajuda a ilustrar as ideias do próprio Jung acerca da natureza do sagrado, dos arquétipos e símbolos e da teoria da individuação. Esta última é especialmente importante: de acordo com Jung, a individuação é um processo psíquico fundamental, pelo qual podemos atingir a totalidade ou a meta espiritual da vida. Para Jung a individuação é um ideal espiritual e ela descreve a maneira como podemos nos tornar nós mesmos.

5.1 A resposta a Jó e outras questões bíblicas

Os verdadeiros crentes podem ler a Bíblia como a palavra revelada de Deus e os buscadores espirituais podem considerar a Bíblia um texto sapiencial ou parte da tradição perene, que inclui o *Tao-Te King* [*Daodejing*], o *Bhagavad Gita* e outras obras que parecem falar a todas as pessoas. Outros simplesmente desconsideram a Bíblia como arcana e irrelevante; porque, na sociedade secular moderna, a religião não tem uma posição privilegiada e tudo parece ser julgado em termos de sua racionalidade ou valor de uso. O próprio Jung foi ambivalente acerca da existência de Deus e, embora viesse de uma longa linhagem de pastores protestantes, queixou-se das visões tacanhas de seu pai a respeito da fé. Para Jung a realidade de Deus e da religião não pode ser mantida separada da vida cotidiana; e seria um erro considerar Deus um ser puramente transcendente, já que a verdade da imagem de Deus está guardada no fundo da alma. Não podemos provar a existência de Deus, e a religião está, por definição, além de todas as demonstrações factuais, mas "Deus" existe como fato psíquico ou uma imagem numinosa que corresponde ao arquétipo do "Si-mesmo" ou sentido de totalidade. Como Jung argumenta no *Resposta a Jó*:

> Não sabemos se estas imagens, comparações e conceitos exprimem ou não com clareza seu objeto transcendental. O termo "Deus", por exemplo, expressa uma imagem ou um conceito verbal que sofreu muitas mudanças ao longo de sua história. Em tal caso não temos possibilidade alguma de mostrar, com a mínima parcela de certeza que seja – a não ser a da fé – se tais mudanças se referem apenas às imagens e aos conceitos, ou se atingem o próprio inefável (JUNG, 2012b, § 555).

De acordo com Jung, estamos sempre orientados para o sagrado, mesmo se conscientemente o rejeitamos. E, embora vivamos numa sociedade secular, podemos ainda padecer repressão espiritual e perda do sagrado, que antes era expresso pela religião.

Para Jung o cristianismo corre perigo, como outras religiões, porque geralmente insiste na verdade *literal* de suas doutrinas, desde a Criação até à Encarnação, à Ressurreição e à Assunção, para mencionar apenas algumas entre muitas. Mas isso está em desacordo com o ponto de vista científico moderno e com os fatos estabelecidos da natureza, de modo que essa religião só pode sobreviver como pura confissão de fé. Jung sustenta uma visão metafórica e argumenta que as religiões tradicionais, como as mitologias anteriores, refletem os aspectos mais profundos da alma e do mundo. Mas hoje a fé está em declínio e nós precisamos considerar a religião um conjunto de verdades simbólicas que nos dão acesso ao sagrado. É isso que Jung se dispõe a realizar em sua *Resposta a Jó* – porque, mostrando como as histórias bíblicas ainda podem iluminar nossa vida, ele está "sonhando o mito para frente" e tornando estas histórias mais relevantes para nosso próprio tempo[67].

Desde o início Jung apela à boa vontade do leitor e ao princípio da caridade. Porque "o livro não pretende ser outra coisa senão a voz ou a pergunta de um simples indivíduo que espera ou aguarda encontrar-se com a reflexão em público" (SHAMDASANI, 2010, p. xii). Como Jung previu, no entanto, muitos leitores rejeitaram seu livro como blasfemo e condenaram a arrogância de Jung de ir contra séculos de ensinamentos da Igreja sobre temas bíblicos importantes. Mas Jung argumenta que uma religião nunca pode ser fixa ou completa e diz que estaríamos minando a essência de uma religião viva se afirmássemos, dogmaticamente, que podemos ignorar quaisquer revelações futuras bem como quaisquer novas interpretações que diferem daquelas que prevaleceram até este momento.

Mas, evidentemente, qualquer religião pode tornar-se um conjunto estéril de ensinamentos ou uma coleção de dogmas fixos que são aceitos, mas não compreendidos, enquanto não forem incorporados em nossa vida num nível mais profundo. De acordo com Jung, o cristianismo sofreu esse destino, porque se revestiu de ideias fixas e pressupostos que minam o espírito vivo da religião e seu poder de nos transformar. Em *Resposta a Jó*, Jung deseja questionar alguns dos dogmas mais importantes e ideias recebidas do cristianismo e

---

67. Sobre a visão metafórica da religião, cf. esp. SPONG, J.S. *Jesus for the non-religious*. Nova York: Harper, 1977. • TACEY, D. *Beyond literal belief*: Religion as metaphor. Mulgrave: Garratt, 2015.

tem uma agenda pessoal: ele esboça algumas das razões por que não pode mais subscrever a fé de seus pais; alhures ele nos diz como escreveu este livro numa única explosão de energia criativa; e diz que, embora quisesse reescrever a maioria de seus livros, *Resposta a Jó* é o único texto que ele deixaria "exatamente como está" (JUNG, 2010, p. ix)[68]. Sua estratégia geral consiste em liberar o poder oculto do sagrado, eliminando o sedimento da tradição e da autoridade, que nos impede de experimentar o texto bíblico de maneira mais direta e imediata. Neste sentido, seu objetivo último é o reencantamento do mundo mediante a recuperação da dimensão espiritual presente na religião, como também na natureza, na arte, no amor e em outros tipos de experiência humana. A seguir, focalizarei três episódios separados que Jung analisa: a história de Jó e o problema do mal; a Encarnação e o Espírito Santo; e o papel de Maria, a mãe de Deus. Se Jung estiver certo, estas ideias e histórias estão relacionadas entre si e fazem parte de uma narrativa maior, que questiona as interpretações tradicionais, fazendo conexões que outros foram incapazes de ver.

Em primeiro lugar, podemos examinar a interpretação que Jung dá à história de Jó. Esta é uma história que sempre perturbou as pessoas, porque o protagonista, Jó, é tratado por Deus da maneira mais injusta e não existe nenhuma solução satisfatória. Jó é um homem bom. No início da história ele é devoto, próspero e feliz; mas então chega satanás com um plano para testar sua integridade, levando-o a sofrer o pior

---

68. Para este e outros planos de fundo para *Resposta a Jó*, cf. JUNG, C.G. *Answer to Job*. Princeton: Princeton University Press, 2010, p. vii-x. • Também o excelente relato erudito: BISHOP, P. *Jung's answer to Job*: A Commentary. Nova York: Brunner-Routledge, 2002.

tipo de angústia emocional e física. A coisa realmente ruim é que Deus concorda com a provação. Como mostra Jung, neste livro bem antigo da Bíblia Javé e satanás parecem amigos íntimos – de fato, são como pai e filho. E, embora seja considerado onisciente, Javé reage com muito mau humor à sugestão de que Jó poderia ser infiel. Como Jung comenta:

> Mas por que, apesar de tudo, aceitar uma aposta gratuita com o insinuador sem escrúpulos, às escondidas, e à custa de uma criatura desamparada? Na verdade, não é um espetáculo dignificante ver com que rapidez Javé abandona seu fiel servo ao espírito mau e com que despreocupação o deixa cair no abismo do sofrimento físico e moral (JUNG, 2012b, § 579).

Evidentemente algo está ocorrendo aqui, mas o quê?

Jó se sai bem. Apesar dos protestos de seus pretensos amigos, ele sabe que não fez nada de errado e pleiteia ter sua chance de falar com Deus no tribunal. Como diz Jung, a única coisa que pode ser censurada é seu incurável otimismo de pensar que poderia apelar para a justiça divina. No início, ele está preocupado com sua própria miséria; mas, como mostra Levinas em seu ensaio sobre Jó, quando começa a refletir sobre as coisas, ele chega a perceber que para muitas pessoas – os pobres, as viúvas e os órfãos – a vida consiste realmente em sofrimento e, por isso, ele começa a aprender a compaixão pelos outros e isso o arranca de seu próprio egocentrismo (cf. LEVINAS, 1998, p. 175-186). No decurso da história, Jó se torna uma pessoa melhor, ao passo que Deus, ao responder finalmente como "a voz no turbilhão", parece petulante e maldoso. Por um longo tempo ele vocifera sua desaprovação a Jó e celebra seu próprio poder ao criar o mundo. Mas, mesmo sendo supostamente justo, ele parece não se preocupar com as tribulações de Jó, embora acabe restituindo a Jó suas posses. Como mostra Jung, em certo momento Jó se dá conta de que não vai receber a justiça divina; e, por isso, com considerável dignidade, aceita a inconsistência de Deus e a realidade que Deus não é um ser responsável, mas uma força da natureza, acerca da qual nunca podemos confiar que seja constante ou verdadeira. Com efeito, "o grande paradigma da criação por excelência é um monstro e não um homem" (JUNG, 2012b, § 621).

Desta maneira, Jung argumenta que Jó alcança um triunfo moral sobre Javé, porque, apesar da fanfarronada e intimidação de Javé, e do ordálio sem sentido que este lhe impõe, Jó não recua, permanecendo fiel a si mesmo e devotado mais do que nunca à justiça. De certa forma Javé percebe isso e fica com medo: "Ele o teme porque só se mobiliza a força, o poder, a coragem, a invencibilidade etc., contra algo que provoca o medo. Que tem Jó a ver com isto? Que vantagem tem o forte em assustar um rato?" (JUNG, 2012b, § 591).

Jung capta as nuances psicológicas aqui e em outros lugares na história. Em primeiro lugar, por que Javé concorda com a provação? Por que Javé se irrita com Jó, que parece superar este terrível teste de fidelidade, e por que não se irrita com satanás, que o manipulou e o impeliu a fazer algumas coisas horríveis? Em outras partes do Antigo Testamento, Javé esbraveja contra a humanidade, ameaça destruí-la e às vezes cumpre suas ameaças. Ele exige que Abraão prove sua lealdade sacrificando seu próprio filho; e nem sempre é confiável ou particularmente bom. Mas agora que, por meio de Jó, se dá conta de sua limitação, Javé determina que irá sofrer a encarnação como um ser humano. Não porque os homens pecaram e alguém precisa pagar o preço por isso; mas porque Ele estava errado em punir Jó sem nenhuma boa razão; e a Encarnação é a expiação de Deus por seus próprios crimes contra os seres humanos.

Novamente Jung reconhece aqui a blasfêmia óbvia. Mas vê também o caráter ofensivo da história tradicional, que descreve a motivação de Deus para enviar seu filho único – ou Ele próprio – como um ser humano para viver e sofrer entre os seres humanos. De acordo com a história tradicional, nós pecamos tanto que nunca podemos saldar a dívida que contraímos; e por isso Deus, em sua misericórdia, enviou seu filho unigênito para pagar o preço dos nossos pecados com a morte na cruz. Assim como Nietzsche em *A genealogia da moral*, Jung desaprova a crueldade óbvia da visão tradicional, que reafirma a imagem veterotestamentária de Deus como um ser um tanto sádico, que exige pagamento enquanto se recusa a considerar o perdão, mesmo que isso signifique a morte de seu próprio filho[69]. Como explica Jung:

> Com isso não estamos cometendo uma injustiça contra a divindade. Muito pior do que isso seria considerar que a única maneira possível de aplacar a ira do Pai tenha sido a de que este submetesse o Filho ao martírio da cruz até a morte. Que Deus seria este que preferisse imolar o próprio Filho a perdoar com magnanimidade as suas criaturas, mal aconselha-

---

69. Cf. NIETZSCHE. *A genealogia da moral*. Dissertação segunda, seção XXIII.

das e desencaminhadas por satanás? (JUNG, 2012b, § 621).

Quando enquadramos as coisas desta maneira, é difícil afirmar a necessidade de nossa redenção; e, em minha opinião, Jung está certo em fazer perguntas, embora este seja um ponto focal da fé cristã.

Como então devemos compreender a Encarnação? Para Jung, o Javé do Antigo Testamento é um pacote de qualidades diferentes – justiça, onipotência e onisciência, também infidelidade, cólera e indiferença. Mas Ele está se tornando mais consciente das inconsistências existentes em sua própria natureza. Outros humanos, como Jó, são moralmente superiores a Ele e, por isso, "Javé deve tornar-se homem" (JUNG, 2012b, § 640). Mas agora, na pessoa de Jesus Cristo, Deus se separa de suas qualidades más para tornar-se a própria imagem da perfeição moral. Desta maneira, Ele servirá à humanidade como um guia amoroso e sua expiação pelo tratamento anterior dispensado a Jó e a outros seres humanos terminará com uma morte sacrifical. Como mostra Jung, existe uma certa lógica em tudo isso: "É [...] como se víssemos Jó e Javé unidos em uma só personalidade. A intenção de Javé de tornar-se homem, que resultou do entrechoque com Jó, realizou-se plenamente na vida e na paixão de Cristo" (JUNG, 2012b, § 648).

Ao mesmo tempo, Jung observa que, na narrativa do Novo Testamento, existem diversas passagens em que Cristo fica irascível e transtornado; e isso sugere que a personalidade subjacente de Javé ainda está presente, embora geralmente tenha sido superada e substituída pela nova imagem de Deus como o *Summum Bonum*. Cristo é a bondade absoluta; mas, como argumenta Rudolf Otto em seu clássico *O sagrado* (2007), nós perdemos muito do poder do sagrado quando este é reduzido ao poder do bem. Para Otto o ponto crucial da religião é a experiência do *mysterium tremendum*, que é ao mesmo tempo atraente e repugnante; é uma experiência tranquilizadora – diz ele –, mas também bastante aterradora e questiona todo o nosso ser. Está ligada ao bem; mas não pode limitar-se apenas ao bem, porque tem também seu lado sombrio. Com a Encarnação, porém, Javé parece abandonar seu lado sombrio ou sua "sombra". Mas, por fim, este aspecto está fadado a reafirmar-se, porque foi reprimido, embora esteja oculto por ora.

Neste ponto, Jung alude ao *Livro do Apocalipse*, em que o Cordeiro de Deus, antes tão dócil e meigo, torna-se um animal monstruoso dotado de chifres, que abre os Sete Selos e assim desatrela os quatro cavaleiros do Apocalipse e todo tipo de catástrofe cósmica sobre o mundo.

> A imagem que ele [João] tem de Cristo, perturbada porém por sentimentos negativos, transformou-se na imagem do vingador cruel que, em última análise, nada tem a ver com um Redentor. [...] Só o paradoxo grotesco do Cordeiro "colérico" bastaria para suscitar esta suspeita. Podemos olhá-lo sob todos os ângulos possíveis, mas o vingador e juiz, contemplado à luz do evangelho do amor, é e continua a ser uma figura tenebrosa (JUNG, 2012b, § 715).

A questão aqui é que a Encarnação não foi basicamente bem-sucedida. E não deveríamos esforçar-nos para ser perfeitos, porque a perfeição é um falso ideal que leva à unilateralidade e à ausência de totalidade. Como mostra Jung, tudo aquilo que nos recusamos a enfrentar ou afastamos de nós não deixará de se reinstalar num nível mais profundo:

> Ora, no inconsciente acha-se tudo o que é rejeitado pela consciência, e quanto mais cristã é esta consciência, tanto mais o inconsciente se comporta de forma pagã, se ainda se encontrarem valores de importância vital no paganismo rejeitado, isto é, se a criança (como acontece frequentemente) foi atirada fora juntamente com a água com que foi banhada (JUNG, 2012b, § 713).

Aqui Jung pode ter em mente São João (que, de acordo com a tradição, escreveu o evangelho do amor e o Livro do Apocalipse), São Paulo ("se teu olho te leva a pecar, arranca-o") e os primeiros Pais da Igreja, inclusive Santo Agostinho, que pregou a pecaminosidade do sexo e a necessidade de praticar um ascetismo austero. Este é também o outro lado da moeda do evangelho do amor, com a aversão às nossas limitações humanas e a *necessidade* de sentir-se imperfeito ou quebrantado.

Este ponto merece ser desenvolvido: no cristianismo a perfeição é a meta usual e somos ensinados a viver na imitação de Jesus Cristo. Mas não somos perfeitos e, por isso, reprimimos tudo o que não queremos aceitar acerca de nós mesmos, e vivemos nossa vida com um forte sentimento de nossa própria inadequação, porque nunca podemos estar à altura do ideal de perfeição. A perfeição é unilateral e incompleta, mas Jung argumenta que a *totalidade* é um ideal muito mais relevante. Sem dúvida, ela requer reflexão e autocompreensão, porque implica viver uma vida que unifica todos os diferentes aspectos da pessoa que somos – espiritual, físico, emocional, masculino e feminino etc. A integralidade pode ser sempre "imperfeita" em alguns aspectos; mas, como observa Jung, a perfeição é sempre incompleta "e por isso constitui um estado final terrivelmente estéril" (JUNG, 2012b, § 620). E novamente: "Não há caminho algum que conduza ao futuro, passando pela imperfeição, a não ser uma reversão, isto é, uma catástrofe do ideal, que poderia ser evitada pelo ideal da integralidade feminina" (JUNG, 2012b, § 627). Em seu próprio livro, David Tacey argumenta que esta é uma distinção importante, que nos ajuda a compreender o apelo dos movimentos espirituais contemporâneos: porque, se a *religião* busca uma aproximação à perfeição e celebra esse ideal, então a *espiritualidade* tem a ver mais com uma vida equilibrada e completa, na qual estabelecemos uma relação com a realidade e o sentido últimos (cf. TACEY, 2001).

Neste sentido, a solução de Jung consiste em buscar a possibilidade de uma nova encarnação, que transcenderia ou completaria os dois estágios anteriores da assertividade de Deus e de sua perfeição. Mas ele não afirma isso em oposição ao ensino da Bíblia e observa que, antes da crucifixão, o próprio Cristo promete a seus discípulos que enviará outro consolador ou um "advogado". Este é o Espírito Santo, o Paráclito, que é o terceiro aspecto da Trindade. Como escreve Jung:

> A futura inabitação do Espírito Santo nos homens equivale a uma progressiva e continuada encarnação de Deus. Cristo, enquanto Filho de Deus gerado e enquanto mediador preexistente, é um primogênito e um paradigma divino que será seguido por outras encarnações

do Espírito Santo no homem concreto e real (JUNG, 2012b, § 693).

Um dos problemas com a Encarnação original é que Cristo não é completamente humano – embora tenha morrido na cruz, Ele nasceu sem pecado e foi o produto de uma união entre Deus e a excepcional Maria, que também nasceu sem pecado. Mas agora o Espírito Santo vai entrar nos seres humanos com toda a humanidade bruta deles, com suas virtudes e seus vícios, com suas mentes e seus corpos, de modo que, por meio do Espírito Santo, possamos alcançar a integração final de todas as nossas qualidades, inclusive o lado sombrio de nossa natureza, que geralmente é repudiado ou projetado nos outros. Jung cita o Evangelho de João em que Cristo diz significativamente: "Quem crê em mim também fará as obras que eu faço. E fará ainda maiores do que essas" (JUNG, 2012b, § 692). Isso sugere que o princípio divino pode entrar em todos nós, o que significa que a Encarnação original não foi um acontecimento único e excepcional. Ela se renova continuamente e existe sempre a possibilidade de uma revelação *ulterior*, que mostra o desdobramento do cristianismo como uma religião viva em oposição a um conjunto de ensinamentos fixados de uma vez por todas.

Assim Deus finalmente se torna homem e o homem descobre Deus dentro de si próprio. Clodagh Weldon (2011) observa que, até certo ponto, Jung está considerando as histórias bíblicas pela lente de sua própria psicoterapia. Porque, em *Resposta a Jó*, ele passa de Javé (a vida inconsciente) a Cristo (como autoafirmação consciente ou ego), chegando ao Espírito Santo (que corresponde à integração). Para qualquer pessoa familiarizada com a teoria Jung, todo este movimento que implica as três pessoas de Deus é um exemplo daquilo que ele denomina "individuação". A individuação é um processo que abrange autocompreensão e a experiência do crescimento pessoal; e é a maneira como integramos todos os aspectos diferentes de nós mesmos, a fim de nos tornar um ser humano completo. É uma ideia importante na teoria psicanalítica de Jung e retornaremos a ela mais adiante. Talvez se diga que Jung impõe esta estrutura a um texto que lhe é basicamente estranho. Mas, na medida em que ela ilumina o texto e encontra significado em algumas passagens difíceis – como o tratamento que Deus dispensa a Jó ou o envio de seu próprio filho para sofrer uma morte angustiante em vez de simplesmente perdoar-nos –, penso que isso angaria apoio à credibilidade de sua própria postura teórica e à estrutura que ele utiliza.

Em *Resposta a Jó*, Jung gasta algum tempo tentando recuperar uma tradição feminina oculta que se encontra na Bíblia, embora raramente seja o foco de nossa atenção crítica. Em *Provérbios*, por exemplo, Javé tem a Sofia, que é a personificação feminina da sabedoria e uma parte da personalidade divina tomada separadamente da unidade de Deus. A Sofia estava com Deus na criação do mundo: "Quando assentava os fundamentos da terra, eu estava lá, como predileta a seu lado, era toda encantamento dia após dia" (JUNG, 2012b, § 609). Ela lhe dá conselhos e o leva à autorreflexão. Em seguida, Israel é denominado explicitamente "esposa" de Javé (JUNG, 2012b, § 619). E Jung nos remete a muitas referências na Bíblia e nos Apócrifos, em que um princípio feminino é hipostasiado como parte do divino. Não causa surpresa, portanto, que Jung esteja sumamente interessado na representação da Virgem Maria e é estimulado pela doutrina da Assunção que o papa proclamara recentemente – em 1950 – como um dos artigos da fé católica.

Jung argumenta que geralmente falta ao cristianismo um forte arquétipo feminino que apele à nossa necessidade espiritual. O *cristianismo* é uma religião patriarcal, mas existem lampejos fascinantes do feminino – na Sofia, em Lilith, a mulher que aparentemente precede Eva como mulher de Adão, e especialmente em Maria que se torna a Mãe de Deus. O problema é que Maria não é uma mulher comum: ela é considerada virgem, apesar de ser mãe de Cristo; de acordo com a doutrina da Imaculada Conceição, ela nasceu sem pecado; e, de acordo com a Assunção, ela foi arrebatada ao céu imediatamente após sua morte. Maria não precisa aguardar a ressurreição, mas vai imediatamente para a corte celestial onde intercede por todos os seres humanos. Neste sentido, a proclamação do papa é apenas o reconhecimento final de uma compreensão popular:

> Há muito tempo se sabia que um profundo desejo despertara no coração das massas, no sentido de que a Intercessora e *Mediatrix* dos homens ocupasse o seu devido lugar junto à Santíssima Trindade e fosse recebida "como rainha do céu e esposa na corte celeste". Ademais, era ponto pacífico, há mais de mil anos, que a Mãe de Deus já estava lá, e sabemos também, pelo Antigo Testamento, que a Sofia se encontrava junto a Deus antes da criação (JUNG, 2012b, § 748).

A partir desta perspectiva do símbolo e do arquétipo, se não a partir da perspectiva oficial da teologia, Maria se torna Deus, ou Deusa; e para Jung isso não é apenas o nascimento de um novo deus, mas "uma encarnação progressiva e continuada de Deus, que teve início em Cristo" (JUNG, 2012b, § 749). Desta maneira, o princípio divino do feminino é reconhecido e recebe um lugar de honra, que pode corresponder à nossa própria intuição acerca destas coisas. Hoje temos mais probabilidade de ver o feminino divino na natureza e é isso que tanto inspira nosso interesse e devoção ao mundo natural. Finalmente estamos começando a compreender que a natureza não é apenas um recurso a ser utilizado egoistamente; e a preocupação pelo meio ambiente – com a poluição, com a preservação das espécies e com o superdesenvolvimento etc. – resulta do carinho pela natureza como um pai/mãe amoroso que cuida de nós. Por isso, embora Deus tenha criado a natureza, *ela* é reverenciada agora como a boa mãe que nos dá sua fartura e nos proporciona nosso lar; e, quando é ameaçada pela catástrofe ecológica, ou pelo abuso, ela – a Deusa – desperta um sentimento de indignação.

Novamente existe aqui uma questão mais geral relativa aos perigos da repressão: Freud sempre insistiu nos problemas associados à repressão sexual, mas para Jung existem outros tipos de repressão dos quais também precisamos estar conscientes. O cristianismo e a cultura ocidental em geral sofreram a repressão do feminino, e isso corrobora a ideia de que as religiões contemporâneas são unilaterais. Isso significa que nem sempre as mulheres conseguem reconhecer-se nas imagens e símbolos do divino, e qualquer religião pode se tornar uma reserva masculina. Ao escrever sobre a doutrina da Assunção, por exemplo, Jung celebra a recente proclamação papal. Mas depois acrescenta: "Elas [as consequências da decisão papal] deixam o ponto de vista protestante entregue ao *odium* de uma religião puramente masculina, que não tem uma representação metafísica da mulher" (JUNG, 2012b, § 753). Entre as outras coisas que foram reprimidas na cultura ocidental estão: o *corpo* – ou o físico em oposição ao espiritual; a *natureza*, que sempre foi tratada como um objeto a ser dominado e controlado; e o *mal*, ou quaisquer aspectos negativos de nós mesmos ou da nossa cultura que não queremos enfrentar. Jung viu o perigo real associado à repressão *espiritual*. Quando vivemos numa sociedade secular, tudo o que é real precisa ser mensurável, e as explicações materialistas são muitas vezes as únicas aceitáveis. A religião está em declínio, porque está sobrecarregada de ideias e dogmas recebidos, e de caminhos estabelecidos que seus adeptos têm obrigação de seguir. Numa situação como esta, a espiritualidade é reprimida; somos arrastados para vícios e outros tipos de abstenção, e torna-se difícil prosseguir numa autêntica vida espiritual.

5.2 Respostas a Jung

Quando apareceu pela primeira vez, o livro de Jung foi alvo de uma grande quantidade de críticas e de algumas resenhas devastadoras. Muitos apoiadores religiosos e defensores da fé ficaram perturbados com a obra de Jung, porque parecia zombar de ideias religiosas tradicionais – entre as quais, de maneira sumamente escandalosa, a bondade de Deus – ao reelaborar narrativas bíblicas na linha da psicologia junguiana. A mais conhecida aqui é a resenha do Pe. Victor White, que havia sido um dos correspondentes próximos de Jung, mas rompeu com ele por causa deste livro[70]. Enfocar o lado sombrio de Deus era suficientemente ruim, mas exigir novas encarnações de Deus além de Jesus Cristo era uma blasfêmia final que nunca poderia ser aceita. White sempre havia esperado que a psicologia junguiana ofereceria um novo caminho para o transcendente e é possível que a postura geral de Jung pode ter estimulado esta leitura.

No fim de *Resposta a Jó*, por exemplo, Jung parece equiparar a realidade de Deus ao arquétipo da totalidade. Ele nunca afirma que a realidade de Deus é realmente igual ao arquétipo da totalidade; mas, dadas as limitações da compreensão humana – como declarou Kant, por exemplo –, parece que nunca podemos conhecer a realidade última, que deve permanecer para sempre transcendente à experiência humana. Mas a figura de Deus está também dentro de nós e, de acordo com Jung, ela corresponde ao arquétipo do Si-mesmo, que é a realidade superior que abarca o eu, o inconsciente e todas as determinações da vida psíquica. E, como todos os arquétipos, esta figura é experimentada como um ser independente que está "separado" dentro de nós com uma energia própria:

> A imagem de Deus não coincide propriamente com o inconsciente em si, mas com um conteúdo particular deste último, isto é, com o arquétipo do Si-mesmo. Este último já não podemos separar, empiricamente, da imagem de Deus. [...] A fé tem razão, quando faz o homem ver e sentir no mais profundo de si mes-

---

70. Cf. a análise que Bishop faz da recepção de *Resposta a Jó*: BISHOP, P. *Jung's answer to Job*: A commentary. Nova York: Brunner-Routledge, 2002, p. 44-50.

> mo a imensidão e inacessibilidade de Deus; mas ela também nos ensina a proximidade, e mesmo a imediata presença de Deus. É precisamente esta proximidade que deve ser empírica, se não quisermos que ela seja inteiramente desprovida de importância. Só posso conhecer como verdadeiro aquilo que atua em mim. Mas o que não atua em mim pode também não existir. A necessidade religiosa reclama a totalidade, e é por isso que se apodera das imagens da totalidade oferecidas pelo inconsciente, que emergem das profundezas da natureza psíquica independentemente da ação da consciência (JUNG, 2012b, § 757).

Mas isso é muito mais problemático para o crente tradicional como Pe. White, que escreveu, com certa ambivalência, que:

> Um leitor cristão deveria ouvir, por baixo de toda provocação, por trás da aparente zombaria de tudo o que é mais sagrado e mais caro, um grito profundamente comovente de angústia, um sinal reprovador de aflição. Mas ele deveria observar também que, por mais destrutivo e infantil que este livro possa parecer, seus objetivos são eminentemente construtivos e que o desafio que lança a nós mesmos e aos nossos contemporâneos é imperativo e urgente (WHITE, 1960, p. 249).

É evidente que White estava dividido entre a força de sua própria fé tradicional e a força irresistível da crítica psicológica de Jung, que ele não podia simplesmente rejeitar imediatamente. O resultado é uma resenha na qual é evidente sua angústia pessoal.

Em *Resposta a Jó*, Jung não se opõe à religião e ao poder do sagrado de inspirar e aprimorar nossa vida. Mas parece acolher todos os teólogos que acreditam que a religião é razoável e que o cristianismo é apenas uma questão de senso comum. E, se aceitamos este padrão de racionalidade, talvez precisemos permitir que Jung apresente uma nova interpretação original e fascinante da Bíblia, que nunca recebeu nada semelhante a uma resposta convincente e razoável. O ponto final é mais especulativo e pertence à fé: se a religião e a espiritualidade são forças realmente vivas, faz sentido pensar a Encarnação como algo que ainda está em andamento no mundo – e, como vimos, existe apoio escriturístico para essa afirmação. Jung argumenta que, se Deus e o sagrado são considerados totalmente transcendentes, talvez nunca tenham qualquer relevância para os seres humanos viventes. É assim porque, na linguagem de Kant, não podemos conhecer o númeno (*noumenon*) e estamos limitados às aparências. Mesmo assim, Jung afirma que Deus ou a imagem de Deus podem ser experimentados a partir do interior. Porque, independentemente do eu, existe o Si-mesmo (junguiano), que é a Unidade de nosso ser, e isso pode ou não equivaler ao que denominamos "Deus". Jung comenta: "Não podemos saber se a divindade e o inconsciente constituem duas grandezas diferentes; ambos são conceitos-limite para conteúdos transcendentais" (JUNG, 2012b, § 757).

Em minha opinião, isso significa que podemos *experimentar* o divino, mas nunca podemos conhecê-lo inteiramente, porque só podemos *conhecer* as coisas em relação com as categorias que projetamos no mundo. Neste contexto, porém, Jung está propondo a importante ideia de que a "encarnação", a "iluminação", ou seja, como for que preferirmos chamá-la, é algo que pode acontecer repetidamente. No cristianismo isso é alcançado mediante o trabalho do Espírito Santo, porque "com a inabitação da terceira pessoa divina, isto é, do Espírito Santo no homem, opera-se uma cristificação de muitos" (JUNG, 2012b, § 758). Mas, ao mesmo tempo, como Jung passa a esclarecer no fim de seu livro:

> Isto significa que até mesmo o homem iluminado permanece aquilo que é, nada mais do que o seu próprio eu colocado em face daquele que habita em seu íntimo, cuja figura não tem limites definidos e reconhecíveis, e que o envolve por todos os lados, profundo como os fundamentos da terra e imenso como a vastidão dos céus (JUNG, 2012b, § 758).

Aqui a questão é que existem sempre razões para agradecer; a vida espiritual e religiosa continuará porque não existe uma revelação *final*; e, desta maneira, a imagem do Divino é refinada e aprimorada mediante um processo de desdobramento que corresponde à "individuação" na vida de um ser humano. E Deus, o Sagrado, o Absoluto, ou Realidade Última podem ser experimentados a partir de dentro.

5.3 A individuação

Em seu ensaio "O eu e o inconsciente", Jung define o conceito de individuação da seguinte maneira:

> Individuação significa tornar-se um ser único, na medida em que por "individualidade" entendermos nossa singularidade mais íntima, última e incomparável, significando também que nos tornamos o nosso próprio Si-mesmo. Podemos,

pois, traduzir "individuação" como "tornar-se Si-mesmo" ou "o realizar-se do Si-mesmo" (JUNG, 2022a, § 266).

Ora, a julgar pelas aparências, isso pode sugerir uma espécie de narcisismo ou egocentrismo com exclusão das metas coletivas; mas Jung se esforça para distinguir a individuação do individualismo e mostra, muito sensatamente, que a nossa "performance social" depende realmente da realização da nossa natureza pessoal. Em outro lugar ele comenta:

> Uma vez que o indivíduo não é um ser único, mas pressupõe também um relacionamento coletivo para sua existência, também o processo de individuação não leva ao isolamento, mas a um relacionamento coletivo mais intenso e mais abrangente (JUNG, 2013, § 853).

A narrativa de Jung pode sugerir uma doutrina acrítica da autenticidade, na qual o verdadeiro Si-mesmo é descoberto sob os "falsos invólucros da persona" e separado da força sugestiva das imagens primordiais. Mas a individuação é um processo ativo, no qual o indivíduo emerge mais plenamente para a luz do dia; e isso é uma questão de criação e, ao mesmo tempo, um processo de descoberta, na linha do artista que produz uma obra de arte – embora neste caso a obra de arte seja a própria vida. O resultado é um indivíduo que já não é egocêntrico, mas ampliado e aprimorado mediante sua relação com o Si-mesmo subjacente e "superordenado", que inclui tanto o inconsciente pessoal quanto o inconsciente coletivo:

> Desta forma, vai emergindo uma consciência livre do mundo mesquinho, suscetível e pessoal do eu, aberta para a livre-participação de um

> mundo mais amplo de interesses objetivos. Essa consciência ampliada não é mais aquele novelo egoísta de desejos, temores, esperanças e ambições de caráter pessoal, que sempre deve ser compensado ou corrigido por contratendências inconscientes; tornar-se-á uma função de relação com o mundo de objetos, colocando o indivíduo numa comunhão incondicional, obrigatória e indissolúvel com o mundo (JUNG, 2022a, § 275).

E isso seria a realização da individuação.

A individuação é uma das chaves para a obra de Jung. E deriva da compreensão de que nossa vida psíquica é intrinsecamente proposital por natureza. Evidentemente o eu pode resistir, porque não vê o grande quadro e se sente confortável com a maneira como as coisas são. Mas o Si-mesmo, que é o centro de todo o nosso ser, registra a necessidade de uma mudança em momentos decisivos de nossa vida e este impulso vem de dentro; não é apenas uma resposta a acontecimentos externos:

> Pelo contrário, há muitas experiências que parecem demonstrar a espontaneidade do inconsciente e sua possibilidade de apropriar-se da direção do processo psíquico. São inúmeros os casos de pessoas que permaneceram estagnadas numa inconsciência mesquinha, até que por fim se tornaram neuróticas. A neurose desencadeada pelo inconsciente tira-as da apatia, muitas vezes contrariando sua preguiça e sua desesperada resistência (JUNG, 2022a, § 290).

Por exemplo, posso sonhar com a morte quando é realmente o momento de fazer algumas mudanças em minha vida e posso perder o interesse por outras coisas que anteriormente eu considerava importantes. E isso inicia o processo de individuação, no qual enfrentamos a nossa própria unilateralidade e recuperamos o sentido da totalidade.

Em suas preleções sobre religião e psicologia, Jung apresenta o exemplo de um de seus pacientes, um homem idoso e cientista, que se convencera de que estava morrendo de câncer e mantinha esta crença, embora todos os exames mostrassem que ele estava perfeitamente bem. Jung chegou a acreditar que a fobia do homem e sua neurose eram uma mensagem vinda de seu Si-mesmo mais profundo ou psique, que seu eu consciente não podia de início aceitar. Até então o homem vivera uma vida completamente racional e metódica, mas sua existência unilateral se tornara uma espécie de morte espiritual. Como se expressa Jung: "Submeteu tudo à lei inexorável de seu entendimento, mas em alguma parte a natureza se furtou sorrateiramente, vingando-se dele, sob o disfarce de um disparate absolutamente incompreensível: a ideia de um carcinoma" (JUNG, 2012a, § 27). Assim, embora bem-sucedido em termos mundanos, ele não podia continuar vivendo desta maneira, porque estava amputado da vida espiritual, e a cura só seria possível se o homem aceitasse a mensagem que lhe estava sendo dada e mudasse sua vida de acordo:

> Que resposta daremos, pois, a nosso enfermo do carcinoma imaginário? Eu diria: "Sim, meu amigo, sofres, na verdade, de um mal de natureza cancerosa. Abrigas, com efeito, um mal mortal que não matará teu corpo, porque é imaginário. Mas acabarás por matar tua alma. Já arruinou e envenenou tuas relações huma-

nas e tua felicidade pessoal, e continuará a estender-se cada vez mais, até engolir toda a tua existência psíquica; chegarás ao ponto de não ser mais uma criatura humana, e sim um tumor maligno e destruidor" (JUNG, 2012a, § 19).

O sintoma da cancerofobia não é em si uma doença, porque o estava advertindo de um problema mais profundo que ele deveria enfrentar imediatamente. Com efeito, ele estava dizendo a si mesmo: "Você precisa mudar sua vida!" E, apesar de resistir de início, ele finalmente chegou a perceber a sabedoria superior do inconsciente. O caso sugere que é inteiramente possível tornar-se mental ou fisicamente doente por causa de uma falta de sentido ou de uma vida espiritual empobrecida.

Neste exemplo, a cancerofobia do homem inicia o processo de individuação, afastando o indivíduo de sua unilateralidade e encaminhando-o para a totalidade. Existem outros casos nos quais Jung descreve a importância dos sonhos para levar as pessoas a uma reviravolta significativa; e, na literatura, um conhecido exemplo de tipo diferente aparece na história de Tolstói *A morte de Ivan Ilitch*: Ivan Ilitch era um funcionário público que levava uma existência completamente apagada e rotineira, dedicada aos seus deveres sociais e ao entorno social. Mas finalmente foi sacudido desta infeliz satisfação logo que se tornou inevitavelmente claro para ele que iria morrer em breve, embora, como insistia continuamente, não tivesse feito nada de errado. No fim de sua vida, Ivan finalmente conformou-se com sua "vida não vivida" e fez algumas correções. Como Jung entendeu, e como a história de Tolstói parece confirmar, a psique é intrinsecamente intencional e orientada para a vida espiritual e o sentido. Ela não é apenas um registro passivo de memórias e desejos, porque molda ativamente e compensa o eu consciente – nos sonhos, sintomas e pressentimentos – e nos aproxima do equilíbrio psíquico e da totalidade.

Jung chegou a dar-se conta de que o processo de individuação pode acontecer, quer o queiramos ou não, porque mudamos e evoluímos naturalmente no decurso da vida, especialmente na segunda metade de nossa vida, quando não estamos mais tão orientados para o eu. Nesse momento talvez tenhamos deixado nossas impressões no mundo e explorado os limites da autoafirmação e nos tenhamos aproximado da realidade maior da qual o eu é apenas uma parte. Agora podemos assumir o controle do processo de individuação de maneira mais deliberada e atenta, mediante uma "compreensão crítica", que implica um diálogo entre o eu consciente e o inconsciente, a fim de interpretar a sabedoria do Si-mesmo mais profundo. E isso inclui tudo o que nos é dado em sintomas ou em sonhos, que o Si-mesmo consciente pode *amplificar* e compreender.

À luz do argumento de Jung exposto em *Resposta a Jó*, parece que a individuação está relacionada com o arquétipo de Deus ou da totalidade presente no inconsciente coletivo, de modo que a individuação pode realmente ser a parte divina da vida humana e uma fonte de nosso significado cósmico. Como já observamos, Jung comenta, mais para o fim de seu livro, que "com a inabitação da terceira pessoa divina, isto é, do Espírito Santo no homem, opera-se uma cristificação de muitos" (JUNG, 2012b, § 758). Mas isso não significa que todos nós nos tornamos deuses, porque Jung pensa que a individuação é de fato muito rara; e, da mesma maneira,

> Até mesmo o homem iluminado permanece aquilo que é, nada mais do que o seu próprio eu colocado em face daquele que habita em seu íntimo, cuja figura não tem limites definidos e reconhecíveis, e que o envolve por todos os lados, profundo como os fundamentos da terra e imenso como a vastidão dos céus (JUNG, 2012b, § 758).

No entanto, isso sugere que o divino e o humano estão entremisturados e que Deus, o Sagrado, o Absoluto ou Realidade e sentido últimos podem ser experimentados na vida individual mediante o processo de individuação, no qual nos recriamos como seres humanos equilibrados e completos.

Jung é um pensador espiritual que leva a sério a religião e projeta um retorno ao sagrado e às forças arquetípicas da vida. Em sua obra *Resposta a Jó*, ele descreve o desdobramento da natureza de Deus da maneira como é descrita na Bíblia e insiste particularmente na história de Jó e na Encarnação. Na narrativa de Cristo acerca do Espírito Santo, ele vê a possibilidade de novas encarnações, porque parece que o divino não está apenas fora de nós, mas pode também se tornar uma parte de quem somos. Neste capítulo argumentei que, para Jung, o autodesdobramento de Deus corresponde àquilo que ele descreve alhures como o processo de individuação, porque a meta nos dois casos é a meta da totalidade e da realização de nosso próprio ser único. Neste sentido, a individuação pode ser considerada uma atividade espiritual, na qual cultivamos o divino dentro de nós e assim podemos continuar o processo da Encarnação.

Hoje Jung é muitas vezes ignorado pelos estudiosos nos meios acadêmicos e parece não ter lugar na psicologia, na filosofia ou nos estudos religiosos. Jung emergiu do movimento psicanalítico e, de muitas maneiras, sua ênfase na espiritualidade é uma resposta direta ao reducionismo biológico de Freud e à exaltação da libido. Mas hoje sua obra parece estar em desacordo com a ciência moderna e com o Pós-Modernismo contemporâneo, que enfatiza nossa natureza fragmentada e a ausência de grandes narrativas que poderiam dar um sentido à nossa experiência humana coletiva. Mesmo assim, Jung é um pensador audacioso que conhece a fundo a ciência, a medicina, a alquimia antiga e medieval, a religião não ocidental, o cristianismo e a filosofia. Por fim, ele continua sendo um dos mais importantes filósofos espirituais da época moderna. Seu trabalho perdurará e ele continuará a inspirar-nos no nível espiritual mais profundo.

6 HILLMAN SOBRE O ESPÍRITO E A ALMA

A espiritualidade é difícil de articular e pode-se dizer que qualquer tentativa de expressá-la em palavras deve ser uma espécie de falsificação. Isso ocorre porque a experiência espiritual parece transcender os nossos conceitos racionais e a realidade espiritual parece estar em descontinuidade com a vida ordinária. Também não existem medidas objetivas da espiritualidade e, pelo fato de acreditarem que tudo aquilo que não pode ser medido não existe, algumas pessoas concluem que não existe verdade espiritual – o que significa que tudo aquilo que se refere à espiritualidade é puramente subjetivo ou emocional. Com o declínio da religião e o surgimento de ideias científicas redutivas, as ideias tradicionais acerca da espiritualidade estão sendo cada vez mais questionadas. Com efeito, a própria possibilidade da espiritualidade está sob ameaça e, por isso, precisamos de novas perspectivas sobre a vida espiritual que tenham sentido para nós, especialmente se nosso objetivo é recuperar um sentimento do sagrado.

Neste capítulo revisarei algumas das ideias recebidas acerca da espiritualidade, entre as quais "espírito", "alma" e "autossuperação", e concentrarei minha análise em James Hillman, um pensador pós-junguiano e psicanalista, cuja obra é provocativa, mas também extremamente útil para refletir cuidadosamente sobre as coisas. Hillman critica o ponto de vista tradicional acerca da espiritualidade, mas ao mesmo tempo afirma a realidade da experiência espiritual e proporciona uma perspectiva atraente acerca dos elementos da vida espiritual. Isso é importante porque, com o surgimento da cultura de consumo e a recusa de levar a sério a vida espiritual, parece que estamos sofrendo a ausência do sagrado – e isso diminuiu nossa experiência e desencantou a realidade do mundo. Por isso, torna-se necessário revisar as categorias básicas da vida espiritual, para verificar se a espiritualidade ainda é relevante e viável. A seguir, não pressuporei uma definição específica de espiritualidade; e, na linha de Jung, buscarei, em oposição a uma perspectiva transcendente, uma perspectiva imanente que permite a possibilidade de viver uma vida espiritual, independentemente das crenças de alguém acerca de Deus ou da natureza da realidade última. Aqui a obra de James Hillman é de particular interesse, na medida em que oferece uma leitura explícita do espírito, da alma e da autossuperação a partir de um ponto de vista fenomenológico imanente. Em grande parte, a espiritualidade e a religião se sobrepõem, mas o número crescente de pessoas que se identificam como "espirituais, mas não religiosas" ilumina algumas das deficiências da religião organizada, como também as limitações do secularismo tradicional enquanto filosofia a ser vivida na prática. Reflete também o surgimento de uma cultura "pós-secular", na qual a espiritualidade pode ser levada a sério por si própria e não apenas como um anexo da religiao. Disto se segue que a espiritualidade pode ser considerada uma forma singular de experiência.

Antes de nos voltarmos para Hillman, porém, desejo considerar três temas básicos que tradicionalmente são associados à espiritualidade: em primeiro lugar, existe a ideia, encontrada em muitas tradições sapienciais diferentes, de que a vida espiritual começa com a morte do eu; porque é isso que nos permite fugir dos horizontes tacanhos de nossa existência egoísta e participar da realidade maior à qual pertencemos. No cristianismo, temos a obrigação de abandonar nossa vontade egoísta e seguir a vontade de Deus. No budismo, ensina-se a rejeitar a ideia do eu como um ser independente separado e a cultivar a compaixão, que implica um sentimento da interconexão de todos os seres. No hinduísmo, o eu é uma ilusão; é apenas um sonho do qual podemos despertar, enquanto o Eu subjacente, ou Atman, forma uma unidade com Brahman, que é a realidade incondicionada última. Em todas estas tradições sapienciais diferentes, portanto, a ideia subjacente é que não podemos fazer nenhum progresso espiritual se não superarmos o eu egoísta que prioriza suas próprias metas e ambições particulares, porque este eu torna muito mais difícil conectar-nos com a realidade maior à qual todos nós pertencemos. Poderíamos apresentar mais exemplos – o estoicismo, o taoísmo etc. –, mas o ponto fundamental é que a vida espiritual pressupõe a autossuperação.

A segunda ideia é que a espiritualidade implica uma fuga dos valores ordinários, como poder, dinheiro e sucesso pessoal, e um foco nas preocupações últimas, como viver uma vida significativa e compreender a verdade da realidade última. Na história da caverna de Platão, que ilustra a condição humana, os prisioneiros estão acorrentados a um banco e totalmente preocupados com as sombras que estão à sua frente projetadas na parede da caverna. Isso sugere que somos escravos de todas as ideias recebidas e dos preconceitos herdados de nossa cultura; embora, se pudermos sair da caverna, haveremos de experimentar a iluminação e a conexão com o bem mais alto[71]. De acordo com a lenda, Buda passou a primeira metade da vida como príncipe num grande palácio. Desfrutou a vida, mas certo dia saiu e encontrou um homem doente, um idoso e um morto, e pela primeira vez percebeu o problema do sofrimento que até então havia evitado. Poderia ter retornado ao palácio e vivido confortavelmente pelo resto da vida; mas, ao invés, tornou-se um buscador espiritual que procurava respostas para algumas das perguntas básicas: Como devo viver? O sofrimento mina o valor da vida? E como podemos alcançar o desapego? Desta maneira, é possível fugir do esquecimento espiritual que caracteriza boa parte de nossa vida.

A terceira ideia acerca da espiritualidade está relacionada com as outras duas, e afirma que a espiritualidade deve ser entendida como uma espécie de busca ou jornada que vai da esfera inferior até o nível mais alto do ser. Assim, como já observamos, a história da caverna de Platão sintetiza a vida espiritual. Nós vivemos numa caverna e estamos fixados em sombras. Mas é possível nos libertar das ideias recebidas e subir para a luz do Bem, ou ser absoluto. Como veremos, esta subida para a verdade é repetida frequentemente em outras narrativas espirituais, entre as quais o relato de Santo Agostinho acerca de sua visão celestial em Óstia, e isso é sentido como uma experiência de pico, que significa nossa fuga da história, do mundo e de nosso próprio eu ordinário.

Neste capítulo questionarei cada uma destas ideias espirituais – a necessidade de autossuperação, a rejeição de metas

---

71. Cf. PLATÃO. *A República*. Livro VII 514a-517e.

e preocupações cotidianas e a subida às esferas *superiores* do ser. Não pretendo rejeitar a espiritualidade em si ou o valor da vida espiritual; mas, de acordo com Hillman, precisamos reexaminar algumas das nossas ideias fixas acerca da espiritualidade e temas especialmente importantes como "espírito", "alma" e "autossuperação", que moldam boa parte de nosso pensar sobre a natureza da vida espiritual.

6.1 Nietzsche, Jung e Hillman

Em primeiro lugar, podemos considerar dois tipos de crítica que se pode fazer à espiritualidade. O primeiro tipo de crítica implica olhar a espiritualidade a partir de uma perspectiva política ou de uma perspectiva econômica, enquanto o segundo tipo de crítica implica pensar sobre nosso ideal inato. Evidentemente ambos os tipos de crítica podem ser válidos, mas neste capítulo meu foco recai sobre o segundo tipo de crítica, que explora a espiritualidade como uma esfera autêntica que temos negligenciado ou compreendido mal. Mas primeiramente podemos considerar a crítica externa, que examina a espiritualidade a partir de um ponto de vista mais cético.

Nossa vida cotidiana é moldada, em grande parte, pelas categorias da política e da economia, mas parece haver um importante conflito entre a esfera "espiritual" e a esfera política. Como observamos, a espiritualidade parece implicar o autocultivo e o aprimoramento que nos afasta da caverna da vida cotidiana, enquanto a política pode ser entendida como a "ciência" da caverna que procura determinar o melhor tipo de vida na caverna em que vivemos. A espiritualidade parece orientada para a realização individual, enquanto a política exige a promoção da própria comunidade. A espiritualidade pode implicar o refinamento da alma e nossa dedicação às virtudes espirituais; mas, a partir desta perspectiva tacanha, não podemos compreender as formas básicas da sociedade, entre as quais as leis e instituições que moldam nossa vida social e determinam nosso próprio bem-estar.

E, no entanto, estes argumentos não são inteiramente convincentes, porque colocam um falso dilema: Precisamos realmente escolher entre espiritualidade e política? Às vezes as duas estão em tensão entre si, mas o fato é que existem muitos indivíduos que possuem dons ao mesmo tempo espirituais *e* políticos, e utilizam sua força espiritual para lutar em prol de causas sociais e políticas, como justiça e igualdade. Nos casos mais eminentes – Martin Luther King, Dorothy Day, Mahatma Gandhi ou o Dalai Lama etc. – sua força espiritual os transforma nos líderes mais eficientes das lutas espirituais em que estão envolvidos. Com efeito, muitos movimentos – contra a pobreza, e pela paz, pelos direitos civis e pelo bem do meio ambiente – são ao mesmo tempo espirituais e políticos; e, quanto mais espirituais se tornam, tanto mais eficazes serão, visto que são inspirados por algo muito mais profundo do que o ganho pessoal ou qualquer tipo de desempenho egoísta. Portanto, embora a espiritualidade possa às vezes parecer distante das preocupações do "mundo real", existe muita sobreposição entre espiritualidade e política, e não precisamos pensar a espiritualidade como uma espécie de escapismo ou como um afastamento da vida em geral.

De maneira semelhante, não precisamos adotar a visão marxista básica de que a espiritualidade (junto com a religião) é o ópio do povo, que nos permite suportar a injustiça e a opressão presentes neste mundo. Assim como Marx, podemos considerar as condições econômicas absolutamente fundamentais, mas o fato é que nem tudo é redutível a fatores econômicos; e isso inclui respostas espirituais como a compaixão, o perdão, a benevolência e o amor. Ao mesmo tempo, porém, é claro que algumas formas de espiritualidade foram apropriadas e mercantilizadas pelo capitalismo: existem dispendiosos seminários e retiros, livros, aulas e gravações em fita, e mestres espirituais que cobram remuneração exorbitante para promulgar sua sabedoria espiritual, e tudo parece ter um preço, inclusive a sabedoria espiritual que *pensávamos* que fosse literalmente inestimável. De maneira semelhante, Slavoj Zizek argumenta que a espiritualidade contemporânea da Nova Era – ou o que ele denomina budismo ocidental – é apenas outra maneira de lidar com a implacável aceleração da vida moderna. Basicamente ela nos manda "seguir o fluxo" e como tal é "cúmplice" do que ela aparentemente desdenha:

> Em vez de procurar enfrentar o ritmo acelerador do progresso tecnológico e das mudanças sociais, dever-se-ia de preferência renunciar ao esforço de manter o controle sobre o que acontece, rejeitando-o como uma expressão da moderna lógica da dominação – deveríamos, ao invés, "deixar-nos levar", à deriva, mantendo uma distância interior e indiferença para com a louca dança deste processo acelerado, uma distância baseada na compreensão de que toda esta convulsão social e tecnológica é apenas uma proliferação não substancial de aparências que não afetam realmente o núcleo mais íntimo de nosso ser (ZIZEK, 2001, p. 12s.).

Zizek mostra que esta resposta nada mais faz do que incrementar a agenda do capitalismo global.

Por enquanto, podemos guardar na memória esta crítica, porque ela antecipa afirmações semelhantes acerca da espiritualidade na ausência da "alma" e as possibilidades mais fundamentadas da vida humana. Contra Zizek, no entanto, eu presumo que são possíveis experiências espirituais autênticas – entre as quais a compaixão, a reverência, a atenção plena, a admiração e um sentimento do sagrado ou do sublime – e que nem tudo deriva de um egoísmo racional. Existem algumas coisas que são necessárias para a vida, mas existem outras coisas que tornam a vida digna de ser vivida. E esta é uma postura dogmática que rejeita a validade da experiência espiritual desde o início. Neste capítulo, estou mais interessado na possibilidade de uma crítica espiritual que questione as ideias tradicionais *a partir de dentro* – e isso significa questionar formulações espirituais, não repudiar a espiritualidade em sua totalidade, mas a fim de recuperar uma narrativa mais autêntica da vida espiritual que corresponda à nossa experiência do mundo.

Aqui me vêm à mente diversos pensadores, entre os quais Nietzsche, Jung e especialmente Hillman. Em *Além do bem e do mal*, Nietzsche propõe exigir novas versões da hipótese da alma:

> E não só por isso, seja dito entre nós, será necessário desembarcar-se da alma e renunciar assim a uma das mais antigas e veneráveis hipóteses – tal poderia suceder ao naturalista inexperto, que, logo que se aventura a "tocar na alma", sente que ela desliza por entre os dedos. Não; temos aberto o caminho para novas

configurações e subutilizações da hipótese da alma; conselhos semelhantes ao de "alma mortal" ou "alma como pluralidade de sujeitos" ou "alma como sistema social de instintos e afetos", pretendem já direito de cidadania na ciência (NIETZSCHE, 2022a, § 12).

Como vimos, apesar de seu ateísmo, Nietzsche é um pensador profundamente espiritual. Jung segue Nietzsche ao criticar a religião tradicional, ao mesmo tempo que afirma o poder do mito e do sagrado, mas está dolorosamente consciente de que a realidade do sagrado é ameaçada pelo materialismo científico e seu ponto de vista redutivo.

Hillman é o terceiro pensador que vai nesta linha; ele contrapõe ideias conflitantes acerca do "espírito" e da "alma" e se esforça por desvencilhar o espírito da alma. Hillman é um pensador importante – e um "filósofo espiritual" – e, a seguir, focalizarei sua obra a fim de transmitir o que acredito ser uma visão consistente da espiritualidade. Esta crítica *interna* das formas espirituais tradicionais pode aprimorar nossa compreensão da espiritualidade, afirmando aspectos que no passado haviam sido negligenciados. E se, como penso, uma vida significativa está conectada com temas espirituais, seria importante então revisar termos espirituais básicos como "espírito", "alma" e "autossuperação", e é precisamente isso que Hillman faz. Nesta perspectiva, a espiritualidade *não* acarreta um afastamento do mundo, mas apenas um envolvimento mais profundo com ele; e, esclarecendo a relação apropriada entre a espiritualidade e o eu, sugere-se que uma vida espiritual autêntica implica um aprimoramento de si mesmo em oposição à perda de si mesmo, e retornar do "pico" da realização e da bem-aventurança espiritual para o sofrimento no "vale".

James Hillman foi um psicólogo de tradição junguiana, que escreveu extensamente sobre a psicologia arquetípica, o politeísmo e a base imaginal da consciência[72]. Ele tende a ser ignorado pelos filósofos contemporâneos, apesar de ser um dos mais perspicazes entre os psicólogos das profundezas. Durante alguns anos foi diretor de estudos no Instituto Jung em Zurique e, embora adotasse ideias básicas de Jung sobre o inconsciente coletivo e outros temas, foi também crítico das ideias de Jung e pode com razão ser descrito como um pensador pós-junguiano. Jung se preocupara com a perda do sentido na vida moderna; escreveu alguns livros populares, entre os quais o adequadamente intitulado *O indivíduo moderno em busca de uma alma*; e, em sua obra final, *O homem e seus símbolos*, no capítulo 1 intitulado *Chegado ao inconsciente*, lamenta o desencantamento do mundo e o declínio do mito e dos símbolos que davam significado à vida no passado. Jung foi também um cientista dedicado, mas também desconfiava das formulações tacanhas da ciência e buscou uma visão espiritual mais profunda.

> À medida que aumenta o conhecimento científico diminuiu o grau de humanização do nosso mundo. O homem sente-se isolado no cosmos porque, já não estando envolvido com a natureza, perdeu a sua "identificação emocional inconsciente" com os fenômenos naturais. E os fenômenos naturais, por sua vez, perderam aos poucos as suas implicações simbólicas. [...]

---

72. O primeiro volume da fascinante biografia de Hillman foi publicado recentemente. Cf. RUSSELL, D. *The life and ideas of James Hillman*. Vol. 1. Nova York: Helios Press, 2013.

> Pedras, plantas e animais já não têm vozes para falar ao homem, e o homem não se dirige mais a eles na presunção de que possam entendê-lo. Acabou-se o seu contato com a natureza, e com ele foi-se também a profunda energia emocional que esta conexão simbólica alimentava (JUNG, 2008, p. 95).

Neste sentido, como vimos no capítulo anterior, Jung procurou recuperar o poder do sagrado pela renovação da religião e do mito como forças vivas presentes neste mundo.

Assim como Jung, Hillman compartilha esta preocupação geral com o esquecimento espiritual da vida moderna e a necessidade de reencantamento por meio do mito, da poesia, da arte e de todas as outras forças da imaginação. Para Hillman, muitos dos nossos problemas derivam do fato de ver o mundo em termos de opostos – físico/espiritual, mente/corpo, razão/emoção etc. – e isso demarcou nossa experiência. Agora temos o *espiritual* que está enraizado na mente intelectual e racional e que é geralmente considerado o oposto de tudo o que é meramente físico. Mas, no passado, a *alma* era vista como a fonte poderosa da criatividade e da imaginação, que inspirava a intensidade da vida, e isso hoje foi perdido. Como expressa Hillman:

> Nossas distinções são cartesianas: entre a realidade exterior tangível e os estados interiores da mente, ou entre o corpo e um impreciso conglomerado de mente, psique e espírito. Perdemos a terceira posição, a posição intermédia que antigamente, em nossa tradição e em outras, era o lugar da alma: um mundo de imaginação, paixão, fantasia, reflexão, o qual, por um lado, não é físico e material e, por

outro, nem espiritual e abstrato, mas se encontra para além dos dois. Tendo seu próprio domínio, a psique tem sua própria lógica – a psicologia – que não é nem uma ciência das coisas físicas nem uma metafísica das coisas espirituais (HILLMAN, 1977, p. 67s.).

Neste sentido, como veremos, Hillman celebra a ideia de "construção da alma" como o antídoto adequado para tudo o que destrói a alma na vida moderna. Ele tem muitas obras importantes – entre as quais *Re-visioning psychology*, *The dream and the underworld* e *The soul's code* –, mas eu destacarei apenas um ensaio importante publicado em 1975. Neste ensaio, ele examina a diferença entre espírito e alma, rejeita a transcendência espiritual e defende a prioridade da alma sobre o espírito[73].

6.2 Espírito e alma

O título completo do ensaio de Hillman é: *Peaks and vales: the soul/spirit discussion as the basis for the difference*

---

[73]. Numa análise mais extensa de suas ideias sobre a alma, Hillman escreve: "Em outra tentativa acerca da ideia da alma sugeri que a palavra se refere ao componente desconhecido que torna possível o sentido, transforma os acontecimentos em experiências, é comunicada no amor e tem uma preocupação religiosa. Já apresentei estas quatro qualificações alguns anos atrás, iniciei o uso do termo de maneira livre, geralmente intercambiando-o com *psychê* (do grego) e *anima* (do latim). Agora estou acrescentando as modificações necessárias. Em primeiro lugar, 'alma' se refere ao *aprofundamento* dos acontecimentos para dentro da experiência; em segundo lugar, o significado que a alma torna possível, seja no amor ou na preocupação religiosa, deriva de sua especial *relação com a morte*. E, em terceiro lugar, por 'alma' entendo a possibilidade imaginativa presente em nossa natureza, o experimentar através da especulação reflexiva, do sonho, da imagem e da *fantasia* – essa maneira que reconhece todas as realidades como primariamente simbólicas ou metafóricas" (HILLMAN, 1977, p. x).

between psychotherapy and spiritual discipline. Neste ensaio ele esboça alguns dos traços mais fundamentais do "espírito" e da "alma" como geralmente os entendemos e mostra como o termo "espiritualidade" se tornou o termo privilegiado, que se afirma por meio do abandono do outro termo, que é *psique* ou alma. Hillman apresenta também uma breve história dos dois conceitos na tradição (cristã) ocidental, afirmando que no Novo Testamento a crescente ênfase dada ao *pneuma* mais do que à *psique* é profundamente significativa. Como observa Hillman, *pneuma* é traduzido geralmente como *espírito*, enquanto *psique* é mais frequentemente traduzida como *alma*. Evidentemente não há unanimidade entre os tradutores modernos, mas, para Hillman, a decidida preferência por *pneuma* no Novo Testamento representa um afastamento em relação à alma (ou *psique*), que é a essência de nossa personificação viva[74]. É também um movimento em direção ao espírito desencarnado que geralmente é associado à autoconsciência ou a uma existência imaterial.

Hillman afirma que esta doutrina, que aparentemente começou com São Paulo, culminou no Quarto Concílio de Constantinopla em 869, quando a tradicional tricotomia de corpo, alma e espírito foi oficialmente rejeitada. Ele escreve com um sentimento de indignação:

> O que o Concílio de Constantinopla fez à alma foi apenas a culminância de um longo processo, iniciado com São Paulo, de substituir e mascarar e de confundir para sempre alma e espí-

---

[74]. Peter Tyler analisa algumas destas questões de interpretação em seu livro *The pursuit of the poul*: Psychoanalysis, soul-making and the christian Tradition. Londres: Bloomsbury, 2016. O livro inclui um capítulo sobre Hillman.

rito. Paulo utiliza *psychê* apenas quatro vezes nas suas Cartas. Em todo o Novo Testamento, *psychê* aparece apenas cinquenta e sete vezes, comparando-se com as duzentas e setenta e quatro ocorrências da palavra *pneuma*. Que placar! Destas cinquenta e sete ocorrências da palavra *psychê* mais da metade se encontra nos Evangelhos e nos Atos. As Cartas, a apresentação da doutrina, os ensinamentos da Escolástica, podiam expor sua teologia e psicologia sem muita necessidade da palavra alma. Para Paulo, quatro vezes foram suficientes (HILLMAN, 1976, p. 115)[75].

Um pouco adiante Hillman explica a importância de suas descobertas:

> Visto que nossa tradição se voltou sistematicamente contra a alma, nenhum de nós tem consciência da distinção entre alma e espírito – e por isso confundimos psicoterapia com disciplinas espirituais, tornando obscuro onde elas confluem e onde diferem. Esta tradicional negação da alma persiste nas atitudes de cada um de nós, cristãos ou não, porque somos todos afetados inconscientemente pela tradição da nossa cultura, o aspecto inconsciente da nossa vida coletiva (HILLMAN, 1976, p. 115).

Hillman molda esta análise em termos da diferença entre psicologia e espiritualidade como duas maneiras conflitantes de lidar com todas as dificuldades presentes em nossa vida.

---

[75]. O ensaio está incluído também em: HILLMAN, J. *Senex and puer*: Uniform edition of the writings of James Hillman. Vol. 3. Thompson/CT: Spring Publications, 2005, p. 43-67.

A abordagem espiritual busca a meta da transcendência e da unificação para além de todos os sofrimentos deste mundo e parece ter muito pouca necessidade de sentimentos, memórias pessoais e relações que mostrem o quanto estamos fundamentados nesta vida. Em contrapartida, a psicologia, enquanto estudo da *psique*, requer conformar-nos com cada adversidade e angústia de nossa existência cotidiana. E assim ela deve focalizar a alma, que está conectada com o espírito *e ao mesmo* tempo com o corpo, que é a parte mais profunda do nosso ser. Esta é a parte de nós que é atraída para o sentido e o amor e que busca uma conexão com a eternidade *e* com a mortalidade. Para não termos dúvida sobre este ponto, Hillman não está afirmando a realidade absoluta do espírito ou da alma como objetos presentes no mundo (embora sua análise seja relevante para os que fazem esta afirmação). De preferência, está propondo outra maneira de pensar sobre a espiritualidade, que faça justiça tanto aos elementos espirituais quanto aos elementos sentimentais da vida humana. E ele denomina seu ensaio *Peaks and vales* – ou seja "Picos e vales" – porque deseja mostrar que estas são duas dimensões significativas sobre as quais se pode pensar separadamente, embora sejam realmente inseparáveis uma da outra, como a montanha e o vale.

Ora, a julgar pelas aparências, ambos os termos, *pneuma* e *psique*, poderiam ser traduzidos como "espírito", porque parecem ter um sentido semelhante; existe também alguma discussão acerca do que aconteceu realmente no Quarto Concílio de Constantinopla[76]. Mesmo assim, deve-se relevar que

---

76. Cf., p. ex., a análise de: TYLER, P. *The pursuit of the soul*: Psychoanalysis, soul-making and the Christian Tradition. Londres: Bloomsbury,

existam algumas passagens no Novo Testamento em que São Paulo e outros diferenciam *pneuma* e *psique*; e isso sugere que eles subscrevem a ideia de que o espírito é a parte superior da alma, que é divina, enquanto a alma e o corpo são inferiores e se relacionam com nosso eu mundano. Em 1Tessalonicenses 5,23, por exemplo, Paulo escreve: "O Deus da paz vos conceda santidade perfeita; e que vosso espírito [*pneuma*], vossa alma [*psique*] e vosso corpo [*sôma*] sejam guardados de modo irrepreensível para o dia da vinda de nosso Senhor Jesus Cristo"[77]. Esta passagem descreve uma franca dicotomia na qual espírito, alma e corpo podem ser distinguidos uns dos outros. Da mesma maneira, em 1Coríntios 2,14, São Paulo comenta: "O homem psíquico [*psychikos*] não aceita o que vem do Espírito [*Pneumatos*] de Deus. É loucura para ele; não pode compreender, pois isso deve ser julgado espiritualmente [*pneumatikôs*]". Tanto aqui como em outros lugares, como observa Peter Tyler, em Cristo a pessoa recebe o *pneuma* que então altera a *psique* (cf. TYLER, 2016, p. 50-53). Finalmente – embora haja mais exemplos –, na Carta de Tiago, capítulo 3, a sabedoria divina do alto é contrastada com a *psique*, que é uma forma inferior e não espiritual de compreensão:

> Mas se tendes inveja amarga e preocupações egoísticas no vosso coração, não vos orgulheis nem mintais contra a verdade, porque esta sabedoria não vem do alto; antes, é terrena, animal [*psychikê*] e diabólica. Com efeito, onde há inveja e preocupação egoística, aí estão as desordens e

---

2016, p. 130-132. Tyler mostra que Rudolf Steiner tinha uma interpretação muito diferente sobre aquilo que aconteceu neste Concílio.
77. Os textos bíblicos seguem a tradução da Bíblia de Jerusalém [N.T.].

toda sorte de más ações. Por outra parte, a sabedoria [*Sophia*] que vem do alto é, antes de tudo, pura, depois pacífica, indulgente, conciliadora, cheia de misericórdia e de bons frutos, isenta de parcialidade e de hipocrisia (Tg 3,14-17).

Neste sentido, pode-se argumentar que, para alguns dos primeiros cristãos (inclusive São Paulo), o espírito é considerado a parte superior da alma ou a que está mais distante da existência física. E, por isso, tudo o que é associado à existência física – inclusive a doença, a emoção, o sexo, os sonhos, a respiração e até a dieta – torna-se insignificante e basicamente irrelevante para a vida espiritual. Hillman apresenta argumentos convincentes de que somos os herdeiros desta tradição e que ainda estamos sofrendo por causa dela.

Hoje é mais provável que as palavras "espírito" e "alma" sejam consideradas sinônimas, mas é importante verificar que existem alguns contextos nos quais diríamos normalmente "espírito" e outros nos quais diríamos geralmente "alma". O escritor da Nova Era, Deepak Chopra, apresenta a seguinte explicação a partir de um ponto de vista espiritual muito diferente:

> Muitas vezes as duas palavras são usadas intercambiavelmente; mas, quando são diferenciadas, a distinção usual é que a alma é um aspecto mais personalizado da nossa individualidade, que conduz nossa história e nossas tendências no decurso do tempo, ao passo que o espírito é nossa pura essência, que expressa a nossa universalidade. Nosso espírito é nossa centelha divina, sem qualquer qualificação ou limitação[78].

---

78. Cf. CHOPRA, D. Soul and spirit. *Deepak Chopra*, 21 abr. 2012.

Esta não é uma definição estipulativa, mas uma observação sobre a maneira como os termos são de fato utilizados. E é significativo que a visão que Chopra tem da Nova Era parece conformar-se com a distinção de Hillman. Mas, enquanto Chopra seria provavelmente um dos alvos da crítica anterior de Zizek, Hillman não é suscetível aos mesmos argumentos. Com efeito, Hillman apresenta sua própria crítica desse tipo de espiritualidade, ao voltar a alma contra o espírito, enquanto afirma o valor de uma vida espiritual como parte desta vida, aqui e agora. Nada é *provado* aqui de uma maneira ou de outra, mas isso não é crucial, porque o ensaio de Hillman funciona como um ensaio polêmico; procura estabelecer uma separação entre a psicologia – que deveria concentrar-se toda na *psique* – e o budismo, o cristianismo e os escritos da Nova Era, que utilizam a espiritualidade como uma fuga da vida real. Em seu ensaio Hillman admite que está "falando com ódio e antagonismo urgente" (HILLMAN, 1976, p. 119). Em outros escritos, ele é mais simpático às possibilidades espirituais do que parece ser aqui, mas em *Peaks and vales* sua meta é restaurar o equilíbrio espiritual, reafirmando o que a espiritualidade contemporânea tentou ignorar ou até descartar.

Por um lado, existe uma dimensão espiritual que supomos corresponder aos picos da experiência humana associados ao êxtase e à autossuperação. O espírito é forte, ativo, solitário e visa a unidade e a transcendência. Por outro lado, existe a dimensão da alma, que corresponde aos vales e ao tipo mais profundo da experiência, muitas vezes associada ao sofrimento e a um profundo sentimento de nosso envolvimento no mundo. A alma é passiva e sente as coisas profundamente, é aberta aos outros e está enraizada na vida.

E, enquanto o espírito visa o *alto* e nos dá a bem-aventurança de uma experiência de pico, a alma é *profunda* e reflete o sofrimento e a angústia da vida humana. Com efeito, às vezes temos medo de *perder* nossa alma; e a alma, mas não o espírito, está muitas vezes atormentada e é incapaz de fugir de si mesma.

Hillman mostra que, na maioria das narrativas de espiritualidade e vida espiritual, certos temas são enfatizados, enquanto outros são minimizados ou rejeitados. Na história da caverna de Platão, por exemplo, existe um esforço ativo em direção à meta-pico da iluminação que representa a realização do indivíduo, enquanto a caverna da vida cotidiana é desprezada como sendo a esfera do esquecimento espiritual. Mas a história da caverna é apenas uma entre muitas jornadas espirituais que procuram passar da escuridão para a luz, do sofrimento para a bem-aventurança e da vida imersa no mundo inferior para o pico da Sabedoria eterna. Existe também a experiência espiritual de Santo Agostinho ocorrida quando estava com a mãe em Óstia e que ele descreve da seguinte maneira:

> Encaminhamos a conversa até à conclusão de que as delícias dos sentidos do corpo, por maiores que sejam e por mais brilhante que seja o resplendor sensível que as cerca, não são dignas de comparar-se à felicidade daquela vida, nem merecem que delas se faça menção. Elevando-nos em afetos mais ardentes por essa felicidade, divagamos gradualmente por todas as coisas corporais até ao próprio céu, donde o sol, a lua e as estrelas iluminam a terra. Subíamos ainda mais em espírito, meditando, falando e admirando as vossas obras. Chegamos às

> nossas almas e passamos por elas para atingir essa região de inesgotável abundância, onde apascentais eternamente Israel com o alimento da verdade. Ali a vida é a própria Sabedoria, por quem tudo foi criado, tudo o que existiu e o que há de existir, sem que ela própria se crie a si mesma, pois existe como sempre foi e como sempre será. Antes, não há nela *ter sido*, nem *haver de ser*, pois simplesmente "é", por ser eterna (SANTO AGOSTINHO, 2019, livro 9: 10, p. 225).

Dante passa do Inferno ao Paraíso. Petrarca sobe ao Monte Ventoux (cf. PETRARCA, 1999). São João da Cruz tem sua noite escura da alma e sobe ao Monte Carmelo. Desta maneira, presume-se que a vida espiritual vai de preocupações múltiplas (todas as sombras existentes na caverna) a um sentimento unificado do ser, inspirado pelo único princípio radiante, que poderia ser Deus, o Bem ou alguma outra forma do absoluto. São João da Cruz o explica da seguinte maneira:

> O que ali chega deveras
> De si mesmo desfalece;
> Quanto sabia primeiro
> Muito baixo lhe parece,
> E seu saber tanto cresce,
> Que se queda não sabendo,
> Toda a ciência transcendendo. [...]
> E se o quiserdes ouvir,
> Consiste nesta suma ciência
> Em um subido sentir
> Da divinal Essência (SÃO JOÃO DA CRUZ, 1998, p. 39s.).

Mas Hillman não discute o exemplo da caverna de Platão, ou Santo Agostinho, ou São João da Cruz, mas em seu ensaio cita uma carta supostamente escrita pelo Dalai Lama, para mostrar como estas maneiras de pensar permeiam tanto a perspectiva ocidental quanto a não ocidental; e isso sugere que existe uma espécie de imaginário espiritual comum a diferentes culturas. Cito a carta abaixo de acordo com Hillman. Não estou convencido de que foi escrita pelo Dalai Lama; mas, mesmo sendo uma narrativa ficcional, ela não nega a afirmação básica de que grande parte do nosso pensar acerca da espiritualidade segue linhas semelhantes, elevando o espírito aos picos e deixado a alma ruminando na desolação do vale. A carta, em parte, diz o seguinte:

> A relação da altura com a espiritualidade não é apenas metafórica. É uma realidade física. As pessoas mais espirituais deste planeta vivem nos lugares mais altos. Assim fazem as flores mais espirituais. [...] Os aspectos mais altos e leves do meu ser eu os denomino *espírito* e o aspecto escuro e pesado o denomino *alma*.
> A alma se sente confortável nos vales profundos e sombreados. As pesadas flores indolentes saturadas de preto crescem ali. Os rios fluem como xarope quente. Desembocam em imensos oceanos da alma.
> O espírito é uma terra de picos altos e brancos e de lagos e flores cintilantes como joias. A vida está dispersa e os sons atravessam grandes distâncias.
> Existe música da alma, alimento da alma, dança da alma e amor da alma. [...]
> Quando a alma triunfou, os pastores vão para os conventos de lamas, porque a alma é comu-

nitária e gosta de cantarolar em uníssono. Mas a alma criativa anseia pelo espírito. Fora das florestas dos conventos de lamas, os mais belos monges algum dia dizem adeus a seus companheiros e empreendem sua jornada solitária em direção aos picos, para ali encontrar-se com o cosmos. [...]
Nenhum espírito medita sobre a grandiosa desolação; porque a desolação pertence às profundezas, como pertence a meditação. Nestas alturas o espírito deixa a alma para trás (HILLMAN, 1976, p. 120s.).

Esta é uma passagem extraordinária. Ela confirma certamente a divisão essencial entre espírito e alma, em que o espírito é superior e a alma é inferior; aquele se preocupa com o cosmos e esta se preocupa com o mundo; aquele está focado na realização individual e esta na vida comunitária. Mas o texto é diferente de tudo o que li dos escritos do Dalai Lama e me pergunto se pode ser autêntico. Não estou dizendo que Hillman fabricou o texto, que apareceu originalmente na coletânea: *Tales of Dalai Lama*. Mas o ponto importante é que Hillman descreve aqui uma distinção importante; e, uma vez que nos é mostrada aqui, penso que deve ser reconhecida como uma distinção real. Falando benevolamente, precisamos também ter em mente o impulso retórico do ensaio de Hillman, que, apesar das aparências em contrário, não é um exercício de erudição. É, antes uma tentativa de nos desestabilizar, minando algumas ideias fixas que podemos ter acerca da natureza da espiritualidade e das formas de vida espiritual.

6.3 O sofrimento, a alma e os deuses

Examinarei algumas destas ideias mais detalhadamente. De acordo com o argumento de Hillman, que estou analisando aqui, a espiritualidade – seja budista, hindu, cristã ou da Nova Era – está associada à transcendência e ao abandono do eu ordinário, que é demasiadamente difícil ou demasiadamente defeituoso para ser enfrentado. O espírito não quer enfrentar o sofrimento pessoal. Ele se opõe a meditar; ele nos adverte contra ressentimentos e rancores insignificantes e, por isso, nos recusamos a apropriar-nos destas coisas que poderiam ser da mais alta importância, porque são as mais reveladoras de quem somos. Em contrapartida, a psicologia – ou, pelo menos, a psicologia filosófica pós-junguiana – lida com a *psychê* ou alma, que não é nem autoconsciência nem uma realidade material, mas uma terceira esfera do ser individual que dá origem a imagens de mito, fantasia e poesia. Neste sentido, o cuidado da alma implica cuidar do eu que a vida espiritual quer abandonar – e este é o eu cotidiano que está emaranhado no mundo e em diferentes relações, e que sofre aflições ordinárias como ciúme, insatisfação, um sentimento de fracasso, anseios, miséria e carência[79]. Devemos observar, porém, que estas não são as coisas que nos dão um forte sentimento de quem somos. Deveríamos então tentar esquecer nossa dor ou nosso trauma? Ou é mesmo possível abandonar estas coisas em nossa subida em direção ao pico? Como escreve Hillman, com certo desdém:

---

79. Um dos alunos de Hillman, Thomas Moore, escreveu uma série de livros populares sobre o cuidado da alma e sobre o sagrado presente na vida cotidiana. Cf., por. ex.: MOORE, T. *Care of the soul*: A guide for cultivating depth and sacredness in everyday life. Nova York: Harper, 1992.

> Pode este [o eu cotidiano] ser deixado na entrada, como um par de sapatos gastos e empoeirados, quando se entra para se sentar na almofada perfumada da sala de meditação? Antes de mais nada, pode alguém fechar a porta à pessoa que trouxe alguém até ao limiar? (HILLMAN, 1976, p. 128).

Em outro lugar, Hillman enfatiza que o nosso sofrimento é importante porque nos sensibiliza e nos dá um vigoroso sentimento de quem somos e de como o mundo é. Por exemplo, a melancolia é uma emoção significativa porque aclara o mundo para nós; ela permite que a arte e a beleza entrem em nós e, desta maneira, nos ajuda a experimentar nossa profundeza da alma. Neste sentido, até o trauma é importante, não apenas porque molda a identidade pessoal, mas porque nos dá um profundo sentimento de nosso próprio ser individual. Hillman comenta: "Podemos imaginar nossas lesões profundas não apenas como feridas a serem curadas, mas como minas de sal das quais obtemos uma essência preciosa e sem a qual a alma não consegue viver". E prossegue explicando:

> Vistos a partir da perspectiva do sal, os primeiros traumas são momentos de iniciação ao sentimento de ser um eu possuidor de um interior pessoal subjetivo. Tendemos a nos fixar no que nos foi feito e em quem o fez: ressentimento, vingança. Mas o que importa psicologicamente é o que foi feito: o golpe, o sangue, a traição. [...] Um trauma é uma mina de sal; é um lugar estável para reflexão sobre a natureza e o valor do meu ser pessoal, onde se origina a memória e começa a história pessoal. Estes eventos trau-

máticos iniciam na alma um sentimento de sua personificação como um sujeito experimentador vulnerável (HILLMAN, 1989, p. 126).

Hillman sugere que desta maneira chegamos a nos conhecer a nós mesmos como seres individuais únicos. Mas nem tudo é tragédia, e o mesmo tipo de observação pode provavelmente ser feito acerca do êxtase de estar apaixonado. Porque o amor, mais do que a maioria das coisas, nos dá um sentimento muito forte de estarmos vivos; e é por isso que ansiamos por ele e tanto nos deleitamos nele, mesmo quando o amor é difícil e nos encontramos dominados pela ansiedade e pelo desespero. Tudo isso desenvolve um forte sentimento do eu, que não é meramente inflação do ego, mas um sentimento de existência pessoal, ou mesmo um sentimento de destino. E esta experiência da *alma* não pode ser incorporada ou reduzida às categorias da vida espiritual.

Em seu ensaio *Peaks and vales*, Hillman alude a uma carta de Keats dirigida à sua irmã e a seu irmão em 1819, na qual o poeta diz que "o mundo é um vale de construção da alma". Esta frase se torna um dos lemas favoritos de Hillman e, em seu ensaio, ele parece bradar quando escreve: "Descei da montanha, ó monges, e, como o belo John Keats, vinde ao vale da construção da alma" (HILLMAN, 1976, p. 134). Entendo "construção da alma" como o oposto de "destruição da alma"; e, para Jung, Hillman e outros filósofos espirituais, entre os aspectos destruidores da alma, presentes na vida contemporânea, estariam a proliferação da informação e da tecnologia e o declínio das perspectivas religiosas e espirituais que poderiam instalar um sentimento do sagrado. Para Keats o mundo é o lugar onde cada alma humana pode tornar-se o que ela está destinada a ser; e ele deixa claro o âmago desta filosofia em sua carta: não deveríamos imaginar o mundo como um vale de lágrimas, mas como um vale de construção da alma, no qual nos tornamos quem somos:

> Por favor, chamem o mundo de "o vale da construção da Alma". Então vocês descobrirão o uso do mundo. [...] Digo *construção da Alma* – a Alma como distinta de uma Inteligência. Pode haver inteligências ou centelhas do divino aos milhões –, mas não existem Almas enquanto não adquirirem identidades, enquanto cada uma não for pessoalmente ela mesma. As inteligências são átomos de percepção – elas sabem e veem e são puras, em suma, elas são Deus. Como então as Almas devem ser feitas? Como então estas centelhas que são Deus devem ter uma identidade que lhes é dada – de modo a possuírem sempre uma bem-aventurança peculiar à existência individual de cada uma? Como, senão por meio de um mundo como este? [...] Vocês não veem o quanto é necessário um Mundo de Dores e contratempos para instruir uma Inteligência e fazer dela uma Alma? Um Lugar onde o *coração* precisa sentir e sofrer de mil maneiras diferentes! O Coração não é apenas uma Cartilha, ele é a Bíblia da Mente, é a experiência da Mente, é a teta da qual a Mente ou inteligência suga sua identidade. Tão variadas como são as Vidas dos homens – da mesma forma se tornam variadas as suas Almas; e assim, a partir das centelhas de sua própria essência, Deus faz seres individuais, Almas, Almas Idênticas (KEATS, 2009, p. 232s.).

A passagem sugere que nossa inteligência não é nada pessoal e não nos pertence. Mas a alma é nossa e o *pathos* da alma e suas profundezas labirínticas nos tornam os seres únicos e irrepetíveis que somos. Neste sentido, o sofrimento é crucial, não tanto como um teste de resistência espiritual, mas como o grande mestre que nos revela a nós mesmos.

Hillman minimiza as conotações religiosas da "alma", mas parece afirmar a filosofia de Keats como sua própria. Ele mostra que a espiritualidade é atrapalhada pelo eu individual e procura reprimi-lo ou perdê-lo – como quando o noviço é instruído a não frisar sua vida anterior, suas mágoas ou suas dificuldades triviais. Mas, a partir da perspectiva da alma, a subida espiritual é uma espécie de abandono e é também um erro. De acordo com a psicologia e a psicoterapia, precisamos enfrentar nossos problemas numa análise paciente, refletindo sobre as minúcias da nossa vida cotidiana, sobre nossas respostas emocionais e até sobre as experiências mais dolorosas. Mas pensar que podemos eliminar tudo isso de um só golpe é insensato e irreal, e nem sequer é desejável, porque nós *somos* a complexa rede de experiências pelas quais passamos, e isso é algo que não pode ser apagado. Todos nós somos uma parte da história e todos temos nossa própria história pessoal da qual não podemos fugir. Portanto, recuperar nossa vida e encontrar as histórias que lhe dão sentido é muito mais importante do que simplesmente abandonar-nos ao Uno porque o trabalho da alma é demasiadamente difícil e perturbador. Desta maneira, Hillman procura restaurar a importância da alma, após um prolongado período de negligência. E ele nos proporciona um ponto de partida para revisar o espírito e a alma, em contraposição às ideias "modernas" acerca da espiritualidade como autoconsciência que aspira ao absoluto.

De acordo com Hillman, a alma está intrinsecamente ligada à imaginação, que se encontra totalmente empenhada com a criatividade, inclusive a criação artística e também a criatividade cotidiana que prossegue nos sonhos e outros aspectos de nossa vida pessoal. E embora seja a dimensão social que tende a moldar e organizar nossa experiência, o poder da imaginação é nossa resposta individual ao mundo e a afirmação de quem nós somos. Ela nos permite encontrar a arte, a natureza e o amor, na medida em que nos sensibiliza para receber estas coisas; e, em algum nível, nós já *sabemos* que sem a imaginação a alma morrerá. Hillman tem um sentimento de admiração pelo mundo; e sua própria "psicologia arquetípica" é uma tentativa de reanimar as coisas, recuperando um sentimento de encantamento. Isso não deve ser feito reduzindo tudo a um único princípio fixo ou se fundindo com o absoluto, mas afirmando a multidão de possibilidades que tornam o mundo um lugar sagrado. Na passagem seguinte, por exemplo, Hillman afirma o politeísmo como a celebração de perspectivas múltiplas contra o Uno monótono:

> A anima, como disse Jung, é um equivalente e uma personificação do aspecto politeísta da psique. O "politeísmo" é um conceito teológico ou antropológico utilizado para designar a experiência do mundo dotado de muitas almas. Esta mesma experiência da multiplicidade pode nos atingir também através de sintomas. Também estes nos tornam conscientes de que a alma tem outras vozes e intenções além da voz do ego. O patologizar atesta tanto a natureza

composta intrínseca da alma quanto os muitos deuses refletidos nesta composição. [...] Aqui minha intenção é afirmar que a construção da alma não nega os deuses e a busca por eles. Mas olha mais de perto, considerando-os mais à maneira dos gregos e dos egípcios, para os quais os deuses participam de todas as coisas. Toda a existência está repleta deles e os seres humanos estão sempre envolvidos com eles (HILLMAN, 1976, p. 137-138).

Aqui Hillman descreve alguns dos traços básicos de sua própria psicologia arquetípica e isso confirma o valor de seu pensamento, como um recurso para revisar a psicologia para além do modelo científico redutivo. Ele certamente concordaria com Nietzsche que o monoteísmo – de qualquer tipo – é basicamente "monotono-teísmo", porque questiona a diversidade e a possibilidade de caminhos espirituais diferentes e afirma o mesmo Deus para todos.

Ora, na narrativa de Hillman acerca da alma existe evidentemente mais do que apenas sua análise neste breve ensaio. Assim como Jung, também Hillman afirma a ideia da *anima mundi* – ou "alma do mundo" –, que questiona a própria ideia da alma como uma posse privada que de alguma forma está separada do resto da natureza. Como ele comenta em outro lugar: "Assim a tensão artificial entre alma e mundo, entre privado e público, entre interior e exterior desaparece quando a *anima mundi* – e sua construção – é localizada no mundo" (HILLMAN, 1985, p. 26). Hillman gosta também de citar um fragmento de Heráclito que parece realçar esta visão: "Mesmo percorrendo todos os caminhos, jamais encontrarás os limites da alma, tão profundo é o seu

Logos"[80]. Porque a alma tem uma dimensão cósmica que ultrapassa os horizontes estreitos do eu individual. Seguindo as pegadas de Jung, Hillman argumenta que a própria alma é um cosmos que é exatamente tão vasto como o universo físico. Ela parece sobrepor-se ao universo físico e, ao mesmo tempo, subjaz a todas as coisas[81]. Grande parte de nossa angústia espiritual deriva de nossa perda de conexão com a totalidade psíquica do mundo, que acompanha a ilusão de que a alma é apenas uma parte limitada do eu. Alguns poderiam considerar esta perspectiva um simples misticismo, mas ela ajuda a explicar por que estamos tão preocupados com o mundo natural e com nossa necessidade de curá-lo. E ela implica que o caráter significativo do mundo não é apenas uma projeção pela qual somos em última análise responsáveis.

Ora, existem diferenças significativas entre Hillman e Jung: como vimos, Jung prioriza a totalidade e a unidade da psique como uma meta absoluta e desenvolveu o conceito de "individuação" para aclarar a possibilidade de se tornar um ser humano mais equilibrado e completo[82]. Em contrapartida, Hillman subscreve o "politeísmo", porque suspeita de qualquer tentativa de recuperar o eu unificado,

---

80. NASSIF, L. *Os aforismos de Heráclito de Éfeso*, n. 45. É interessante também como Hillman utiliza esta passagem: "Desde que Heráclito reuniu a alma e a profundeza numa única formulação, a dimensão da alma é a profundeza (não a largura ou a altura) e a dimensão da viagem da nossa alma e para baixo" (HILLMAN, 1977, p. xi).

81. Este é, evidentemente, um relato muito condensado. Para uma análise mais extensa da *anima mundi* em Jung e Hillman, cf. o capítulo de David Tacey "The return of soul to the world: Jung and Hillman" em seu excelente livro *The darkening spirit: Jung, spirituality, religion* (Nova York: Routledge, 2013, p. 107-126).

82. Para uma análise completa do conceito de individuação de Jung, cf. EDINGER, E. *Ego and archetype*. Baltimore: Penguin, 1974.

especialmente a ideia junguiana do Si-mesmo como uma força unificadora que se encontra além e por trás da *psique*. Para Hillman nossa vida interior é caracterizada por uma diversidade de impulsos e imagens conflitantes provenientes do campo da própria imaginação. Outros autores criticaram Hillman por causa de sua insistência em sua pluralidade radical do ser e, em minha opinião, a questão está corretamente apresentada[83]. Mas, subjacente à celebração do que ele denomina "politeísmo", o ponto básico de Hillman é que neste mundo tudo é miraculoso e maravilhoso; nós só perdemos um sentimento de quão encantado é o mundo quando subimos aos picos da montanha para contemplar com reverência e admiração o Uno.

Peaks and vales foi escrito originalmente para uma antologia popular que foi concebida como "um livro vital para pessoas que se encontram em apuros, sujeitas ao sofrimento ou em busca de uma vida mais gratificante"; e toda a obra está organizada numa espécie de debate sobre os méritos relativos da "tradição sagrada" em oposição à "psicoterapia"[84]. Por isso, Hillman, não menos do que Zizek, está disposto a ridicularizar alguns dos excessos da espiritualidade da Nova Era e faz um ataque geral ao cristianismo, ao budismo e a outros caminhos espirituais que permanecem críticos ou indiferentes ao valor da psicoterapia. Mas, embora rejeite aqui estas tradições espirituais, é importante notar a frequente afirmação da busca espiritual em algumas de suas

---

83. Cf., p. ex., o ensaio em duas partes de David Tacey: "James Hillman: The Unmaking of a Psychologist". *Journal of Analytical Psychology* 59/4 (setembro 2014), p. 467-502.
84. Estes comentários se referem à capa original da edição em brochura da antologia *On the way to self-knowledge*, de Needleman e Lewis.

outras obras, em termos do conceito junguiano do *puer*, que corresponde ao entusiasmo juvenil que traz alegria à vida. Talvez seja melhor dizer que uma pessoa verdadeiramente realizada precisa estar arraigada tanto no espírito quanto na alma e que sua vida testemunharia *ambas* as tendências conflitantes. Não tenho nenhuma dúvida de que Hillman aceitaria esta conclusão, embora não esteja claro se ele aceitaria a unidade de corpo, alma e espírito, já que a "unidade" é um ideal que ele questiona com certa veemência. O que se pode dizer é que a insistência de Hillman na alma mais do que no espírito ajuda a iluminar o significado espiritual da vida cotidiana, o aspecto espiritual do corpo e a importância da ansiedade, do sofrimento e da melancolia, que nos permitem sentir a real profundidade do mundo – e isso é algo que uma obsessão pelos picos da montanha obscurece.

Muitas vezes nos ensinam que a depressão e o desespero são o inimigo e somos estimulados a fazer todo o possível para resistir a eles ou negá-los. A espiritualidade contemporânea, especialmente de uma variante da Nova Era, não tem muito espaço para sentimentos como tristeza, melancolia ou desespero, e tende a evitar a realidade da morte, utilizando pressupostos metafísicos duvidosos ou a considerando apenas a continuação da vida. Também está se tornando cada vez mais difícil experimentar os aspectos mágicos e miraculosos desta vida; porque, à medida que nos tornamos os consumidores e ao mesmo tempo os *produtos* da sociedade moderna, ficamos cada vez mais nivelados e "perdidos". Para Hillman o remédio está na recuperação das profundezas da alma e no reencantamento do mundo, e isso pode ser alcançado mediante o poder da imaginação que pode ser considerada uma chave para o sagrado. Como comenta David Tacey: "Nós falhamos em compreender que a imaginação e o mito são janelas para entrar na realidade, e não para fugir dela"[85]. Tudo isso faz parte da maneira como nos encontramos com o mundo e exige uma justificação *imanente*, segundo as diretrizes que Hillman nos oferece.

Como Nietzsche, Hillman captou a intensa profundidade dessa vida e a generosidade absoluta do momento presente. Assim como Jung, ele viu que o mundo é misterioso, embora a ciência já não seja capaz de perceber o sentido de seu mistério, e procurou uma terceira posição entre o materialismo completo e a crença numa substância espiritual independente. A partir desta perspectiva, que por enquanto denominamos "imaginação", Hillman viu como a espiritualidade se tornara insípida, impessoal e literalmente destruidora da alma. Ele não visava minar a espiritualidade, mas colocá-la na devida ordem. E por isso ele questiona a autossuperação, desafia o espírito e nos devolve à alma.

---

85. TACEY. *The return of soul to the world*, p. 115.

7 FOUCAULT SOBRE O CUIDADO DE SI

Começando com Pitágoras, Sócrates, os estoicos e os epicureus, existe uma longa tradição que considera a filosofia um modo de vida que enfatiza o autocultivo a fim de alcançar o domínio espiritual e a sintonia com os valores mais altos. De acordo com Pierre Hadot, esses pensadores consideram a filosofia uma espécie de remédio espiritual que pode curar as aflições da alma (cf., p. ex., HADOT, 1995). Em tempos mais recentes, o movimento da "autoajuda" talvez possa ser considerado uma versão popular do mesmo projeto básico. No século XIX, a obra pioneira de Samuel Smiles, *Self-help*, foi um grande bestseller; e, em meados do século XX, *The power of positive thinking*, de Norman Peale, tocou o coração das pessoas[86]. Mais recentemente, com o surgimento do movimento espiritual da Nova Era, existem muitas obras populares que enfatizam o autoaprimoramento, vivendo de acordo com diferentes preceitos que supostamente tornam a pessoa mais feliz ou melhor: *The four agreements* de Don Miguel Ruiz, *The power of now* de Eckhart Tolle, ou *the seven spiritual laws of success* de Deepak Chopra, para citar apenas alguns entre mui-

---

86. Cf. SMILES, S. *Self-Help*. Oxford: Oxford University Press, 2008.
• PEALE, N.V. *The power of positive thinking*. Nova York: Simon and Schuster, 2003.

tos[87]. Evidentemente essas obras são de qualidade variada e algumas argumentam que o movimento de autoajuda é apenas outro aspecto do capitalismo contemporâneo que mercantiliza tudo. Mesmo assim, creio que estes pensadores estão respondendo à mesma necessidade espiritual – que consiste em cuidar de nossa vida e viver uma existência genuína em face da autoilusão, do costume e das pressões de conformidade social. Alguns poderiam lamentar que o desejo de aprimoramento espiritual é realmente uma espécie de narcisismo que, mais do que qualquer outra coisa, reflete um desejo egoísta de empoderamento. Mas não penso que devamos fazer essa afirmação geral. E em algum momento o autocultivo pode tornar-se autossuperação, em que as preocupações egoístas são muito secundárias.

Apresento este pano de fundo porque penso que a obra de Foucault sobre o cuidado de si pertence à mesma tradição geral de pensamento. Para Foucault o cuidado de si é um tema explicitamente espiritual e, embora esteja orientado para si, não penso que é entendido em algum sentido *egoísta*, como um projeto do ego ou de dominação sobre os outros. Antes, como vimos no capítulo anterior, podemos estar fazendo uma suposição falsa se pensamos que a espiritualidade acarreta perder a si mesmo e sua própria história pessoal a fim de desfrutar a transcendência em relação a si próprio e ao mundo. Para Foucault, o cuidado de si implica o cultivo de si mesmo como ser humano e, desta maneira, a vida se celebra

---

[87]. Cf. RUIZ, M. *The four arguments*: a practical guide to personal freedom. San Rafael: Amber-Allen, 1997. • TOLLE, E. *The power of now*: a guide to enlightenment. Novato: New World Library, 2010. • CHOPRA, D. *The seven spiritual laws of success*: a practical guide to the fulfillment of your dreams. San Rafael: Amber-Allen, 1994.

por meio de nós. Este é um tema desenvolvido gradualmente nos escritos de Foucault; ele não tem uma teoria madura do cuidado de si e morreu antes de refletir cuidadosamente sobre todas as suas intuições. No entanto, sua análise – que começa com seu trabalho sobre os antigos gregos e romanos e passa por Kant e Baudelaire – ilumina este importante tema espiritual e permanece consistente. Como veremos a seguir, o espiritual não equivale ao ético, que enfatiza o aspecto universal do dever. Mas também não é uma escolha puramente estética, como ser um almofadinha ou se fixar num estilo pessoal com exclusão de todo o resto. Podemos pensar que Foucault seria o primeiro de todos a repudiar a espiritualidade como uma fuga impossível da vida real. Mas para ele esse projeto se torna um exemplo de filosofia como uma espécie de prática espiritual.

Em *História da loucura*, *Vigiar e punir* e *História da sexualidade* volume I, Foucault se manifesta com franqueza acerca dos despossuídos da história – ou loucos, os criminosos e os desviantes – e elabora as maneiras como somos produzidos e organizados para sermos corpos dóceis, ou sujeitos responsáveis, no cárcere da sociedade moderna. A escrita de Foucault é ao mesmo tempo vigorosa e subversiva; e, ao tornar-nos conscientes da *genealogia* da verdade, ele cria um espaço onde a vida já não é mais entulhada com os significados que ela adquiriu anteriormente. Mesmo assim, Foucault permanece cauteloso acerca da possibilidade de libertação humana. Na *História da sexualidade* volume I, por exemplo, ele parece questionar a ideia de que a libertação humana seja sequer possível, se ela é apenas uma inversão de perspectivas que permanece na órbita daquilo do qual ela procura fugir. Vejamos o caso de "Walter", o autor anônimo do século XIX que escreveu um relato de vários volumes sobre sua própria vida sexual. Estava ele realmente libertado e livre, ou será que Foucault não tinha razão ao suspeitar que a afirmação sexual de "Walter" e sua presteza em contar tudo era o efeito de uma estrutura muito mais profunda de dominação e controle? (cf. FOUCAULT, 1990, p. 21-23). No Ocidente, pelo menos desde o tempo do cristianismo, o sexo funcionou como nossa verdade básica e chave para determinar quem somos; e repressão e libertação, puritanismo e pornografia pertencem todos ao mesmo regime persistente. Não está claro como deveríamos lidar com este impasse; porque, se toda resposta ao poder já está sempre circunscrita por ele, então, como apontaram muitos comentaristas, não existe liberdade real e a resistência é sem sentido[88]. E a vida *espiritual* – que implica afastar-se das preocupações materiais ordinárias para dedicar-se às questões da preocupação última – só pode ser vista com suspeita, como se fosse outra forma de libertação imaginária.

Mas este não é o fim da história e nos últimos livros de Foucault – *O uso dos prazeres* e *O cuidado de si* – a análise do poder e do conhecimento é suplementada pelo autocultivo ou "cuidado de si" como sendo o foco de seu interesse. Olhando para a Grécia antiga e para o período helenista/ romano tardio, Foucault mostra como o discurso do sexo faz parte de uma formação mais ampla centrada no autocultivo, ou cuidado de si, e não é adesão a códigos morais rígidos. Mas, embora neste contexto Foucault fale da possibilidade

---

88. Cf., p. ex.: TAYLOR, C. Foucault on freedom and truth. *In*: HOY, D. (org.). *Foucault*: A critical reader. Oxford: Blackwell, 1986, p. 69-102. • HABERMAS, J. *The philosophical discourse of Modernity*. Cambridge: Polity Press, 1992.

de liberdade, ela ainda é um tipo limitado de liberdade, que implica as complexidades de automodelar-se e "criar-se a si mesmo como uma obra de arte"; e, julgando pelas aparências, isso pareceria um pálido substituto da ação social e política. Como veremos, no entanto, o "cuidado de si" é um ideal ético significativo, que constitui também a base da narrativa de Foucault sobre a vida espiritual.

Neste capítulo, examino as ideias de Foucault acerca do cuidado de si. Em primeiro lugar, reviso alguns temas relevantes presentes em *O uso dos prazeres* e *O cuidado de si*, que iluminam o contexto subjacente das ideias de Foucault. Em seguida, considerarei algumas objeções ao cuidado de si como um valor significativo. Por fim, considerarei o cuidado de si como sendo o foco das ideias de Foucault sobre a espiritualidade. A obra posterior de Foucault proporciona uma espiritualidade secular especialmente relevante para hoje, mas em sua maioria as análises de Foucault falharam em lidar com a perspectiva positiva acerca da espiritualidade que se encontra em muitos dos seus escritos posteriores. Este capítulo procura dizer mais sobre este tema.

7.1 Foucault sobre sexo e prazer

O pensamento de Foucault sobre o cuidado de si se encontra em inúmeras entrevistas dadas, nas transcrições de diversos cursos ministrados no *Collège de France* e no segundo e terceiro volumes de sua história da sexualidade, publicados poucas semanas antes de sua morte em 1984. Em *O uso dos prazeres*, Foucault enfoca o sexo na Grécia antiga no século IV a.C. e seleciona três temas para atenção particular: o *regime*, a *gestão doméstica* e o *namoro entre homens jovens*. De acordo com Foucault, estas eram áreas problemáticas que provocavam considerável ansiedade como também uma grande quantidade de reflexão e conselhos médicos/filosóficos. Escrevendo sobre o regime sexual, por exemplo, Foucault descreve todas as diferentes restrições associadas ao ato sexual, entre as quais o clima, as estações do ano, a hora do dia, os alimentos e assim por diante. Mas, embora nesta sociedade o sexo fosse muito limitado por autoridades médicas e morais, a intenção não era proibir certas práticas, mas cultivar uma relação harmoniosa com a vida sexual pelo cuidado apropriado de si:

> O ato sexual não provocava ansiedade por estar associado ao mal, mas porque transtornava e ameaçava a relação do indivíduo consigo mesmo e sua integridade como sujeito ético em formação; se não fosse medido e distribuído corretamente, acarretava a ameaça de uma irrupção de forças involuntárias, uma diminuição da energia e a morte sem descendentes ilustres (FOUCAULT, 1986, p. 136).

Por isso, poderíamos dizer que a atenção prestada ao sexo fazia parte do cuidado mais abrangente de si, cuja meta é algo semelhante à temperança ou à conquista do autocontrole. E tudo isso era para o bem da comunidade e para a perfeição do eu individual.

Foucault define o cuidado de si sob o aspecto "daquelas ações intencionais e voluntárias pelas quais os homens não só estabelecem normas de conduta, mas também procuram transformar-se, mudar-se em seu ser singular e transformar sua vida numa obra" (FOUCAULT. 1986, p. 10). Talvez o significado deste ideal continue contestável do ponto de vista moderno, mas é um valor que reconhecemos quando nos é mostrado. Na *Apologia*, por exemplo, Sócrates repreende seus companheiros atenienses porque não cuidam de si mesmos. Pergunta ele:

> Ó melhor dos homens, [...] você não se envergonha de se preocupar com que dinheiro, glória e honra sejam da maior quantidade possível, mas não se preocupa nem tem o menor cuidado com que a sabedoria, a verdade e a alma sejam as melhores possíveis? (PLATÃO, 2020, § 29).

A mesma ideia prevalece no pensamento helenista e romano posterior, em que o imperativo de cuidar de si se tornou tão difundido que, de acordo com Foucault, foi "um fenômeno cultural realmente geral" (FOUCAULT, 2005, p. 9). Neste sentido, Foucault é levado a uma análise de diferentes práticas espirituais da época, como: meditação e autoexame; utilizar a razão para superar o medo da morte; ou prever a morte de entes queridos a fim de diminuir de antemão a aflição e o luto. Também os primeiros cristãos enfatizaram a necessidade do autocultivo por meio de diferentes exercícios espirituais; porque, como observa Foucault:

> O que é denominado interioridade cristã é um modo particular de relação consigo mesmo, que abrange formas precisas de atenção, preocupação, decifração, verbalização, confissão, autoacusação, luta contra a tentação, renúncia, combate espiritual etc. E o que é designado como sendo a "exterioridade" da antiga realidade implica também o princípio de uma elaboração de si, embora de forma diferente (FOUCAULT, 1986, p. 63).

Aqui a diferença é entre a antiga *askêsis* ou disciplina espiritual de si mesmo, que visava o autocultivo, e a consecução de uma vida bela e práticas cristãs afins, que eram ordenadas em termos de autoabnegação em vista da salvação pessoal; mas ambas são versões do cuidado de si como Foucault o entende.

Para Foucault uma distinção mais importante diz respeito à diferença entre estas antigas tecnologias do eu – gregas, romanas e cristãs – e os códigos morais que têm existência pessoal mais rigorosamente estruturada, especialmente a partir do início da época moderna. A ética pode ser compreendida sob o aspecto das leis morais, ou pode focalizar o comportamento virtuoso dos indivíduos. Nas palavras de Foucault:

> Em certas moralidades a ênfase principal é colocada no código, em sua sistematicidade, em sua riqueza, em sua capacidade de ajustar-se a todos os casos possíveis e abarcar todas as áreas do comportamento. [...] O sujeito ético remete sua conduta a uma lei, ou a um conjunto de leis, às quais deve submeter-se, com o risco de cometer transgressões que podem torná-lo sujeito a castigo. [...] Por outro lado, é fácil conceber moralidades nas quais o elemento forte e dinâmico deve ser buscado nas formas de subjetivação e nas práticas do eu. Nesse caso, o sistema de códigos pode ser um tanto rudimentar. Sua observância exata pode ser relativamente insignificante, pelo menos em comparação com o que se exige do indivíduo na relação que ele tem consigo mesmo (FOUCAULT, 1986, p. 29s.).

Hoje estamos tão acostumados a pensar sobre o sexo e a moralidade em termos de normas e proibições que muitas vezes compreendemos mal o cuidado de si ou o rejeitamos como possibilidade *ética*, já que é considerado "puramente estético". Neste sentido, as últimas obras de Foucault lembram *A genealogia da moral* de Nietzsche, porque em cada um destes livros o autor procura recuperar uma possibilidade esquecida de ética – a narrativa da "moralidade do senhor" no caso de Nietzsche ou o cuidado de si no caso de Foucault – como uma maneira de reorganizar nosso pensamento acerca da vida moral (cf. NIETZSCHE, 2017, p. 35-66). Assim o cuidado de si oferece uma maneira fascinante de pensar acerca da moralidade e evita a legislação abstrata de princípios, que reduz a ética a um tema impessoal. É uma ética que focaliza o caráter em vez das normas e, neste sentido, o retorno ao cuidado de si corresponde ao surgimento da "ética da virtude" e à rejeição da "moralidade como lei" por muitos na tradição filosófica anglo-americana[89]. Assim como Nietzsche, Foucault focaliza uma possibilidade passada a fim de inspirar o presente e até o futuro da humanidade.

O último livro de Foucault, *O cuidado de si*, examina mais de perto o mundo helenístico e romano do século II d.C. Novamente, o foco recai na vida sexual e na necessidade de autodomínio neste aspecto do nosso ser. Mas Foucault observa uma mudança na maneira como as questões e os temas sexuais são agora articulados. Para os antigos gregos,

---

[89]. Cf., p. ex., ANSCOMBE, E. Modern moral philosophy. *In*: CRISP, R.; SLOTE, M. *Virtue ethics*. Oxford: Oxford University Press, 1997, p. 26-44. • MACINTYRE, A. *After virtue*. 2. ed. Notre Dame: University of Notre Dame Press, 1984. • LEVY, N. Foucault as virtue ethicist. *Foucault Studies* 1 (dez. 2004), p. 20-31.

o amor entre rapazes era considerado natural, porque qualquer obra bela da natureza, seja masculina ou feminina, era atraente e evocava necessariamente o desejo. O problema era que se presumia que os homens de alta linhagem praticavam o autodomínio e, para ser soberano dos outros, supunha-se que o indivíduo fosse capaz de praticar o controle de si mesmo. Supunha-se igualmente que o varão devia ser ativo e dominador em todas as coisas; mas, se o rapaz cedesse ao seu amante, sua futura reputação como soberano dos outros estava comprometida. Em *O cuidado de si*, Foucault afirma que, por volta do século II, o problema relativo aos rapazes já não era premente e que a questão mais importante, abordada pelos filósofos estoicos, dizia respeito à relação adequada entre marido e esposa. Para os antigos gregos, essa relação implicava uma simples divisão do trabalho, na qual cada um tinha seu papel apropriado a desempenhar. Mas, para os romanos, a meta consistia em estabelecer uma união amorosa e harmoniosa entre as duas partes que eram parceiras numa relação ética significativa:

> No tocante às esposas e à problematização do matrimônio, a modificação diz respeito sobretudo à valorização do vínculo conjugal e à relação dual que o constitui; a reta conduta do marido e a moderação que ele precisa impor a si mesmo não se justificam apenas pela consideração do *status*, mas também pela natureza da relação, por sua forma universal e pelas obrigações mútuas que dela derivam (FOUCAULT, 1986, p. 238).

A genealogia dos temas sexuais, estabelecida por Foucault, parece realçar o sentimento de que aqui não há nada "natural", apenas uma rede mutante de ideias e ansiedades diferentes que ajudam a criar os indivíduos que são moldados por estas preocupações.

Em suas últimas obras, *O cuidado de si* e *O uso dos prazeres*, Foucault descreve alguns dos exercícios que os estoicos e outros filósofos utilizavam a fim de moldar o eu e manter seu equilíbrio. Ele observa também que o cristianismo incluiu uma variedade de práticas espirituais, porque:

> A *askêsis*, em suas diferentes formas (exercício, meditação, avaliações do pensamento, exame de consciência, controle das representações), acabou tornando-se um assunto para instrução e constituiu um dos instrumentos fundamentais usados na direção das almas (FOUCAULT, 1986, p. 74).

Sob o regime do cristianismo, porém, o sexo recebeu uma conotação negativa, sendo considerado um mal que significava nossa natureza decaída. Foucault sugere alhures que na Idade Média as práticas sexuais, os desejos e os prazeres eram codificados muito mais detalhadamente em manuais de confessores e outras obras. E afirma que estas questões foram absorvidas gradualmente num cálculo moral que determinava o certo ou errado de cada ação e de cada desejo e sentimento[90]. A Contrarreforma, em particular, inspirou "normas meticulosas de autoexame", que levaram à crescente problematização deste aspecto de nossa vida:

---

90. Cf. também a análise de Foucault sobre o tratado de Gregório de Nissa *De Virginitate* e sua interpretação da parábola da dracma em: FOUCAULT, M. Technologies of the Self. *In*: HUTTON, P. H.; GUTMAN, H.; MARTIN, L. H. (orgs.). *Technologies of the Self*: A seminar with Michel Foucault. Amherst: University of Massachusetts Press, 1988, p. 21.

> Tudo precisava ser contado. Uma dupla evolução tendeu a fazer da carne a raiz de todo mal, deslocando o momento mais importante da transgressão do ato em si para as instigações – tão difíceis de perceber e de formular – do desejo (FOUCAULT, 1990, p. 19).

O sexo foi também um tema de preocupação e ansiedade na antiguidade clássica, mas Foucault insiste que ele nunca foi considerado um mal em si. Com efeito, diferentes formas de amor, entre as quais o amor entre rapazes, não eram consideradas más, desde que não levassem ao abandono de si mesmo e ao fracasso em manter o autocontrole de sua vida.

Em suas últimas preleções no *Collège de France*, Foucault permanece pessimista acerca desses "estados de dominação" e das tecnologias sutis de subjetivação que caracterizam sempre mais a vida moderna. Mas, ao mesmo tempo, ele afirma as possibilidades espirituais da filosofia e de outras formas de vida em termos de *liberdade* humana. E comenta em uma de suas entrevistas:

> Em seu aspecto crítico – e entendo crítico num sentido amplo – é a filosofia que questiona a dominação em todos os níveis e em todas as suas formas de existência, sejam políticas, econômicas, sexuais, institucionais ou quaisquer outras. Até certo ponto, a função crítica da filosofia deriva da injunção socrática "Cuida de ti", em outras palavras: "Transforma a liberdade em teu princípio, mediante o domínio de ti mesmo" (FOUCAULT, 1997, p. 300s.).

7.2 O cuidado de si como um ideal moderno

O cuidado de si é um ideal antigo, mas até que ponto ele continua a inspirar a vida moderna? Em *O uso dos prazeres*, Foucault introduz uma estrutura quádrupla para compreender diferentes formações éticas em função de sua *substância ética, modo de sujeição, trabalho ético* e *télos* do sujeito (FOUCAULT, 1986, p. 26-28). A substância ética pode incluir prazeres, desejos ou ações; o modo de sujeição – a razão para ser moral – era o cuidado de si e não a vontade de Deus ou a necessidade do código moral; o trabalho ético implicava práticas espirituais como escrever, meditação, autoexame, experimento mental etc., enquanto o *télos* de tudo isso não era a salvação ou a fama, mas viver uma vida digna de ser honrada e mantida na memória por outros. Ora, esta estrutura sugere que, embora devam influenciar-se e iluminar-se mutuamente, os diferentes momentos de uma formação ética podem também ser separados deste contexto total e ser considerados em si mesmos. Portanto, é certo que Foucault não deseja retornar ao mundo antigo e descreve como "totalmente repugnantes" a gritante desigualdade dessa época e especialmente a subordinação das mulheres (FOUCAULT, 1997, p. 258). Mas existe *algo* acerca do cuidado de si que ele considera inspirador e talvez até capaz de aprimorar a nossa própria vida no presente: hoje, a existência de Deus e o "fato" da lei moral não são de modo algum aceitos por todos; e um dos problemas com a ética nos tempos modernos – notado por Nietzsche, Anscombe e outros – é que ela parece nos diminuir em vez de nos inspirar. Hoje a moralidade é o sentimento do dever que nos oprime e algo que é sentido como *exterior* a nós, em vez de ser uma necessidade interior. Como explica Foucault:

Passando da Antiguidade para o cristianismo, passa-se de uma moralidade que era essencialmente uma busca de uma ética pessoal para uma moralidade que era obediência a um sistema de normas. Se tive esse interesse pela Antiguidade, é porque, por toda uma série de razões, a ideia de moralidade como obediência a um código de normas está hoje em processo de desaparecer ou já desapareceu. E esta ausência de moralidade exige – deve exigir – uma estética para a existência (FOUCAULT apud VEYNE, 2010, p. 125s.).

Articulando desta maneira a oposição entre as duas perspectivas, Foucault parece insinuar que uma é um antídoto para a outra. E assim podemos perguntar-nos se o cuidado de si pode renovar a vida, inspirando a realização individual no presente. E, mais importante para este livro, qual é o significado *espiritual* do cuidado de si?

Retornaremos a estas questões. Mas, primeiramente, desejo considerar três importantes objeções à narrativa de Foucault, que podem ajudar a especificar mais claramente sua postura. São objeções apresentadas frequentemente por críticos de Foucault e é importante aqui responder a elas: (1) A objeção ontológica: o cuidado de si é um ideal egocêntrico que enfatiza a fabricação do eu como algo semelhante a uma obra de arte fixa, e isso é um mal-entendido fundamental da natureza da personalidade. (2) A objeção ética: toda a orientação do cuidado de si é egocêntrica e, longe de ser um ideal ético alternativo, parece minar a base da ética que é, antes de mais nada, o cuidado dos outros. (3) A objeção histórica: a obra final de Foucault é simplesmente uma interpretação errônea dos textos e ideias antigos, e é inútil retornar à Grécia e a Roma para resolver problemas contemporâneos. Mediante a resposta a estas três objeções, será possível salientar a força da postura de Foucault e a importância do cuidado de si como um "remédio" para a vida moderna.

Ao descrever o cuidado de si, Foucault utiliza expressões como "uma estética da existência", "ser o artista de sua própria vida", ou "viver sua vida como se fosse uma obra de arte". Mas é isso algo mais do que autocultivo, ou "fazer uma pose", na linha de Baudelaire ou Oscar Wilde? Foucault tem plena consciência da possibilidade de mal-entendido aqui e, no início de suas preleções sobre *A hermenêutica do sujeito*, ele nos adverte contra a interpretação negativa do cuidado de si, como se fosse uma espécie de escapismo da vida para refugiar-se no desespero do total egocentrismo:

> Todas estas injunções de exaltar-se a si mesmo, de devotar-se a si mesmo, de voltar-se para si mesmo, de prestar serviço a si mesmo soam aos nossos ouvidos como – o quê? Como uma espécie de contestação e desafio, um desejo de uma mudança ética radical, uma espécie de janotismo, a afirmação-desafio de um estágio estético e individual fixo. Ou então soam para nós como um pouco de melancolia e uma triste expressão do retraimento do indivíduo que é incapaz de agarrar firmemente e manter diante dos olhos, a seu alcance e para si, uma moralidade coletiva (a da cidade-estado, por exemplo) e que, diante da desintegração desta moralidade coletiva, não tem nada a fazer senão cuidar de si mesmo. Assim, as conotações e insinuações iniciais e imediatas de todas estas expressões nos afastam de pensar sobre estes

> preceitos em termos positivos (FOUCAULT, 2005, p. 12s.).

Foucault tem razão em considerar que "o cuidado de si" *sugere* narcisismo, no sentido de que o indivíduo parece sentir-se no direito de receber consideração especial. Mas isso parece insinuar também que o eu é um objeto fixo, como uma casa ou um carro que precisam ser cuidados, e isso dá origem à objeção ontológica. Por exemplo, numa entrevista, Foucault sugere que o eu devia ser considerado um "objeto de arte". Ele se pergunta: "Mas não poderia a vida de cada um se tornar uma obra de arte? Por que deveria a lâmpada ou a casa ser um objeto de arte, mas não a nossa vida?" (FOUCAULT, 1997, p. 261). Ora, falar do cuidado de si sugere certamente que o eu é uma coisa preexistente e em princípio isso parece razoável. Por exemplo, falamos em "ser verdadeiros para nós mesmos" e isso implica que o eu – o verdadeiro eu – é algo profundo dentro de nós, que tendemos a negligenciar ou ignorar. Na verdade, corremos o risco de sermos "inautênticos" se não tentarmos ser nós mesmos. Esta maneira de pensar lembra uma famosa passagem das Enéadas, em que Plotino compara o cuidado de si com o escultor que liberta a bela forma que já está presente na pedra: a filosofia é terapia e a meta da filosofia, de acordo com Plotino, é recuperar o verdadeiro eu de alguém:

> Como verias o tipo de beleza que uma alma boa possui? Recolhe-te em ti mesmo e vê; e se ainda não te vires belo, como o escultor de uma estátua que deve tornar-se bela apara isso e corrige aquilo, pule aqui e limpa ali, até que exiba um belo semblante na estátua, assim apara também tu todo o supérfluo, alinha todo o

tortuoso, limpa e faz reluzente todo o opaco e não cesses de moldar a estátua de ti mesmo, até resplandeça em ti o esplendor deiforme da virtude, até que vejas a temperança assentada em sacra sede[91].

Esta é uma imagem poderosa. Mas, apesar da intenção de Plotino, a passagem nos convida a nos identificar a "nós mesmos" com o "próprio escultor" e com a "própria estátua" que o escultor cria. A verdade é que nós somos ao mesmo tempo ativos e passivos em relação a nós mesmos. Com efeito, o eu é esta autorrelação; e isso significa que o autocultivo precisa ser um processo permanente e que "o eu" *não* é uma coisa autossuficiente separada. Foucault é da mesma opinião e, para ele, o cuidado de si é um movimento contínuo de autoapropriação e automodelagem, mas não a recuperação de um eu fixo que já existe, em algum nível, como minha possibilidade única de ser[92].

Aqui é útil o exemplo do budismo. O budismo é uma religião, mas é também uma filosofia prática que implica cultivar sentimentos e emoções positivos como amor, compaixão e plena atenção e evitar sentimentos e emoções negativos, entre os quais cólera e ódio. Isso se alcança mediante vários exercícios espirituais, entre os quais meditação e autoexame, ou estabelecendo propósitos para si mesmo, como no estoicismo e outras escolas de filosofia antigas. O budismo estimula o contínuo aprimoramento e cuidado

---

91. PLOTINO. *Enéada* I, 6, 9.
92. Para uma análise ulterior disto, cf. McGUSHIN, E. Foucault's theory and practice of subjectivity. *In*: TAYLOR, D. (org.) *Michel Foucault*: Key concepts. Durham: Acumen, 2011, p. 127-142. • O'LEARY, T. *Foucault and the art of ethics*. Londres: Continuum, 2002.

de si em vista do bem, mas ao mesmo tempo os budistas negam a realidade de um eu fixo, considerando-o um erro de pensamento. Não existe nenhum eu. O "eu" é apenas uma ficção conveniente – da qual se segue que o cuidado de si não deve ser entendido em termos de autodescoberta ou aquisição de um eu autêntico, que seria nossa verdade última. Pelo contrário, como mostra o próprio Foucault, viver sua vida como se fosse uma obra de arte implica o autocultivo, em que o "eu" é uma obra em contínuo progresso. Não existe nenhum eu autêntico ou oculto que supostamente devemos descobrir, nem ideais determinados de soberania que estão fadados a coagir de antemão nosso pensamento.

Como isso é relevante aqui? Em seu ensaio posterior *O que é o Iluminismo*, Foucault cita Baudelaire no sentido de que "a modernidade não liberta o homem em seu próprio ser", mas na verdade faz o oposto: como mostrou Foucault, na sociedade moderna as estruturas de poder/conhecimento criam sujeitos dóceis cuja liberdade é regulada estritamente por normas contemporâneas. Mediante todos os procedimentos disciplinares da vida moderna, nas escolas, nas prisões, nas fábricas e nos escritórios – também por meio da publicidade, da televisão e outros meios de comunicação – somos treinados para sermos nós mesmos, continuamente organizados, condicionados e corrigidos para sermos normais. Neste contexto, mais normas e mais leis não podem nos ajudar; a vida já está sobrecarregada por normas e espiritualmente diminuída; e nosso único recurso é recusar as identidades que nos foram impingidas e criar-nos novamente. Em seu ensaio, Foucault observa:

> Para Baudelaire, o homem moderno não é o homem que parte para se descobrir a si mes-

mo, seus segredos e sua verdade oculta; ele é o homem que procura inventar-se. Esta modernidade não "liberta um homem em seu próprio ser"; ela o obriga a enfrentar a tarefa de produzir-se a si mesmo (FOUCAULT, 1997, p. 312).

Este é o mesmo ideal da automodelagem que Foucault descreve em suas últimas obras como sendo "o cuidado de si", e sugere que precisamos reimaginar e transformar o presente, inclusive nós mesmos e nossos modos fixos de pensar; porque as normas morais e regulamentos de acordo com os quais vivíamos outrora já não são aplicáveis ou vinculantes. Por isso, é importante repetir que a preocupação principal de Foucault não é nos levar de volta aos antigos – acerca dos quais ele é bastante ambivalente –, mas nos libertar da subjetivação da vida *moderna* que produz o indivíduo como um ser limitado. E a meta final é simplesmente viver uma vida significativa, seguindo os filósofos antigos, que praticavam o autocultivo não em vista da salvação ou de recompensas terrenas, mas apenas para alcançar uma existência bela. Como ele observa em *O uso dos prazeres*:

> Por isso, nesta forma de moralidade, o indivíduo não se transformava num sujeito ético, universalizando os princípios que informavam sua ação; pelo contrário, ele o fazia mediante uma atitude e uma busca que individualizavam sua ação e talvez até lhe dessem um brilho especial em virtude da estrutura racional e deliberada que sua ação manifestava (FOUCAULT, 1986, p. 63).

Evidentemente isso não deve ser entendido num sentido estético tacanho ou em oposição às considerações morais;

pois é uma vida que é única, atraente e convence os outros numa multiplicidade de níveis diferentes. Nada disto, porém, é formalizado e, de acordo com Foucault, não existe um plano ou um conjunto de condições para definir o que significa cuidar de si de alguma maneira precisa. Mesmo assim, para Foucault, o cuidado de si é um ideal empoderador ao qual podemos nos sentir compelidos a responder.

Mas existe outra dificuldade: porque, mesmo que aceitemos que o cuidado de si proporciona um modo alternativo de pensar sobre a moralidade, existe o problema de que o cuidado de si se ocupa unicamente com o próprio indivíduo em oposição aos outros; e esses outros, como se diz, deveriam ser a preocupação principal da moralidade. Esta é a objeção ética e a resposta de Foucault é clara: embora seja necessariamente auto-orientado, o cuidado de si não é uma forma de autocomplacência. Para os antigos gregos o cuidado de si como *sôphrosynê* era considerado uma condição indispensável da vida pública, porque se entendia que quem não pudesse controlar-se a si mesmo, como o tirano na *República* de Platão, nunca poderia governar legitimamente os outros. E o homem cujas paixões sexuais eram irrestritas nunca poderia governar uma família ou um agregado familiar. No caso dos romanos posteriores, o cuidado de si implicava conhecer e cumprir seus deveres para com os outros, inclusive esposa, filhos, escravos e concidadãos. Como explica Foucault numa de suas últimas entrevistas:

> Mas, se você cuida adequadamente de si, ou seja, se você sabe ontologicamente o que você é, se você sabe do que é capaz, se você sabe o que significa para você ser um cidadão de uma cidade, ser o senhor de uma família num *oikos*,

> se você sabe quais coisas deveria e quais não deveria temer, se você sabe o que você pode razoavelmente esperar e, por outro lado, quais coisas não deveriam ter importância para você, se você sabe, finalmente, que não deve temer a morte – se você sabe tudo isso, você não pode abusar de seu poder sobre os outros. Assim não existe perigo (FOUCAULT, 1997, p. 288).

Nesta leitura, portanto, o cuidado de si não está em oposição ao cuidado dos outros, porque um evoca e implica o outro.

Com efeito, Foucault argumenta que o cuidado de si é ontologicamente anterior à preocupação com os outros. Isso não significa que o eu tem um valor maior do que qualquer outra coisa – inclusive a família, os amigos, os concidadãos ou até mesmo o Estado. Significa simplesmente que, tanto lógica quanto psicologicamente, o cuidado de si é uma precondição para o cuidado de outras pessoas. Foucault afirma que o cuidado dos outros deriva naturalmente do cuidado de si mesmo como pai/mãe, cidadão, amigo ou membro da comunidade humana (no caso dos estoicos). E, ao promover nossas próprias virtudes individuais, estamos com isso aprimorando nossa conexão com a comunidade e com os outros. Isso pode parecer problemático, especialmente quando a prioridade moral do outro é frequentemente afirmada – e aqui podemos pensar em filósofos como Levinas, que insistem na primazia do "outro". Mas existe na filosofia ocidental outro filão que questiona esta perspectiva e é isso que Foucault afirma.

Kant, por exemplo, reconhece a prioridade da soberania individual ao mostrar que a autonomia é uma precondição para a ética e ao dizer que nossos deveres para conosco mesmos antecedem logicamente os nossos deveres para com os outros. Em suas *Preleções sobre a ética*, ele afirma: "A autocracia da mente humana, com todos os poderes da alma humana na medida em que têm relação com a moralidade, é o princípio dos nossos deveres para conosco mesmos e, por isso, de todos os outros deveres" (KANT, 1978, p. 142). Como um exemplo, ele afirma que contar a verdade é primeiramente um dever que devemos a nós mesmos, e "segue-se que a condição prévia de nossos deveres para com os outros é nosso dever para conosco mesmos" (KANT, 1978, p. 118). Para Kant o imperativo da autonomia pode ser entendido como o chamado original que supostamente convoca todos os indivíduos para a tarefa da soberania, porque nos impõe assumir o comando de nós mesmos. Em seu ensaio *Resposta à pergunta: O que é o Esclarecimento?*, Kant insiste: "*Sapere Aude!*", que significa: ouse saber, "tenha a coragem de usar sua inteligência" e aproprie-se de sua própria existência (KANT, 1983, p. 41). Com efeito, poder-se-ia dizer que só mediante a possibilidade de agir em seu próprio nome o indivíduo pode algum dia emergir como um indivíduo específico ou singular num sentido significativo. Neste sentido, algo como a autonomia deve ser considerado fundamental para o estabelecimento da ética ou de qualquer sistema de valores – inclusive valores espirituais – que requer o cultivo do indivíduo. Ou nas palavras de Foucault: "O cuidado dos outros não deveria ser anteposto ao cuidado de si. O cuidado de si é eticamente anterior no sentido de que a relação consigo mesmo é ontologicamente anterior" (FOUCAULT, 1997, p. 287).

Como vimos, o cuidado de si sugere um retorno à ética da virtude, na qual o cultivo de virtudes específicas – entre as quais a coragem, a justiça, a temperança e a sabedoria – é uma forma de automodelagem que ajuda a orientar nossas atitudes básicas para as outras pessoas. Isso é "egocêntrico", mas não necessariamente "egoísta", visto que é a condição necessária para permanecer aberto e disponível aos outros. Significativamente, para Foucault o cuidado de si como autoformação é também um espaço de liberdade, no qual podemos nos reunir para viver e agir de acordo com nossa própria vontade. Foucault não diz que somos livres para escolher qualquer coisa que quisermos e rejeita o existencialismo que enfatiza o fardo de nossa liberdade metafísica absoluta. Nós não estamos "condenados a sermos livres", como diria Sartre, já que a liberdade é, mais realistamente, algo que devemos cultivar mediante um cuidado atento de si[93]. É também uma espécie de "liberdade concreta", que reage ao contexto do momento, afirmando-o ou rejeitando-o – como o soldado que opta por obedecer ou desobedecer a ordens, ou como o crente que opta pela elucidação da fé acima de outras possibilidades. Neste sentido, Foucault argumenta que o indivíduo se molda em função dos "modelos que encontra em sua cultura e lhe são propostos, sugeridos, impostos por sua cultura, por sua sociedade e por seu grupo social" (FOUCAULT, 1997, p. 291). Mas este é também o momento em que afirmamos nossa liberdade, à medida que nos constituímos em resposta a tudo o que é fixo e dado.

---

93. Sobre a complexa relação entre Foucault e o existencialismo, cf.: SEITZ, B. Foucault and the subject of stoic existence. *Human Studies* 35 (2012), p. 539-554.

Por fim, a objeção histórica: alguns estudiosos clássicos rejeitaram a análise que Foucault faz do mundo antigo como enganosa ou inexata, embora outros tenham sido mais simpáticos[94]. Foucault admite que não é um clássico, mas tentou compreender uma grande quantidade de materiais clássicos e apresenta uma interpretação que realça alguns aspectos que geralmente não recebem destaque. Novamente o paralelo mais óbvio é com Nietzsche. Em *O nascimento da tragédia*, Nietzsche enfureceu os estudiosos clássicos ao propor uma nova narrativa da tragédia grega, estruturada em função do "dionisíaco" e do "apolíneo" como categorias explicativas que ajudam a iluminar o mundo grego. Mas seu objetivo último é inspirar seus leitores para um tipo de futuro diferente do futuro imposto pela mediocridade ou pela "deplorável satisfação" que pareciam prevalecer em seu tempo. Recordando o passado, Nietzsche procurou recuperar a possibilidade de um tipo superior de futuro. A recuperação por Foucault de importantes temas da vida grega e romana tem um tipo semelhante de objetivo – a desestabilização de maneiras estabelecidas de pensar e o surgimento de uma nova perspectiva que lança dúvida sobre a legalidade do código ou a moralidade da lei como única possibilidade *ética*. Esta nova perspectiva proporciona uma narrativa convincente do passado e elabora outra maneira de pensar sobre a vida moral; e, desta maneira, nos permite superar nossa

---

94. Cf., p. ex., a análise deste ponto em duas resenhas: BOYLE, B. Foucault among the classicists, again. *Foucault Studies*, n. 13 (2012), p. 138-156. • KARRAS, R. Active/passive, acts/passions: Greek and roman sexualities. *American Historical Review* 105/4 (2000), p. 1250-1265.

autocompreensão presente para afirmar a possibilidade de liberdade humana e de uma vida espiritual.

Para alguns comentaristas, a leitura que Foucault faz dos textos antigos é compatível com sua análise original do poder/conhecimento e proporciona uma narrativa daquilo que faltava em sua obra anterior – a saber, o sujeito como cocriador de sua própria vida e a possibilidade de transformação pessoal. Em diferentes entrevistas, Foucault mostra que, depois de suas tentativas anteriores de compreender o conhecimento, as formações discursivas e o funcionamento do poder, o indivíduo permaneceu subteorizado em suas obras e é para isso que ele se voltou em seus últimos escritos publicados – *O uso dos prazeres* e *O cuidado de si*. Por isso, pode-se insistir que estas obras não representam uma traição de seu *insight* fundamental (sobre o poder/conhecimento), mas a conclusão de uma estrutura de compreensão que nos permite captar o ponto de vista da vida moderna. Ao mesmo tempo, podemos desejar ir mais longe e dizer que as últimas obras de Foucault implicam um desenvolvimento – e não uma reversão – que vai além do aparente beco sem saída de suas obras anteriores. Em *Vigiar e punir* e *História da sexualidade* volume I, o sujeito individual é postulado como uma determinação fixa e um produto das forças que o criam. A própria identidade pessoal é uma coação e uma forma de sujeição – e daí a dúvida a respeito de "Walter", mencionada acima neste capítulo. Mas, em seus últimos livros, ensaios e entrevistas, Foucault elabora um espaço de liberdade pessoal – mediante o cuidado de si – que nos permite questionar até certo ponto as identidades que nos são impostas e nos reinventar. Porque, quando adquire consciência das relações de poder que o cercam e o ameaçam, o sujeito adquire também consciência de suas próprias possibilidades de ação e resposta. E isso inspira a possibilidade de autotransformação e renovação espiritual como um afastar-se das ideias e metas recebidas. A liberdade não é absoluta e não há necessidade de progresso social ou político. Mas, como entendiam os gregos e os romanos, estamos livres com certos parâmetros – de acordo com os estoicos, algumas coisas dependem de nós, ao passo que outras não dependem de nós – e, reconectando-nos com o cuidado de si, podemos recuperar as possibilidades de "autarquia, "autonomia" ou "autodomínio", que são as condições tanto da liberdade quanto de sua conquista. Esta é também uma abertura para a vida espiritual como busca de uma existência mais significativa que afirma a pertença como oposta à separação e à morte.

7.3 O cuidado de si como meta espiritual

Até agora, consideramos algumas objeções à narrativa de Foucault sobre o cuidado de si. Avaliamos essas objeções e penso que podemos concluir que o cuidado de si é um ideal que permanece relevante para a vida contemporânea. Mas, assim como é um projeto ético, o cuidado de si é também uma meta *espiritual*; e é isso que precisamos analisar agora. Em seus últimos livros, Foucault trata do cuidado de si como um conceito ético, mas em várias entrevistas e ensaios, ele se refere sempre mais ao cuidado de si como um empreendimento espiritual e uma chave para a vida espiritual. E isso faz sentido: a ética pode ser considerada uma parte da vida humana, que implica nossos deveres e responsabilidades para conosco e para com os outros. Mas a espiritualidade afirma a totalidade de cada existência humana – não apenas nosso comportamento ético, mas o compromisso de todo o nosso ser com uma realidade ou verdade superior; e é isso que impulsiona a narrativa de Foucault sobre o cuidado de si. Sem dúvida, muito depende da maneira como determinamos a natureza da espiritualidade; mas aqui, de acordo com algumas sugestões anteriores, proponho que a vida espiritual inclui pelo menos três aspectos diferentes[95]. Em primeiro lugar, a vida espiritual implica um afastamento em relação às metas ordinárias e às preocupações da vida cotidiana, como riqueza, poder e *status*, e uma abertura a valores e virtudes mais elevados que tornam a vida mais gratificante. Isso não significa evitar a vida, mas rejeitar todas as ideias recebidas que são intrinsecamente negadoras da vida. Em segundo lugar, a vida espiritual implica algum tipo de busca ou jornada em direção à verdade e ao sentido "último"; e, como qualquer busca importante, esta pode ser muito desafiadora, já que questiona o próprio eu da pessoa. Em terceiro lugar, a vida espiritual é uma vida integrada que envolve todo o nosso eu; não é um passatempo ou um interesse secundário, separado do resto da nossa existência. E o indivíduo espiritualmente comprometido se dedica aos valores mais elevados, pois se sente impelido a segui-los e, às vezes, até a morrer por eles. Podemos agora avaliar até que ponto a narrativa de Foucault sobre o cuidado de si segue uma trajetória espiritual, utilizando como nosso guia estas três determinações.

---

95. Para uma análise ulterior da natureza da espiritualidade neste sentido, cf. SHELDRAKE, P. *Spirituality*: A very short introduction. Oxford: Oxford University Press, 2012. • WHITE, R. *The heart of wisdom*: A philosophy of spiritual life. Lanham: Rowman and Littlefield, 2013. • GOTTLIEB, R. *Spirituality*: What it is and why it matters. Oxford: Oxford University Press, 2013.

Em primeiro lugar, o questionamento das ideias recebidas e dos valores cotidianos. Seguindo Pierre Hadot, Foucault argumenta que a antiga filosofia se ocupa totalmente com o fato de alguém viver sua vida de maneira correta, e ela certamente não se limita à especulação intelectual. Em *O uso dos prazeres* e *O cuidado de si*, Foucault apresenta análises constantes de diversos filósofos antigos, entre os quais Sócrates, Marco Aurélio e Epicteto, que se dedicaram a viver de maneira sábia e boa. Também deixa claro que pensadores como Sócrates rejeitaram os valores cotidianos da caverna, porque consideravam o cuidado de si ou da alma o valor mais importante de todos – mais importante do que a fama, o dinheiro e até a segurança pessoal. Em sua última obra, Foucault tende a fundir o "ético" e "espiritual" e o cuidado de si se torna o ponto em que ambos emergem. E comenta numa entrevista:

> Por espiritualidade entendo – mas não estou seguro de que esta definição possa sustentar-se por muito tempo – a conquista, por parte do sujeito, de certa maneira de ser e a transformação que o sujeito precisa realizar em si mesmo para atingir este modo de ser. Creio que, na antiga espiritualidade, a espiritualidade e a filosofia eram idênticas ou quase idênticas (FOUCAULT, 1997, p. 294).

A preocupação de Foucault com a espiritualidade em seus últimos cursos no *Collège de France* suscitou algumas análises vigorosas da *parrhêsia* ou "fala destemida" como um ideal presente na filosofia cínica, socrática e estoica. Hoje falaríamos de "falar a verdade ao poder"; mas isso implica o mesmo tipo de coragem que permitiu a Sócrates falar sua opinião às autoridades e estimulou Diógenes, que se recusou a reverenciar qualquer ser humano, a pedir a Alexandre que *saísse da frente do sol*. Como nos lembra Kant, dizer a verdade é um requisito ético; mas, ao mesmo tempo, devotar-se à verdade implica aceitar a verdade como um valor *espiritual* ou algo que é maior do que nós e que devemos acatar. Estar disposto a morrer pela verdade é afirmar uma perspectiva espiritual acerca da existência humana, e isso implica que uma vida espiritual é possível. Ela não deve ser considerada uma forma "ilusória" de libertação – que é o que poderíamos ter esperado do trabalho anterior de Foucault.

Em segundo lugar, a busca individual de verdades e valores superiores: como vimos, filósofos como Sócrates estavam preparados para morrer por seus valores e consideraram sua segurança pessoal uma preocupação secundária ao afirmar a verdade, por mais inconveniente que fosse, aos outros. Os estoicos e os epicureus apresentavam filosofias convincentes de acordo com as quais se devia viver; mas, como aponta Hadot, cada uma das escolas filosóficas antigas tinha seu próprio ideal e os indivíduos deviam superar os desejos pessoais em vista de uma meta impessoal que era a mesma para todos (cf., p. ex., HADOT, 1995). Evidentemente isso não se ajusta à narrativa de Foucault acerca do autocultivo, porque, assim que insistimos em metas e *normas* fixas para a autoformação, mais nos aproximamos da moralidade universal da lei da qual queríamos fugir. Por fim, Foucault diz que toda a sua obra deve permanecer um *experimento* destinado a determinar o que ainda é possível na vida moderna e ultrapassar os limites da compreensão que dela temos. Ele insiste também que a meta dos "buscadores da verdade" não consiste apenas em conhecer mais coisas. Consiste em recuperar a abertura ao mundo e um sentimento de pertença à *verdade*, que pode efetuar uma transformação pessoal. Ele pergunta:

> Afinal de contas, qual seria o valor da paixão e do conhecimento se o resultado fosse apenas uma certa quantidade de informações e não, de uma forma ou de outra, e na medida do possível, um perder-se em divagações por parte do conhecedor? Existem momentos na vida nos quais a questão de saber se podemos pensar de maneira diferente do que costumamos pensar, e perceber de maneira diferente do que costumamos ver, é absolutamente necessária se quisermos continuar a olhar e a refletir (FOUCAULT, 1986, p. 8).

Foucault criticava os antigos, mas criticava mais os códigos morais que minam a soberania individual e organizam nossas reflexões de antemão; e estava profundamente preocupado com a anomia da vida moderna: nós nos tornamos habituados conosco mesmos. Nós nos tornamos semelhantes aos produtos que consumimos com satisfação e neste sentido estamos perdendo nossa liberdade e qualquer possibilidade daquilo que ele denomina nossa "vida espiritual". Mas, neste sentido, a *renovação* do cuidado de si é um retorno à meta original da filosofia, que consiste em cultivar um modo de vida pelo questionamento, reflexão e vários exercícios espirituais. E isto, como diria Nietzsche, é uma vida "experimental", que se inspira numa confiança básica na existência, e numa existência que certamente é digna de ser vivida[96].

---

96. Foucault foi influenciado sem dúvida pela ideia do "experimentalismo" de Nietzsche. Para o ideal de Nietzsche, cf., p. ex.: SEIGFRIED, H. Nietzsche's radical experimentalism. *Man and world* 22/4 (1989),

Em terceiro lugar, a vida espiritual é uma vida integrada, o que significa que ela implica a meta permanente da transformação pessoal como foco de nossa existência. Isso incluiria não só o aspecto intelectual do eu, mas também o aspecto emocional, o aspecto físico e outros, que precisam ser cultivados e formados dia após dia como trabalho de nossa própria vida. Neste ponto, Foucault comenta sugestivamente numa de suas últimas entrevistas:

> Entre as invenções culturais da humanidade existe um tesouro de estratagemas, técnicas, ideias, procedimentos etc. que não pode ser ativado com exatidão, mas que pelo menos constitui, ou ajuda a constituir, certo ponto de vista que pode ser muito útil como instrumento para analisar o que está acontecendo agora – e para mudá-lo (FOUCAULT, 1997, p. 261).

O tesouro de estratagemas que Foucault descreve incluiria certamente muitas das práticas associadas ao budismo, ao cristianismo e a antigas tradições filosóficas como o estoicismo, o cinismo, o epicurismo e outras. E incluiriam a meditação, o autoexame, a antecipação da morte, a oração e outras maneiras de estabelecer para si mesmo propósitos significativos. Certamente é possível que esses estratagemas possam ser cooptados pelo regime de verdade de poder. Mas Foucault se inspira claramente no potencial libertador desses estratagemas como práticas espirituais, porque ajudam a

---

p. 485-501. • Sobre o "experimentalismo trágico" de Nietzsche, cf. WILLIAMS, R. *Tragedy, recognition, and the death of God*: Studies in Hegel and Nietzsche. Oxford: Oxford University Press, 2012, p. 264-272.

desvencilhar o indivíduo das ideias recebidas e dos modelos de existência que ele é obrigado a subscrever.

Deste modo Foucault elabora o cuidado de si como um projeto ético, enquanto ao mesmo tempo chega a pensar o cuidado de si como uma meta espiritual significativa. E, na medida em que sua análise se conforma com a narrativa geral da espiritualidade que propus, penso que devemos considerar o cuidado de si um ideal espiritual importante. Nos últimos anos, as preocupações espirituais se tornaram mais proeminentes do que antes. Hoje muitas pessoas desfrutam um estilo de vida confortável, com bens morais abundantes, mas consideram que sua vida foi empobrecida. Elas não possuem o sentido que desejam ter tido e, por isso, buscam o sentido espiritual. Mas, embora busquem um caminho espiritual, muitas vezes se interessam menos pelas religiões tradicionais, porque estas possuem requisitos de fé rígidos e parecem oferecer menos possibilidades de experimento e crescimento espiritual. Tudo isso mostra a necessidade de uma espiritualidade mais pessoal – uma espiritualidade que tenha mais apelo, já que as religiões tradicionais se tornaram inflexíveis e resistentes à mudança. Em sua análise do cuidado de si, Foucault desenvolve o esboço de uma "espiritualidade filosófica", que poderia também tornar-se a base para uma expressão espiritual mais popular, especialmente porque estimula o crescimento e a transformação espiritual sem insistir em práticas ou crenças religiosas fixas.

Abrindo novas perspectivas sobre as formas da nossa experiência e desafiando-nos a pensar de maneira diferente, a obra de Foucault promove uma espécie de regozijo, porque nos liberta de ideias recebidas e determinações fixas, e desta maneira cria um espaço de liberdade. Ora, como se expressa Nietzsche: "Toda a ousadia do amante do conhecimento é novamente permitida"; porque a vida se torna repleta de possibilidades e de um *experimento*, visto que Foucault recupera o impulso que está por trás da filosofia e da origem da vida espiritual. E, desta maneira, a narrativa de Foucault sobre o cuidado de si ilumina a possibilidade autêntica de autodeterminação como meta espiritual à qual podemos aspirar.

8 DERRIDA SOBRE O LUTO

Para muitos filósofos antigos o medo da morte é irracional e uma das mais importantes tarefas filosóficas consiste em conformar-se com sua própria mortalidade. Os estoicos dizem que devemos aceitar tudo o que acontece como sendo a vontade do cosmos e que não deveríamos lamentar a morte, mas abraçar o nosso destino como parte da ordem das coisas. Para Epicuro a morte não é motivo de preocupação para nós, porque, enquanto existimos, a morte ainda não veio; mas, quando a morte veio, nós já não existimos e, por isso, nada nos pode realmente prejudicar. Lucrécio argumenta que a morte faz parte da natureza e, como a natureza é fundamentalmente boa, queixar-se da brevidade de sua vida é estar fora de sintonia com a natureza ou com a própria vida. Mas em tudo isso é sempre a *nossa própria* morte que constitui o problema; a morte dos outros não é uma questão tão crucial e isso parece ser uma petição de princípio. De acordo com Sêneca, por exemplo, pode ser muito natural sentir pesar quando morre um ente querido; mas isso não muda realmente nada, não pode trazer de volta o ente querido, e por isso deveríamos minimizar nossa tristeza e evitar demonstrações públicas de pesar que apenas mostram nossa fraqueza. Tanto Marco Aurélio quanto Epicteto nos dizem que deveríamos procurar prevenir o choque da morte de um ente querido, antecipando de antemão essa possibilidade, de modo que, quando acontece, já estaremos imunes: "Quando beijares ternamente teu filho ou tua mulher, diz que beijas um ser humano, pois se morrerem, não te inquietarás" (EPICTETO, 2012, § 3). Mesmo assim, esta atitude parece forçada, porque considera a morte do ser amado algo contra o qual devo ser protegido. E considera o pesar e o luto uma espécie de autoperda e algo que me é prejudicial, em vez de ser uma resposta genuína ao destino do outro, que é certamente a coisa mais importante.

Com efeito, minha própria morte não pode ser minha maior preocupação. A morte de meu amigo ou de meu filho pode ser realmente uma causa muito maior de angústia; e podemos até dizer – com toda a honestidade – que, se pudéssemos trocar de lugar com o falecido, o faríamos de bom grado. Nossa própria existência e nosso sentimento de nós mesmos estão completamente ligados à nossa relação com os outros, de modo que, quando perdemos alguém, perdemos também uma parte importante de nós mesmos. Não podemos recuperar isso simplesmente amando outra pessoa. Neste sentido, existe uma mudança real: passo da preocupação com minha própria morte para o luto pela morte de outros e, entre filósofos recentes, Derrida responde a esta questão espiritual no nível mais sério.

Para os estoicos a morte do outro é algo que me afasta do meu próprio caminho autêntico e é tratada como um problema que precisa ser superado. Em outras palavras, o luto é entendido como um processo que pode finalmente levar à "liberdade" e à autorrecuperação. Neste capítulo, começarei com a narrativa de Freud acerca do luto, porque penso que a teoria de Freud é semelhante à antiga visão filosófica. Para Freud o luto é algo que, mais cedo ou mais tarde, deveria chegar a um fim, porque é a expressão de uma terrível ferida na psique, mas a vida continua e o eu precisa se recuperar e se renovar. Em oposição a Freud, examinarei Roland Barthes, que parece pensar que o oposto é verdade – pois a vida não pode realmente prosseguir após a morte do ente querido e qualquer recuperação é uma traição ao que morreu.

A parte principal deste capítulo considera a visão de Derrida acerca da morte e do luto contra o pano de fundo de Freud (e Barthes), que veem o luto de maneira diferente. Derrida é um filósofo profundamente espiritual e, em sua obra, trata frequentemente de temas espirituais, entre os quais o perdão, a religião e o dom. Sua análise do luto é vigorosa e convincente e é um bom exemplo do que eu denominaria "filosofia como prática espiritual". Derrida revela a dimensão espiritual do luto, que vai além de seus aspectos éticos, e mostra como o luto implica memória, testemunho, gratidão, fidelidade e cuidado pelos que nos deixaram. Derrida mantém Freud e outros psicanalistas no primeiro plano de seu pensamento; mas, em sua obra sobre o luto, ele mostra como é possível ter uma conexão espiritual com o morto – não em termos de espiritualismo ou qualquer coisa semelhante, mas como uma continuação da relação com os que faleceram e que não estão mais presentes no sentido ordinário, mas também não estão completamente ausentes. O outro continua vivendo dentro de nós e cabe a nós mantê-lo presente na memória.

8.1 O fim do luto

Por que manifestamos luto? Devemo-lo aos mortos? Mas os mortos se foram. Eles deixaram de existir ou existem em outro lugar e, em ambos os casos, não retornarão. Eles não necessitam de nosso pesar ou de nossa compaixão. Às vezes dizemos: "Se ele estivesse hoje aqui conosco...", mas a questão é que ele não está aqui. Nós o perdemos e estamos perdidos sem ele, e assim parece que devemos chorar por nós mesmos e por nossa situação. As pessoas dizem: "Sinto muito sua perda", mas isso não é correto, porque põe o sobrevivente, e não o falecido, como a figura central. E, se a meta é apenas superar nossa própria dor, precisamos finalmente abandonar o falecido que afirmamos amar, e isso seria como matá-lo pela segunda vez. Então, por que manifestamos luto? Obviamente, pelo luto apagamos lentamente a dor de nossa perda. Mas como o trabalho do luto consegue isto? E existe uma perspectiva mais profunda e mais espiritual do luto, que vai além dos rituais prescritos que temos a obrigação de seguir sempre que alguém morre?

Em *Luto e melancolia*, Freud descreve o luto como não problemático em comparação com a melancolia, que é sua relação patológica. De acordo com Freud, a meta do luto é libertar-nos dos vínculos emocionais que nos ligam ao ente querido que morreu, de modo que possamos investir esse amor alhures. A opção é entre seguir aquele que morreu ou nos desvencilhar do falecido, para podermos recuperar nosso interesse e nosso envolvimento na vida. Freud descreve o luto como uma espécie de teste de realidade, no qual recordamos meticulosamente cada memória e cada desejo associados àquele que faleceu. O ente querido já não está mais conosco; mas, como mostra Freud, é extraordinariamente difícil para qualquer um abandonar voluntariamente uma postura libidinal, "mesmo quando um substituto já se anuncia" (FREUD, 2010, p. 173). Assim haverá resistência, mas gradualmente chegamos a aceitar, num nível mais profundo, que o ente querido morreu e nossa relação terminou:

> O normal é que vença o respeito à realidade. Mas a solicitação desta pode ser atendida imediatamente. É cumprida aos poucos, com grande aplicação de tempo e energia de investimento, e enquanto isso a existência do objeto perdido se prolonga na psique. Cada uma das lembranças e expectativas em que a libido se achava ligada ao objeto é enfocada e superinvestida, e em cada uma sucede o desligamento da libido (FREUD, 2010, p. 174).

De acordo com a narrativa abreviada de Freud, a pessoa enlutada perde o interesse pelo mundo exterior. Ao mesmo tempo, ela insiste naquelas memórias e esperanças que envolvem o falecido; e, desta maneira, ela cria um forte sentimento do falecido que se opõe à realidade do seu falecimento. Mas, finalmente, existe uma mudança de perspectiva quando a realidade se intromete; e a pessoa enlutada chega a aceitar a morte do falecido enquanto mantém uma imagem internalizada ideal dele. Freud, porém, ainda está um pouco incerto acerca desta análise e conclui comentando:

> Não é fácil fundamentar economicamente por que é tão dolorosa essa operação de compromisso em que o mandamento da realidade pouco a pouco se efetiva. É curioso que esse doloroso desprazer nos pareça natural. Mas o fato é que, após a consumação do trabalho do luto, o Eu

fica novamente livre e desimpedido (FREUD, 2010, p. 174)[97].

O que está errado com este quadro? Em primeiro lugar, Freud supõe que o luto, como toda atividade criativa, é fundamentalmente egoísta ou egocêntrico. Ele parece perguntar: Qual seria o sentido de amar alguém que está morto? Este investimento libidinal é inútil, já que não pode haver nenhum retorno do investimento. E, no entanto, nós continuamos a lamentar os falecidos e optamos por abraçar o sofrimento em vez de abandonar os que morreram. Como podemos explicar isso de ponto de vista da "economia do sofrimento" a que Freud se refere mais de uma vez em seu ensaio? A resposta óbvia a Freud consiste em dizer que este mesmo ponto de vista é um pressuposto que precisa ser abandonado. O luto é para nós mesmos e precisamos aprender a renunciar e continuar nossa vida sem o ente querido; mas o luto é também para o outro, para aquele que morreu. Fazemos todo o possível para comemorar, e a ausência do outro é dolorosa. Mas esta é uma dor que optamos por abraçar e não queremos que nos seja tirada. Neste sentido, o luto não é um investimento útil ou mesmo um retraimento útil do nosso tempo e do nosso amor, como Freud gostaria que acreditássemos. Em segundo lugar, a narrativa de Freud supõe que as outras pessoas são substituíveis umas pelas outras. Por que não podemos simplesmente abandonar o falecido e investir nossa libido em outro? A resposta é que o luto, como o amor românti-

---

[97]. Este resumo de Freud deve muito a: CLEWELL, T. Mourning beyond melancholia: Freud's Psychoanalysis of loss. *Journal of the American Psychoanalytic Association* 52/1 (2004), p. 43-67.

co, está focado na unicidade da outra pessoa, e agora que ela partiu somos inundados pelas recordações dela. E nós a traímos, e ao mesmo tempo traímos a nossa relação, se optamos por esquecê-la e enfocar nossos sentimentos em outra pessoa. Freud interpreta o luto como um processo de abandono orientado totalmente para si mesmo. Nossas relações são tratadas como outros tantos investimentos úteis e, desta maneira, perdemos de vista o valor e a unicidade daquele que morreu. Mas existe algo errado ao tratar o luto apenas como uma forma de desinvestimento. Isso implica, no mínimo, uma falta de lealdade e devoção pessoal que põe em dúvida a autenticidade destas relações.

Em *Luto e melancolia*, Freud está de fato mais interessado na melancolia. Esta não é um processo com uma meta fixa, mas uma fixação ou um estado de ser no qual lidamos com a perda de um objeto – como um romance fracassado –, culpando-nos a nós mesmos como inúteis e responsáveis pelo que aconteceu. Freud comenta: "No luto, é o mundo que se torna pobre e vazio; na melancolia, é o próprio Eu" (FREUD, 2010, p. 175s.). Freud entende a melancolia como uma forma de manter viva uma relação, apesar da partida do outro, *identificando-se* com a outra pessoa. Assim o menosprezo e a irritação que sinto por mim mesmo deriva realmente da ambivalência dos meus sentimentos em relação àquele que partiu; e, ao menosprezar-me a mim mesmo, permito-me menosprezá-lo. Como explica Freud:

> Mas a libido livre não foi deslocada para outro objeto, e sim recuada para o Eu. Mas lá ela não encontrou uma utilização qualquer: serviu para estabelecer uma identificação do Eu com

o objeto abandonado. Assim, a sombra do objeto caiu sobre o Eu, e a partir de então este pôde ser julgado por uma instância especial como um objeto, o objeto abandonado. Desse modo a perda do objeto se transformou numa perda do Eu, e o conflito entre o Eu e a pessoa amada, numa cisão entre a crítica do Eu e o Eu modificado pela identificação (FREUD, 2010, p. 180s.).

Isto significa que podemos preservar nossa conexão com aquele que amávamos e que perdemos, por meio da introjeção ou identificação com ele. O outro se foi, mas nós nos aferramos à nossa relação internalizando-a em nós mesmos.

Numa obra posterior, porém, Freud parece afirmar que a melancolia *não* se opõe ao luto, visto que é um aspecto fundamental do próprio luto. Ele até especula em determinado momento, em *O ego e o id*, que "pode ser que esta identificação [com o falecido] seja a única condição para o id poder renunciar aos seus objetos" (FREUD, 1978b, p. 29). Assim lidamos com o falecido internalizando algum aspecto dele. Por exemplo, sepultamos o outro moldando dentro de nós uma imagem estável dele que promove nossa equanimidade, ou podemos até assumir algumas qualidades daquele que morreu. Analistas posteriores (entre os quais Nicolas Abraham e Maria Torok) insistiram na diferença entre *introjeção* e *incorporação* como duas estratégias diferentes que nos permitem enfrentar a privação[98]. A primeira implica

---

98. Isso é para enfatizar que a discussão iniciada por Freud em *Luto e melancolia* ainda continua no debate psicanalítico contemporâneo. Cf., p. ex.: ABRAHAM, N.; TOROK, M. Introjection-incorporation: Mourning or melancholia. *In*: LEBOVICI, S.; WIDLOCHER, D.

uma integração e autoapropriação "sadia" para aceitar a perda, enquanto a segunda implica criar um monumento ou uma "cripta" dentro de nós para manter oculto o falecido a fim de evitar nosso pesar. Em ambos os casos, no entanto, nós nos apropriamos dos falecidos como uma parte de nós mesmos e nos aferramos a eles mediante a identificação ou interiorização. Existem muitas evidências disto, tanto clínicas quanto anedóticas: à medida que envelhecemos, começamos a agir como nossa mãe ou nosso pai que agora estão mortos, ou adotamos passatempos e interesses associados com aqueles que perdemos. Como observa Derrida em *Memórias para Paul de Man*:

> Memória e interiorização: desde Freud, é assim que muitas vezes é descrito o "trabalho do luto" "normal". Ele acarreta um movimento em que uma idealização interiorizante acolhe em si ou assume o corpo e a voz do outro, a fisionomia e a pessoa do outro, devorando-os idealmente e quase literalmente (DERRIDA, 1989, p. 34).

Novamente, porém, isso transforma o luto num processo de apropriação, no qual superamos gradualmente a *outridade* do outro e o reduzimos a uma imagem fixa. Agora o outro nunca pode espantar-nos ou nos surpreender novamente, porque está presente em segurança como uma parte de nossa própria identidade. Com efeito, a relação com o falecido cessou.

Finalmente, em *O ego e o id*, Freud propõe uma narrativa mais relacional da personalidade, quando afirma que "o

---

(orgs.) *Psychoanalysis in France*. Nova York: International University Press, 1980, p. 3-16.

caráter do ego é um precipitado de objetos-catexias abandonados e que contém a história dessas escolhas objetais" (FREUD, 1978b, p. 29). Em outras palavras, nós somos a história das nossas relações, e isso sugere que o eu não está tão separado e em desacordo com os outros que ele encontra e investe de libido. Nosso próprio eu é o produto de outros e, assim, perder o outro é perder um sentimento de quem somos. É por isso que, quando morre alguém que amamos, sentimo-nos perdidos e à deriva, e experimentamos um sentimento de abandono porque perdemos uma parte de nós mesmos. Isso é certamente um avanço em relação à posição que Freud sustentou em *Luto e melancolia* e torna mais fácil compreender o grande "enigma" do luto, visto que abandonamos o ponto de vista econômico anterior. Mas, em ambos os casos, se nos recuperamos fazendo novos investimentos emocionais, ou apropriando em nós o outro ou algum aspecto do outro, perdemos o sentimento de uma relação permanente com a outra pessoa. Para outros autores, como veremos, é precisamente isso que deveríamos nos esforçar por manter.

8.2 Apego e traição

Podemos agora considerar outra abordagem da privação – independentemente do abandono e da incorporação –, uma abordagem que implica um apego extremo e a recusa a deixar o falecido partir. Existem casos "patológicos" nos quais, por exemplo, os pais deixam o quarto do filho exatamente como era quando ele morreu e fazem de tudo para evitar referir-se à sua "morte". De maneira semelhante, Roland Barthes se identificou de tal maneira com seu próprio pesar que quase não queria continuar vivendo sem ele. A última obra de

Barthes, *A câmara clara*, é uma meditação pessoal sobre a fotografia, que é ao mesmo tempo um trabalho do luto por sua mãe que morreu pouco antes de ele escrever este livro. Seu pesar pessoal está misturado com suas reflexões sobre a fotografia, mas esta análise se torna uma parte de seu processo de luto, na medida em que intensifica a angústia que ele sente. Barthes não procura esconder o amor profundo que sente por sua mãe e deseja compartilhar isso conosco. Ele está preocupado com ela e com o pesar que sente por ela, e só isso lhe permite enfrentar a realidade de sua morte. Mas é uma perda da qual ele não espera recuperar-se:

> Diz-se que o luto, por sua labuta gradual, apaga lentamente a dor; eu não poderia, não posso acreditar nisso; porque, para mim, o Tempo elimina a emoção da perda (eu não choro), só isso. Quanto ao mais, tudo permaneceu imóvel. Pois o que perdi não é uma Figura (a Mãe), mas um ser; e não um ser, mas uma qualidade (uma alma): não o indispensável, mas o insubstituível. Eu poderia viver sem a Mãe (como todos fazemos, mais cedo ou mais tarde); mas o que a vida continuou sendo seria absoluta e totalmente inqualificável (sem qualidade) (BARTHES, 1981, p. 75).

Com efeito, Barthes não quer recuperar-se desta perda, porque seria um ato de traição contra a mãe que ele tanto amava.

A análise de Barthes em *A câmara clara* focaliza a fotografia como um *memento mori*. O próprio Barthes não é um fotógrafo, mas é fascinado pelo poder que as fotografias têm de evocar um sentimento de mortalidade e pesar mediante a revelação da morte. De acordo com Barthes, cada fotografia tem um *studium*, um quadro ordinário de referência que situa a foto em seu contexto cultural, enquanto ao mesmo tempo cada fotografia pode ter um *punctum*, que é o detalhe presente na fotografia que nos afeta e nos fere. Para Barthes, o *punctum* é um efeito não intencional da fotografia – um puro trabalho do acaso – que nos surpreende com sua pungência e poder. Como observa ele: "O *punctum* de uma fotografia é aquele acidente que me alfineta (mas que também me machuca, que é pungente para mim)" (BARTHES, 1981, p. 27). Barthes ilustra isso com a fotografia que Alexander Gardner tirou de Lewis Payne, que tentou assassinar o Secretário de Estado dos Estados Unidos em 1865. Payne é mostrado em sua cela da morte antes da execução. Ele ainda é jovem, mas logo estará morto:

> A fotografia é bonita, como é bonito o rapaz: este é o *studium*. Mas o *punctum* é: ele vai morrer. Eu leio ao mesmo tempo: *Isso será* e *isso foi*; observo com horror um futuro prévio do qual a morte é a aposta. Dando-me o elenco absoluto da pose (aoristo), a fotografia me conta a morte no futuro. O que me *alfineta* é a descoberta desta equivalência (BARTHES, 1981, p. 96).

Isso foi, e isso será e de fato já aconteceu. O *punctum* nos machuca, porque se refere ao tempo perdido que nunca pode ser recuperado. A fotografia mostra o que foi ou o momento que sempre já está morto e se foi. Ocorre o mesmo com a fotografia que Barthes encontra de sua mãe quando era garotinha: a foto contém o sinal de sua futura morte, como também de nossa futura morte que assim é evocada. Nas palavras de Barthes:

> Diante da fotografia de minha mãe quando criança, eu me digo: ela vai morrer: estremeço, como o paciente psicótico de Winnicott, por causa de uma catástrofe que já ocorreu. Quer o sujeito esteja ou ainda não esteja morto, cada fotografia é esta catástrofe (BARTHES, 1981, p. 96).

E:

> Porque cada fotografia sempre contém isso como o sinal imperioso de minha futura morte, cada fotografia, por mais desligada que pareça estar do mundo agitado dos vivos, desafia cada um de nós, um por um, fora de qualquer generalidade (mas não fora de qualquer transcendência) (BARTHES, 1981, p. 97).

A fotografia implica o retorno dos mortos. Ela transforma os mortos em vivos, mas também molda os vivos ao lado dos mortos.

A fotografia é uma ferida aberta, mas pode também ser confortante. Quando alguém morre, olhamos muitas vezes antigas fotografias do falecido – mas o que exatamente estamos procurando? É uma imagem para nos lembrar dele, antes de esquecermos como ele é? Ou estamos de alguma forma tentando recuperar a pessoa que partiu a fim de compreender seu ser essencial? A fotografia de alguém é um fragmento ou um traço dessa pessoa; é sua imagem em certo momento do tempo, que proporciona uma conexão metonímica com ela. E isso sugere a possibilidade de um reencontro com essa pessoa, um reencontro que provoca nossa saudade. Mas o momento fixado pela fotografia se foi para sempre, e por isso experimentamos a melancolia de ter perdido aquele que estava ali. Em *A câmera clara*, Barthes descreve a busca por sua falecida mãe: examinando antigos instantâneos da família, ele se obriga a experimentar repetidas vezes a angústia de sua perda. Mas, finalmente, ele descobre uma fotografia de sua mãe quando criança, que parece captar o ser essencial dela. É também de um tempo antes de ele conhecê-la – e isso faz sentido, porque uma fotografia de um período posterior não conseguiria corresponder à realidade que o próprio Barthes conheceu:

> Nesta fotografia verídica, o ser que eu amo, que eu amei, não está separado de si mesmo: afinal ele coincide. E, misteriosamente, esta coincidência é uma espécie de metamorfose. Todas as fotografias de minha mãe que examinei se assemelhavam um pouco a muitas máscaras; na última, de repente a máscara desapareceu: permanecia ali uma alma, sempre jovem, mas não eterna, porque esta fisionomia era a pessoa que eu costumava ver, consubstancial com seu rosto, cada dia de sua longa vida (BARTHES, 1981, p. 109s.).

Tudo isso – o desespero, a angústia e o desejo de encontrá-la novamente (mesmo que apenas numa fotografia) – faz parte do seu processo de luto. Mas isso não significa "esquecê-la". É antes experimentar a dor de sua ausência como a coisa mais próxima que ele tem para experimentar sua presença. Porque desta maneira ele, pelo menos, permanece conectado e relacionado com ela.

A angústia descrita por Barthes deriva, em última análise, do prazer de afirmar o outro – dirigindo-se a ela e permanecendo aberto a ela, embora ao mesmo tempo ela não possa estar presente porque morreu. Ocorre o mesmo com o amor romântico, quando o amante experimenta a ausência da pessoa amada (seu retraimento, seu desdém) como a única maneira de ela ainda estar presente para ele. Barthes afirma que poderia dizer, como o narrador de Proust por ocasião da morte de sua avó: "Eu não insisti apenas no sofrimento, mas em respeitar a originalidade do meu sofrimento" (BARTHES, 1981, p. 75). Porque esta originalidade é apenas o reflexo daquilo que era absolutamente irredutível nela. O luto é um ritual impessoal repetido por inúmeros outros, mas podemos insistir na unicidade de nosso próprio pesar, porque o luto, como o amor, está focado na unicidade do amado que é "o único". Freud diz que esse luto deve finalmente terminar. Mas, para Barthes, o pesar e o luto são intermináveis: a dor da privação precisa ser experimentada sempre de novo, de modo que nunca possamos superar a nossa perda[99]. Com efeito, o fim do luto seria um ato de traição, como o amante que abandona seu amor em vez de confirmá-lo suportando todas as dificuldades de sua relação. Barthes é impelido a seguir sua mãe até o túmulo e recusa todos os compromissos com a morte. Com efeito, se o luto é considerado uma tentativa de mediar a morte e superar seu aguilhão mediante desinvestimento ou apropriação, Barthes precisa evitá-lo a todo custo, permanecendo sozinho com seu pesar. Barthes cuidou de sua mãe durante sua última doença. Cuidou dela e ela se tornou sua "filhinha". Ele escreve: "Finalmente, a experimentei, forte como ela foi, minha lei interior, como

---

[99]. Para uma excelente análise de Freud e Barthes, que enfatiza o desejo de Barthes de manter seu pesar em vez de abandoná-lo, cf. WOODWARD, K. Freud and Barthes: Theorizing mourning, sustaining grief. *Discourse* 13/1 (1990-1991), p. 93-110.

minha criança feminina" (BARTHES, 1981, p. 72). Desta maneira, ele diz que gerou sua própria mãe, o que foi sua maneira de "resolver a morte". Mas agora nada mais lhe restou para fazer e, por isso, termina dizendo: "Doravante nada mais posso fazer senão aguardar minha morte total, não dialética" (BARTHES, 1981, p. 72). Ele morreu, de complicações resultantes de um acidente, apenas poucos meses após a publicação de seu livro[100].

Tudo isso nos remete ao que Derrida denominou a impossibilidade do luto. Nem o abandono nem o apego são maneiras apropriadas de lidar com nosso pesar. O luto não termina num "triunfo" (como Freud às vezes parece sugerir), nem precisa terminar com o triunfo da morte (como Barthes parece concluir): porque, em ambos os casos, perdemos nossa relação com o falecido. O luto é intrinsecamente problemático e, no entanto, precisamos manifestar luto; mas, seja o que for que fizermos, parece que violamos a ética do luto. Por exemplo, em seu ensaio memorial sobre Barthes, Derrida se refere à "dupla ferida de falar dele, aqui e agora, como se fala de um dos vivos ou de um dos mortos. Em ambos os casos, eu desfiguro, machuco, sacrifico ou mato" (DERRIDA, 2001, p. 44). Como então devemos manifestar luto? E o que implica realmente o fato de mostrar respeito aos mortos? De alguma maneira, o luto sempre cria ansiedade

---

100. Esta interpretação de Barthes deve muito a duas leituras diferentes de *Camera Lucida*. PROSSER, J. Buddha Barthes: What Barthes saw in photography (that he didn't in literature). *In*: BATCHEN, G. (org.). *Photography degree zero*: Reflections on Roland Barthes's Camera Lucida. Cambridge/MA: MIT Press, 2009, p. 91-103. • E também: CADAVA, E.; CORTES-ROCCA, P. "Notes on Love and Photography". *In*: BATCHEN, G. (org.) *Photography degree zero*: Reflections on Roland Barthes's Camera Lucida. Cambridge/MA: MIT Press, 2009, p. 105-139.

e nunca estamos totalmente seguros acerca dos princípios do luto e se estamos ou não fazendo a coisa certa.

8.3 Sobre a impossibilidade do luto

Em *Memórias para Paul de Man* e *O trabalho do luto*, Derrida comemora amigos falecidos e descreve as complexas ambiguidades do luto que nos constrangem. Cada um dos ensaios é dirigido a determinado amigo ou colega falecido recentemente, entre os quais Barthes, de Man, Foucault, Marin, Kofman, Deleuze, Levinas, Lyotard e diversos outros. Mas, embora cada ensaio seja um tributo a um único indivíduo, existem alguns temas e princípios gerais que reaparecem ao longo destas análises e são estes que podemos enfocar em primeiro lugar. O próprio Derrida é atraído para o tema do luto. Com efeito, o luto surge gradualmente em sua obra como um tropo que descreve nossa relação com o passado, inclusive com a história da filosofia que não podemos simplesmente descartar ou aferrar-nos a ela como se fosse a palavra final[101]. Em Freud, como em Hegel, Kant e outros pensadores iluministas, já existe a possibilidade de solução – o *fim* da análise, o *fim* da história, ou o fim do luto – e a autoapropriação num nível mais alto. Mas, apesar do que Freud insinua, o luto não é um processo de sublimação. O luto é para si, mas também para o falecido que não está nem "presente" nem "ausente" no sentido comum destes termos. De maneira

---

101. Dooley e Kavanagh defendem de forma convincente a centralidade do luto no projeto filosófico de Derrida. O primeiro capítulo de seu livro intitula-se: *The Catastrophe of memory: Identity and mourning*. Cf. DOOLEY, M.; KAVANAGH, L. *The philosophy of Derrida*. Montreal: McGill University Press, 2006.

semelhante, como explica Derrida, a fronteira entre os vivos e os mortos nunca está totalmente fechada:

> Por ocasião da morte do outro estamos inclinados à memória e, assim, à interiorização, já que o outro, fora de nós, agora não é nada. E, com a luz escura deste nada, aprendemos que o outro resiste à clausura de nossa memória interiorizante. Com o nada desta ausência irrevogável, o outro aparece como outro, e como outro para nós, por ocasião de sua morte ou pelo menos na possibilidade antecipada de uma morte, já que a morte constitui e torna manifestos os limites de um *eu* ou de um *nós*, que são obrigados a abrigar algo que é maior e diferente deles; *algo fora deles dentro deles* (DERRIDA, 1989, p. 34).

Esta é uma topologia estranha, porque sugere que nós contemos mais do que realmente somos. E os que estão mortos não se foram de maneira alguma, pois parecem ter uma vida própria na medida em que continuam a moldar nosso sentimento de quem somos.

Derrida se preocupa com os métodos que utilizamos para trair os mortos, não respondendo de maneira apropriada ao seu falecimento. Assim, em *Memórias para Paul de Man*, ele descreve um "luto possível", que interioriza com êxito o outro, enquanto oposto a um "luto impossível", que deixa de incorporar o outro e, desta maneira, preserva sua alteridade. Ironicamente, o luto *possível* implica apropriação e assimilação e, com isso, é uma traição do outro. O luto *impossível* parece respeitar a outridade do outro; e os atos de luto do próprio Derrida, em vários ensaios, implicam uma reflexão autoconsciente sobre o fracasso do luto como apropriação. Mas se tem realmente êxito, o luto impossível só é bem-sucedido porque também é insuficiente. Ele nunca é concluído porque não consegue negociar o outro. Onde, portanto, está a traição mais injusta? O luto possível é uma apropriação do outro, mas o luto impossível deixa o outro escapulir. Na verdade, não existem triunfos aqui, mas apenas uma lista de todas as maneiras diferentes de o luto poder falhar:

> O que é um luto impossível? O que ele nos diz, este luto impossível, sobre uma essência da memória? E, no que concerne ao outro em nós, mesmo nesta "distante premonição do outro", onde está a traição mais injusta? A infidelidade mais constrangedora, ou mesmo mais mortal, seria a de um *luto possível* que interioriza em nós a imagem, o ídolo ou o ideal do outro que morreu e vive apenas em nós? Ou é a do luto impossível que, deixando ao outro sua alteridade, respeitando assim seu afastamento infinito, ou se recusa ou é incapaz de aceitar o outro dentro de si, como se fosse o túmulo ou a cripta mortuária de algum narcisismo? (DERRIDA, 1989, p. 6).

Derrida confia na distinção entre introjeção e incorporação para explicar a diferença entre um luto possível e um luto impossível. Mas, evidentemente, ele seria o primeiro a argumentar que esta distinção não pode ser sustentada; e, em ambos os casos, o outro é efetivamente abandonado (cf. DERRIDA, 1986)[102].

---

102. Para uma análise em profundidade da leitura que Derrida faz de Abraham e Torok, cf. LANE, C. The Testament of the other: Abraham and Torok's failed expiation of ghosts. *Diacritics* 27/4 (1997), p. 3-29.

O narcisismo, a apropriação e o abandono são apenas alguns dos perigos que Derrida descreve: no luto estamos fadados também a falar e testemunhar a favor do outro; mas, ao mesmo tempo, não podemos falar *por* ele ou deixar de considerar suas próprias palavras. Seja o que for que dissermos, sabemos de antemão que nossas palavras são sempre insuficientes e, portanto, nos encontramos na incerteza. O falecido não está aqui e não parece correto pretender que ele está aqui; mas é também incorreto dizer que ele "se foi", já que a tarefa do luto implica comemoração, o que significa manter vivos seu espírito e sua memória. No luto declaramos nossas dívidas; mas, ao dizer o quanto devemos ao falecido, estamos fadados a *limitá-las*, e isso é também inaceitável. Finalmente, ao falar do falecido, queremos dizer "nós", mas que direito temos de utilizar esta palavra, agora que o ente querido faleceu?

Como vimos, Derrida se sente bastante desconfortável com o ponto de vista freudiano, que entende o luto em termos de "assimilação", "apropriação" ou "incorporação", porque essas metáforas parecem dissolver o outro no contexto do eu. Ele pensa, ao invés, que deveríamos reconhecer que o outro já está sempre inscrito no coração do eu, porque o eu é a soma de todas as suas relações com os outros. Por isso, em *A câmara clara*, Barthes descreve sua mãe como sua "lei interior", sugerindo que ela já estava nele antes de ele próprio existir. De maneira semelhante, não podemos simplesmente incorporar o outro, porque é este outro que me dá a mim mesmo, e o luto apenas mina ulteriormente meu autodomínio. O outro morreu e, por isso, ele só pode viver dentro de nós; mas, ao mesmo tempo, ele está além de nós e parece nos contemplar com um olhar que nos chama de volta a nós mesmos. Como explica Derrida em seu ensaio *Por força do luto*, que se dirige a Louis Marin:

> Aquele que olha para nós em nós – e *por quem* nós somos – já não existe; ele é completamente outro, infinitamente outro, como sempre foi, e a morte mais do que nunca o confiou, o entregou, o distanciou, nessa alteridade infinita. Por mais narcisista que possa ser, nossa especulação subjetiva já não pode mais capturar e se apropriar deste olhar intenso diante do qual nós aparecemos no momento em que, trazendo-o em nós, trazendo-o junto com cada momento de nosso comportamento ou conduta, só podemos superar nosso luto que sentimos *por ele* superando o *nosso* luto, superando por nós mesmos o luto de nós mesmos, ou seja, o luto de nossa autonomia, de tudo quanto poderia fazer de nós a medida de nós mesmos (DERRIDA, 2001, p. 161).

Este é um ponto importante: a julgar pelas aparências, pareceria que no luto nós procuramos recuperar o outro ou reapropriar nossa relação no projeto de nossa vida. Mas o falecido representa um limite impossível e uma fronteira que não pode ser cruzada. No luto experimentamos a morte e o outro como inapropriáveis: somos devolvidos a nós mesmos e completamente diminuídos pelo pesar. Neste sentido, o luto destrói assim a possibilidade de autonomia e transcendência num nível superior. E, apesar do que diz Freud, não é verdade que, mediante o trabalho do luto, podemos finalmente recuperar nosso autodomínio, porque isso é impossível e, mesmo que fosse, seria uma traição.

Derrida concentra sua análise do luto em nossas obrigações para com o falecido, em oposição a Freud, que se concentra na recuperação do eu. Barthes insiste na monstruosidade de seu pesar, que parece cancelar a possibilidade de o luto conquistar algum dia qualquer coisa. Até aqui, endossei a visão de Derrida. Mas agora a questão é a seguinte: Como devemos articular o encontro permanente entre eu e o outro que o luto autêntico parece acarretar? Em minha opinião, temos algumas peças do quebra-cabeça: Derrida (como Barthes) percebe como a perda do outro implica uma intensificação do eu que permanece – quando o ente querido morre, somos devolvidos a nós mesmos com um forte sentimento de nossa própria existência, separada e sozinha. Não podemos simplesmente esquecer, abandonar ou apropriar o outro, mas também não podemos simplesmente retornar a nós mesmos após um período conveniente de luto, porque somos mudados para sempre pela morte daquele que amamos. Derrida não insiste neste ponto. Ele aceita que o luto implica honrar o falecido e continuar de certa maneira nossa relação com ele. Mas implica também a reapropriação do eu: não restaurando o antigo eu, como sugere Freud, mas refazendo-nos a nós mesmos após a morte do outro, que minou nosso sentimento de quem somos.

Com efeito, Freud, Barthes e Derrida revelam três perspectivas diferentes sobre o luto e, ao mesmo tempo, iluminam a dialética do luto que permanece profundamente problemática. O luto possível de Freud termina com a destruição do outro, ao passo que a versão do luto de Barthes sugere o abandono do eu. Mas Derrida consegue transpor a linha divisória entre o eu e o outro; e recupera o eu a fim de honrar o outro e evitar algumas das armadilhas do luto. Às vezes parece que ele anda em círculos, movendo-se entre luto possível e luto impossível como alternativas que pressupõem a continuidade do eu que *fomos*, em relação ao outro que morreu. Derrida se angustia com o luto, mas é preciso admitir também que lamentar a *possibilidade* de luto ainda não é o próprio luto. Paradoxalmente, seu próprio trabalho do luto – supondo que seja bem-sucedido – precisaria ser um exemplo do que *ele* diz que não pode ser feito. Talvez estejamos fadados a assumir que o luto autêntico é possível, porque é isso que devemos ao falecido; e dever implica poder. Ao mesmo tempo, no entanto, talvez precisemos concluir que as condições do luto estão em conflito entre si, e, por isso, são afinal impossíveis de cumprir: o luto é interminável e o luto é impossível. Derrida se concentra na ansiedade do luto e descreve as maneiras como o luto pode falhar. Mas ele parece negligenciar a determinação positiva do luto e evita a reconstituição do eu que se segue ao processo de luto.

Como observamos, o luto implica o eu e os outros; mas não apenas o outro que morreu, e sim todos os outros – os sobreviventes – que vivem na comunidade à qual pertencemos. O luto pode ser um assunto privado; mas existe também o luto público, no qual comemoramos os falecidos e começamos a renovar-nos a nós mesmos em relação às outras pessoas. Freud descreve o luto como um processo puramente pessoal de extrema alienação e autorrecuperação. Ele não menciona os aspectos públicos e rituais do luto, que ajudam a reintegrar o enlutado na comunidade ao incluir o pesar pessoal numa estrutura social. Ora, pode parecer que os ensaios de Derrida sobre o luto são também obras pessoais limitadas. Mas não devemos esquecer que estes são livros e discursos comemorativos, e como tais são proferidos diante de uma plateia, são pulicados e são confissões públicas de pesar que implicam apóstrofes ao morto na presença de outros. E assim Derrida executa o ato de luto num ambiente público, em relação com outros – inclusive leitores, companheiros de luto e amigos.

Uma observação final aqui é que o trabalho do luto leva tempo. Se Derrida estiver certo, o luto pode até ser "interminável". O luto não pode ser precipitado; com efeito, pode muito bem ser um trabalho incessante que continua de alguma forma pelo resto de nossa vida. Ele não se apressa e nunca podemos prescindir dele. Neste sentido, existe algo profundamente errado no sábio estoico que exorta uma mulher, que perdeu o esposo e seus dois filhos, a deixar de lado o luto e prosseguir sua vida. Sêneca aceita que o luto é "natural", mas afirma que o luto excessivo de Marcia é inútil – não traz de volta os mortos e, por isso, diz que ela deveria seguir a razão, abandonando seu pesar. Mas esse conselho parece uma solução descortês do problema, solução que carece de uma compreensão espiritual da maneira como estas coisas funcionam:

> Se as lágrimas triunfam sobre o destino, lamentemo-nos; que nossos dias se passem a gemer, que nossas noites sem sono sejam apenas desolação. [...] Se nossos soluços não ressuscitam os mortos, se todo o nosso desamparo não muda uma sorte imutável e fixada desde sempre, [...] cesse esta dor inútil (SÊNECA, 2007, p. 156-181).

Aqui Sêneca prefigura a posição de Freud, e seu desconforto com o pesar e o luto é talvez típico da tradição intelectual ocidental.

Em contrapartida, podemos considerar uma perspectiva diferente, não ocidental: nos *Analectos*, Tsai Wo [ou Yü] pergunta a Confúcio acerca de um período de luto pelos pais, que costumava ser de três anos. Tsai Wo se queixa que

> Até mesmo um ano é demais. Se o cavalheiro desiste da prática dos ritos durante três anos, os ritos com certeza ficarão em ruínas; se ele abandonar a prática da música durante três anos, a música com certeza entrará em colapso.

Tsai está ansioso por retornar ao alimento especial e aos trajes de gala após um ano, mas sua atitude choca Confúcio: "Quão insensível é Yü. Uma criança deixa o colo dos seus pais apenas quando tem três anos de idade. O luto de três anos é observado em todo o Império. Os pais de Yü não lhe deram três anos de amor?"[103]. Confúcio compreende a importância absoluta do luto como uma maneira de estruturar o pesar, reconfigurar seu próprio lugar no mundo e continuar a relação com os falecidos, de modo que possa haver continuidade apesar da privação. Nos *Analectos*, o luto está carregado de ansiedade, como está em Derrida. Mas Confúcio insiste em sua importância; com efeito, em certo momento ele faz uma forte alegação de que o luto é a medida adequada da personalidade: de acordo com Tseng Tzu: "Ouvi o Mestre dizer que em nenhuma ocasião um homem tem plena consciência de si próprio, embora, quando pressionado, ele tenha dito que o luto pelos próprios pais

---

103. CONFÚCIO. *Analectos* XVII, 21. Para uma comparação entre Derrida e Confúcio acerca do luto, cf. OLBERDING, A. Mourning, memory and identity: A comparative study of the constitution of the self in grief. *International Philosophical Quarterly* 37/1 (1997), p. 29-44.

pode ser uma exceção"[104]. Tudo isso sustenta a afirmação de que o luto não é uma preocupação secundária, mas um ingrediente crucial da identidade pessoal e da autodeterminação. Mas isso é também o que Derrida defende em diferentes lugares. Por exemplo, em sua discussão com Elizabeth Roudinesco, ele parece afirmar que o luto ocupa um lugar absolutamente central na filosofia e em sua própria obra em particular:

> Já há muito tempo estive "trabalhando" com o luto – se posso expressar-me desta maneira – ou me deixei ser trabalhado pela questão do luto, pelas aporias do "trabalho do luto", sobre os recursos e os limites do discurso analítico sobre este tema e sobre certa coextensividade entre o trabalho em geral e o trabalho do luto. O trabalho do luto não é um trabalho entre outros. Todo trabalho implica esta transformação, esta idealização açambarcadora, esta internalização que caracteriza o "luto" (DERRIDA; ROUDINESCO, 2004, p. 78)[105].

Para Derrida o luto não é um tema marginal, mas um ponto focal da vida espiritual, no qual a filosofia enfrenta as questões mais difíceis acerca daquilo que é radicalmente e totalmente *outro*.

Após a morte de Paul de Man, Derrida observa que todas as nossas relações são tingidas com o luto e que a verdade tácita de cada amizade é que alguém de nós viverá para ver o outro morrer. Em *Memórias para Paul de Man*, ele especula que a ausência do outro – na morte ou na antecipação

---

104. CONFÚCIO. *Analectos* XIX, 17.
105. Citado por Dooley e Kavanagh.

da morte – pode realmente ser a origem da vida interior da qual nós derivamos nossa memória e nossa "alma". Porque escreve ele:

> Surgem então o "eu" e o "nós" dos quais falamos, e são delimitados de tal maneira que só existem através desta experiência do outro, e do outro como outro que pode morrer, deixando em mim ou em nós esta memória do outro. Esta terrível solidão, que é minha ou nossa por ocasião da morte do outro, é o que constitui essa relação com o eu que nós denominamos "eu", "nós", "entre nós", "subjetividade", "intersubjetividade", "memória". A possibilidade da morte "acontece", por assim dizer, "antes" destas instâncias diferentes e as torna possíveis. [...] O "em mim" e o "em nós" *não* surgem ou aparecem *antes* desta terrível experiência (DERRIDA, 1989, p. 33).

Ora, a especulação de Derrida neste momento é ela própria uma homenagem a Paul de Man; e todo o livro *Memórias para Paul de Man* implica um repensamento e enfrentamento de algumas ideias básicas de Paul de Man no contexto do discurso comemorativo. Esta conversação contínua com outro pensador, um pensador que conhecemos e amamos, torna-se a afirmação de uma relação permanente com o falecido e sugere a possibilidade de um luto bem-sucedido. Com efeito, todos os ensaios contidos em *O trabalho do luto* podem ser lidos da seguinte maneira: como a provocação do luto que nos impele a pensar e escrever. Contra Freud, o luto não é simplesmente a ruptura com o outro e a reapropriação do eu. Como nos mostra Derrida, o luto deve ser visto em função de um diálogo e de um compromisso com o falecido, o que leva a novas possibilidades de pensamento e de resposta. A relação com o falecido não é fixada ou selada com sua morte; deve continuar, como todas as relações com os entes queridos, a fim de inspirar e evocar o melhor em nós. E é isso que devemos aos que partiram[106].

Em seu ensaio sobre as "mortes" de Roland Barthes, Derrida descreve como o falecido – neste caso o próprio Barthes – parece ordenar uma transformação por parte dos enlutados que sobrevivem a ele. Talvez, respondendo a esta ordem e chegando a um acordo com Barthes, enquanto pensador e ser humano, comecemos a manifestar o luto de forma autêntica – e isso sugere à pessoa um respeito no qual a reconstituição do eu é possível no luto derrideano. Não podemos, evidentemente, citar sempre a obra escrita dos outros, mas suas palavras e seus atos podem ser considerados uma parte de seu ser essencial:

> Roland Barthes olha para nós (para dentro de cada um de nós, de modo que cada um de nós pode então dizer que o pensamento, a memória e a amizade de Barthes dizem respeito unicamente a nós) e nós não lidamos com este olhar a nosso bel-prazer, embora cada um de nós o tenhamos à nossa disposição, à nossa própria

---

106. Para uma análise da leitura que Derrida faz de Paul de Man, cf. KIRBY, J "Remembrance of the future": Derrida on mourning. *Social Semiotics* 16/3 (2006), p. 461-472. À p. 468 de seu artigo, ela descreve com mais detalhes o encontro fecundo de Derrida com o pensamento de Paul de Man: "Por exemplo, Derrida destaca a obra de Paul de Man sobre a distinção de Hegel entre *Erinnerung* e *Gedächtnis*, a ideia de retoricidade de Paul de Man, a metonímia, a lógica dos conjuntos e a prosopopeia (a ficção da voz do além-túmulo, que na argumentação de Paul de Man é o topo constitutivo do discurso poético), seu senso de memória como orientada para o futuro e o conceito de aporia, o impasse que leva a pensar em novos caminhos, como também a ideia de Paul de Man do texto como uma promessa".

maneira, de acordo com nosso lugar e nossa história. Ele está dentro de nós, mas não é nosso; não o temos à nossa disposição como um momento ou uma parte de nossa interioridade. E o que olha para nós pode ser indiferente, amoroso, medonho, aprazível, atencioso, irônico, silencioso, entediado, reservado, fervoroso ou sorridente, uma criança ou alguém já idoso; em resumo, pode nos dar qualquer um dos inumeráveis sinais de vida ou de morte que podemos deduzir da reserva circunscrita de seus textos ou de nossa memória (DERRIDA, 2001, p. 44).

Como vimos, não é um olhar que podemos controlar ou apropriar, porque o outro permanece autônomo dentro de mim; mas, ao mesmo tempo, o encontro com o falecido, que esta passagem descreve, chama-nos de volta a nós mesmos e a uma vida melhor. O luto desafia o eu e o submete a uma provação. Com efeito, ele ordena a autorrenovação e a autoapropriação, ainda que somente em benefício do ente querido: ele está morto, mas nós devemos honrar seu nome e mantê-lo na mente, e podemos continuar sua "obra" para podermos continuar a existir. Por fim, o luto é uma relação *espiritual*, porque afirma nossa conexão permanente com os que nos inspiraram a nos tornarmos quem somos e nosso sentimento de pertença a uma comunidade – o fluxo da vida – que inclui tanto os vivos quanto os mortos. E, embora exija memória, gratidão, fidelidade etc., o luto vai além do requisito *ético* de honrar os mortos de maneira adequada. Como entende Derrida, mediante sua própria prática espiritual como filósofo, a morte interrompe nossa relação com o outro e muda a natureza de nossas responsabilidades, mas não termina tudo entre nós.

Portanto, por que manifestamos luto e como o luto deve ser praticado? O que apresento a seguir não é uma resposta adequada – foram feitas neste capítulo perguntas que precisam permanecer sem resposta –, mas podemos talvez sugerir um caminho para reflexão futura. Para Freud, todo o luto gira em torno de abandonar o passado e aceitar a realidade do presente. Não existe uma noção de tempo no inconsciente freudiano – todo o tempo está presente de uma vez, porque cada trauma passado e cada desejo relativo ao futuro estão atuando no presente. Portanto, o luto é difícil, mas precisamos ser realistas e afastar-nos daquilo que passou e terminou. Em Barthes, a ênfase recai explicitamente sobre o passado e, embora ele o negue, tem-se a impressão de que seu pesar e suas preocupações com as fotografias procuram recapturar o passado ou se aferrar a ele, de modo que não fuja. Em contrapartida, Derrida nos apresenta uma versão do luto direcionada às possibilidades futuras – não recuperando o passado ou permanecendo firmemente no presente, mas, como veremos, abrindo a relação com os falecidos para possibilidades futuras e possivelmente para uma nova vida. A análise de Derrida reflete uma visão profundamente espiritual e é um exemplo convincente da filosofia como prática espiritual. Aqui, de modo geral, seguimos o seguinte fio condutor: em primeiro lugar, a tarefa do luto precisa incluir a autoconcentração e a autocura, que é algo que podemos geralmente presumir que o falecido desejaria para nós. O eu que existe em relação com o ente querido também morre com a morte do ente querido; e, por isso, precisamos reintegrar-nos mediante a reorientação do nosso eu para os outros. Mas esta não é uma conclusão triunfante, como Freud gostaria que acreditássemos, e o trabalho do luto precisa ser também de certa maneira a continuação da nossa relação com aquele que morreu, já que o abandono não é uma possibilidade ética. E, porque o falecido é alguém que amamos no passado e presumivelmente ainda amamos, a tarefa do luto precisa honrar a relação entre nós, enfocando a singularidade desta relação e a singularidade do falecido. Isso é feito consciente e deliberadamente e, na maioria das vezes, *publicamente*, em espírito de reverência por aquilo que a outra pessoa foi e porque ela se tornou uma parte de quem somos. Nem Freud nem Barthes afirmam esta tarefa em termos de compreensão projetiva, mas Derrida comemora os que morreram olhando para as possibilidades futuras de nossa relação com eles. Desta maneira, Derrida desafia a narrativa "tradicional" do luto, que vai pelo menos desde Sêneca até Freud. Porque, enquanto a visão de Freud é orientada para si mesmo e Barthes está completamente focado no outro, Derrida mantém uma perspectiva *espiritual* que presta atenção à relação entre o eu e o outro, entre os vivos e os mortos.

9 IRIGARAY SOBRE O AMOR

Luce Irigaray é filósofa, linguista, psicanalista e feminista; é também praticante de ioga e de outras formas espirituais. Seus escritos são profundamente iluminadores, porque se valem dessa variedade de perspectivas diferentes. Irigaray questiona as formulações tradicionais da filosofia e, em algumas de suas obras, cria seu próprio discurso especulativo poético para examinar as coisas sob uma luz mais criativa. Ela argumenta que nossas ideias arraigadas sobre mente e corpo, sobre o físico e o espiritual, e a prioridade do masculino sobre o feminino nos separaram da natureza, dos outros e até de nós mesmos. Mas, em resposta, ela confia no amor como sendo o meio de recuperar uma vida mais genuína, transformando-nos em seres humanos espiritualmente realizados. Irigaray especula que o que conhecemos hoje como filosofia (ou o *amor à sabedoria*) era antigamente a *sabedoria do amor*, que focalizava o cuidado e o cultivo de uma relação íntima e amorosa com outra pessoa (cf. IRIGARAY, 2002b, p. 1-12). Como ela comenta em *O caminho do amor*, nós perdemos o sentido original da filosofia como uma espécie de sabedoria espiritual e agora, de maneira geral, nos resta um discurso impessoal que só fala a outros especialistas:

> Confundida com uma tradução conceitual do real, com uma forma de conhecimento, a *so-*

phia é muitas vezes reduzida a um exercício mental, transmitido de um mestre aos discípulos, usado para povoar universidades e manter discussões entre os iniciados, mas sem o impacto sobre nossa vida que a sabedoria pressupõe. O pretenso amigo da sabedoria se torna, a partir de então, alguém que cai em poços devido a uma incapacidade de andar sobre a terra. Sua ciência provoca riso, como a de outros sábios igualmente incapazes de administrar sua vida e que, não obstante, pronunciam palavras que pretendem nos instruir sobre o mais cotidiano e o mais sublime. Entre a cabeça e os pés, perde-se uma continuidade, uma perspectiva que não foi construída. E a sabedoria pela qual estes técnicos do logos estão apaixonados é às vezes um saber como morrer, mas raramente o aprendizado de saber como viver (IRIGARAY, 2002b, p. 2s.).

De acordo com Irigaray, a filosofia contemporânea se tornou um processo bastante desumano e seus próprios escritos podem ser considerados uma tentativa de recuperar o objetivo espiritual da filosofia. Alguns críticos, como Morny Joy, consideram isso apenas outra fase de seu pensamento, mas a filosofia de Irigaray esteve sempre comprometida com temas espirituais; só que agora isso se tornou finalmente explícito[107].

Para Irigaray, o verdadeiro paradigma de uma relação amorosa é o encontro vivo entre um homem e uma mulher;

---

107. Cf. JOY, M. *Divine love*: Luce Irigaray, women, gender and religion. Manchester: Manchester University Press, 2014, p. 124-141. Este capítulo é intitulado significativamente: "Irigaray's Eastern Excursion".

porque, como ela mostra, a diferença sexual entre masculino e feminino parece permear toda a natureza – "A natureza tem um sexo sempre e em todo lugar" (IRIGARAY, 1993b, p. 108). Mas a diferença sexual é fundamental também para a cultura; e homens e mulheres têm experiências diferentes do mundo por causa das diferenças físicas e culturais existentes entre eles. Irigaray descreve esta dualidade de subjetividades sob o aspecto de uma dialética que permite o florescimento espiritual de cada parceiro. Mas esta não é uma dialética que algum dia possa levar a uma síntese, porque isso implicaria o fim do desejo e da inspiração espiritual que só podem existir no espaço entre uma pessoa e outra. E ela diz: "Contrariamente a outros filósofos da diferença, eu parto de uma diferença real e concreta que, como tal, é um universal que não pode ser superado sem abolir o próprio universal" (IRIGARAY, 2008a, p. 76). Isso significa que as ideias tradicionais sobre o amor romântico como uma espécie de "fusão" são mal concebidas, porque é essencial preservar a autonomia de cada um dos parceiros românticos. E, se Irigaray está certa, a natureza humana é fundamentalmente *duas*:

> O *um* aqui já não é mais o paradigma visível ou invisível, consciente ou inconsciente, que rege a organização racional; doravante esta organização leva em consideração a existência de dois sujeitos, irredutíveis um ao outro (IRIGARAY, 2008a, p. 2).

Irigaray é uma pensadora espiritual importante que começa com as possibilidades espirituais dos seres humanos no amor. Ela analisa também outros temas espirituais, entre os quais a respiração, o ensino, a escuta e o pensamento;

e recupera assim uma sabedoria espiritual básica, que não é "enviada do céu", visto que emerge da vida cotidiana e da nossa conexão com os outros. Deste ponto de partida – a possibilidade ideal de relação humana – Irigaray passa para temas mais amplos, entre os quais: o que devemos aos outros, a natureza da hospitalidade e a maneira como compartilhamos o mundo. Outros pensadores começam com o panorama geral – que inclui a teologia e a metafísica – e vão descendo até o nível microcósmico das relações pessoais, que em comparação parecem insignificantes. Mas Irigaray começa com a experiência vivida das relações humanas e especialmente com o encontro masculino-feminino, que ela considera o exemplo paradigmático da diferença. Ao longo de todas as suas obras ela mostra como isso pode aprimorar nosso desenvolvimento ético, político e espiritual.

Irigaray afirma que mediante o autocultivo, no contexto de uma relação amorosa com um outro, eu posso transcender minhas origens naturais, recriando-me como um ser humano autônomo e espiritualmente realizado. Neste capítulo, concentro minha atenção na dimensão espiritual da filosofia do amor de Irigaray. Em primeiro lugar, examino sua relação com Platão e sua leitura de *O Banquete*, que sugere a possibilidade de uma narrativa do amor mais inspiradora do que a narrativa que prevaleceu na cultura ocidental e que ainda hoje nos afeta. Neste sentido, Irigaray é a herdeira filosófica de Platão, porque retoma o questionamento apaixonado do amor; e, como Platão, ela enfatiza que o amor é uma proeza espiritual que começa com o *eros* do desejo e anseio físico. Em seguida, examino a narrativa do amor e da relação da própria Irigaray e a importância da diferença sexual como um catalisador do vir-a-ser espiritual. Finalmente, analisarei algumas das obras posteriores de Irigaray, que examinam temas espirituais importantes como respiração, escuta, pensamento e ensino. Em seus ensaios, e em livros como *Entre Oriente e Ocidente* e *Eu te amo*, Irigaray procura unificar sua própria experiência pessoal, enquanto pensadora e praticante da meditação e da ioga, e a tradição filosófica ocidental à qual ela pertence. De modo geral, os filósofos tendem a minimizar sua experiência pessoal e afirmam que a vida de alguém não devia intrometer-se nas *ideias* que estão sendo discutidas. Mas isso torna a filosofia um exercício mais impessoal, do qual precisamos manter uma distância emocional. Em contrapartida, Irigaray insiste em entrelaçar sua própria experiência com os temas espirituais que ela descreve e isso resulta da mesma "sabedoria do amor" que inspira seu recurso ao espiritual.

9.1 Amor platônico

Para Platão o amor era a chave para o divino, porque no amor temos a insinuação de uma esfera superior do ser, que é mais importante do que nosso próprio eu egoísta. Em primeiro lugar, o amor nos leva a nos sentirmos insatisfeitos conosco mesmos, porque no amor percebemos simplesmente como somos incompletos e, graças à pessoa amada, nos sentimos atraídos para uma realidade e uma verdade superiores. No *Fedro* e em *O Banquete*, Platão descreve como o amor inicia uma jornada espiritual rumo a formas mais elevadas, entre as quais a Justiça, a Temperança e a Sabedoria, e finalmente para a forma mais elevada de todas, a forma do Bem. Mas, de todas as diferentes formas, só a Beleza brilha no mundo visível; e assim é a beleza individual que nos afasta da vida cotidiana em direção à esfera superior, onde as formas existem para além das ruínas do espaço e do tempo.

Em *O Banquete*, o amor da beleza individual se torna o primeiro degrau na escada do amor e isso nos leva através de diversos níveis diferentes de realização espiritual (PLATÃO, 2017, 210a-212b). O amor à beleza individual me afasta da minha vida egoísta e me inspira a ter afeição por algum outro a fim de completar-me. Mas não posso permanecer fixado numa única pessoa; a ideia central do amor é que ele abre o mundo para mim e o verdadeiro amante começa a ver o belo em todas as coisas, entre as quais a natureza e outras pessoas que ele conhece. Neste sentido, o degrau seguinte na escada do amor seria o amor a toda beleza física ou um apreço mais completo pelo valor do mundo e de tudo o que nos foi dado. A seguir, Platão descreve o terceiro nível do amor como sendo o amor à beleza interior, no qual reconhecemos que alguém pode ter uma alma bela embora não seja fisicamente atraente. Aqui Platão afirma que a própria virtude pessoal é atraente e que nós queremos estar perto de pessoas porque sua bondade é algo que consideramos inspirador. Desta maneira, a beleza se torna um degrau para a moralidade; o físico e o espiritual estão profundamente conectados entre si – e isso se torna um aspecto importante da análise do amor feita pela própria Irigaray.

Após o amor à beleza interior, passamos ao amor aos princípios superiores e às leis científicas. Neste nível, experimentamos um profundo sentimento de admiração, e este é associado a uma revelação mais completa do universo, inclusive a esfera moral, e às maravilhas físicas descritas pelos cientistas. Por fim chegamos ao nível mais alto, o amor ao Bem, que está associado também à Beleza e à Verdade.

O Bem é o princípio supremo e o fundamento do nosso ser. Ele é a meta de nossa busca, mas é também o que nos inspira em primeiro lugar, embora não o saibamos. Platão o descreve em termos um tanto místicos, mas no contexto de *O Banquete* tudo é perfeitamente compreensível:

> Nesse momento da vida – se é que há um momento especial –, a vida humana vale a pena pela contemplação do próprio belo. Se alguma vez vires essa beleza, ela não te parecerá comparável à do ouro, da roupa ou à dos belos garotos e homens jovens, cuja visão deixa a ti e a muitos outros absorvidos. Aliás, se pudesses vê-los e frequentá-los continuamente, estarias disposto, se possível, a não mais comer e beber, somente vê-los e ficar com eles (PLATÃO, 2017, 211d).

O último comentário implica que a beleza física não é suficiente, porque seria apenas uma *semelhança* do que é realmente bom e verdadeiramente belo. Mas, como observa Irigaray, com isso o físico é desvalorizado e desta maneira perdemos a possibilidade de um encontro erótico que poderia nutrir tanto o corpo quanto a alma.

Irigaray escreve sobre a narrativa do amor de Platão em seu ensaio *Amor de bruxa* (cf. IRIGARAY, 1989, p. 32-44). Aqui ela mostra que, embora Sócrates apresente sua filosofia do amor como algo que ele aprendeu da Sacerdotisa Diotima, a própria Diotima não está realmente presente no banquete e não está entre os que pronunciam seu discurso em louvor do amor. Neste sentido, *O banquete* continua a exclusão filosófica das mulheres e, de modo geral, desdenha o encontro homem/mulher como uma relação espiritual inferior. No entanto, Irigaray observa também que, em *O banquete*, a questão do amor não é apenas uma questão abstrata. Porque aqui temos amantes que são profundamente afetados por seu amor e discutem apaixonadamente um assunto que apela para a parte mais profunda de quem eles são. *O banquete* se ocupa claramente com a sabedoria do amor; e, em seu ensaio, Irigaray recupera uma perspectiva espiritual mais profunda sobre o amor, que é revelada sucintamente, mas por fim ocultada novamente pela visão metafísica do próprio Platão.

Sou simpático à leitura que Irigaray faz de *O Banquete* e, em minha opinião, ela mostra que existe um conflito significativo no texto de Platão. Como vimos na análise feita acima, a escada do amor se dirige a uma meta; e uma queixa frequente é que para Platão a pessoa amada individual não é valorizada em atenção a ela própria, mas usada como um meio em vista de um fim (cf., p. ex., SINGER, 1984, p. 82-87). Assim, se eu amo alguém que é belo e bom, então, de acordo com Platão, isso me inspirará a subir sempre mais em direção ao objetivo último do Bem. Mas, se o Bem é nossa meta, isso sugere que os indivíduos podem ser substituídos uns pelos outros; e, se aparecer alguém melhor ou mais belo, então faz sentido abandonar o primeiro em favor do segundo, simplesmente para obter mais progresso espiritual.

Para Irigaray, parte do problema aqui é que não estamos lidando com amantes, mas com o amante e seu bem-amado; e esta relação hierárquica mina a reciprocidade entre os dois. Isso questiona também a relação amorosa, que deve ser nutrida em vista da própria. Irigaray comenta: "Mas, se a procriação se torna sua meta, a relação amorosa corre o risco de perder sua motivação interior, sua fecundidade 'em si própria', sua lenta e constante regeneração" (IRIGARAY, 1989, p. 38). Nesta perspectiva, parece que, uma vez alcançada a meta última na escada do amor, não precisamos mais da pessoa amada, porque agora seríamos espiritualmente completos. É disso que Alcibíades se queixa bem no fim de *O banquete*: Sócrates está realizado espiritualmente, mas parece não precisar de ninguém (inclusive de Alcibíades) em sua vida. Ele é completamente senhor de si, porque aparentemente alcançou a meta espiritual mais elevada. E Irigaray pergunta se este é realmente o objetivo a que devemos aspirar:

> O que me parecia sumamente original no método de Diotima desapareceu novamente. É suprimido aquele irredutível ambiente intermediário de amor entre o "sujeito" (uma palavra inadequada de Platão) e a "realidade amada". Tornar-se amoroso não constitui mais um vir-a-ser do próprio amante, do amor existente no amante (masculino ou feminino), entre os amantes. [...] Ao invés, é agora uma busca teológica daquilo que é considerado a realidade suprema e muitas vezes situada numa transcendência inacessível à nossa condição de mortais. A imortalidade é protelada até à morte e não é considerada uma das nossas tarefas constantes enquanto mortais, uma transmutação que cabe incessantemente a nós aqui e agora, uma possibilidade inscrita num corpo capaz de um vir-a-ser divino. A beleza do corpo e a beleza da alma se tornam hierarquizadas e o amor das mulheres se torna o quinhão daqueles que, incapazes de ser criadores na alma, são fecundos no corpo e buscam a imortalidade de seu nome perpetuada por sua prole (IRIGARAY, 1989, p. 40).

Este é, portanto, o problema com a narrativa do amor de Sócrates em *O banquete*: ela ignora a realidade vivida do amor em favor da meta última, que está além do amor e da beleza como os conhecemos.

A esta altura, portanto, podemos retornar a um tema anterior presente em *O banquete*, porque na sabedoria de Diotima parece haver outra possibilidade de mútua procriação e autoaprimoramento, que são realizados mediante a própria relação amorosa. E é isso que Irigaray diz acima ser "sumamente original" no método de Diotima. No início de seu discurso, Diotima argumenta que "o objeto do amor [...] não é [...] o belo. [...] É o desejo de reprodução e de dar à luz no belo" (PLATÃO, 2017, 206b-207a). Ela diz que cada um de nós está repleto de possibilidades físicas e espirituais; com efeito, estamos "grávidos" em nosso ser e, por isso, buscamos naturalmente procriar ou ter uma relação com outro indivíduo que nos inspira a levar o nosso potencial a bom termo e com isso introduzi-lo no mundo. Alguns desejam ter filhos e por isso procriarão fisicamente (com um homem ou com uma mulher). Mas outros estão grávidos de possibilidades espirituais e buscam uma relação com outro que os inspire a "parir no belo". Esta é a parte importante da fala de Diotima para a qual Irigaray chama nossa atenção:

> Todos os seres humanos fecundam, Sócrates, no corpo e na alma, e quando chegamos a certa idade nossa natureza deseja dar à luz. Mas não é possível dar à luz na fealdade. Somente na beleza. Sim, o intercurso sexual de um homem e uma mulher é um tipo de nascimento. Esse processo de gravidez e geração é divino: é o imortal fazendo-se presente numa criatu-

> ra mortal, sendo impossível que ocorra no que está em desarmonia. O que é feio, de seu lado, não se harmoniza com nada que seja divino. Já o que é belo está sempre em harmonia com a divindade. Por conta desse nascimento, a beleza assume a função de *Moira* e *Ilítia*. Por isso, quando o que está gestante se aproxima do belo, torna-se gracioso, relaxa com deleite, dá à luz e gera. Mas quando se aproxima do feio, fica carrancudo e aflito, contrai-se, afasta-se e recolhe-se, sem gerar. Ao reter seu feto, carrega-o com dificuldade. Essa é a razão pela qual a gestante e já prestes a dar à luz sente tanta excitação na presença do belo, pois aquele será libertado de uma grande dor. Desse modo, o objeto do amor, Sócrates – ela disse – não é, como pensas, o belo.
> Bem, é o que então?
> É o desejo de reprodução e de dar à luz no belo (PLATÃO, 2017, 206c-d).

Como observa Irigaray, nesta passagem a gravidez parece preceder o intercurso. A ideia é que, mediante a relação aprimorada com outra pessoa, todos nós podemos ser inspirados a realizar nosso potencial espiritual mais profundo. A esta altura, porém, o amor já não é considerado um meio em vista de um fim, em que a meta é produzir filhos, ou a progênie espiritual como livros e obras de arte. Ao invés, o desejo do amor é o próprio amor e, mediante a inspiração do amor, nossas almas podem ser prolíficas.

Assim Irigaray recupera a sabedoria do amor como uma geração mútua entre duas pessoas numa relação amorosa e solidária entre elas, que "nunca é completa, sempre em desenvolvimento" (IRIGARAY, 1989, p. 33). Essa relação pode compartilhar tanto o físico quanto o espiritual; mas, ao contrário do que diz Platão no fim da fala de Diotima, ela não precisa realmente transcender a esfera do físico ou da pessoa amada individual a fim de alcançar sua meta, que é a eternidade, aqui e agora.

Em *O banquete*, a relação central é a relação entre Diotima e Sócrates, porque, enquanto masculino e feminino, mestre e discípula, eles representam os diferentes polos que o Eros atravessa entre os dois parceiros. Este amor transforma ambos; ele inspira seu crescimento contínuo e regenera continuamente a relação que eles compartilham. É um encontro sagrado e, no final, permite-lhes alcançar seu mais pleno potencial mediante seu completo envolvimento mútuo.

Mas, como vimos, este sentimento de mútua geração é perdido quando Diotima entra na última parte de sua narrativa. Aqui, o amor se torna um meio em vista de um fim, porque agora existe algo que transcende o amor, que é a meta dos amantes e, em primeiro lugar, a razão para a existência do amor.

E, com esta narrativa da escada do amor, chegamos finalmente ao ponto em que é apreendida a Beleza absoluta, eterna e imutável, e estamos livres de contaminação pela esfera física: "Nesse momento da vida [...] – se é que há um momento especial –, a vida humana vale a pena pela contemplação do próprio belo" (PLATÃO, 2017, 211d).

Esta conclusão, quer derive de Sócrates, de Platão ou da própria Diotima, pode ser lida como uma rejeição deste mundo enquanto esfera empobrecida, que empalidece quando comparada com a pura esfera das formas e da beleza desencarnada. Mas a beleza *absoluta* não pode figurar em nenhuma narrativa que procura captar o caráter significativo da existência humana, na qual tanto o espiritual quanto o físico estão presentes aqui e agora.

Irigaray é profundamente influenciada pela narrativa de Platão acerca do amor apaixonado presente em *O Banquete*, mas insiste em questionar algumas das conclusões de Diotima, que podem ou não derivar do próprio Platão. Em particular, Irigaray sustenta que o amor implica o contínuo entrelaçamento entre o físico e o espiritual – um *não* é um refúgio para escapar do outro – e sua intensificação no desejo. Ela sugere também que o amor não tem uma meta final além de si mesmo, porque isso transformaria o amor num meio em vista de um fim, em vez de ser um fim em si mesmo. O fato é que o amor é de fato o desejo pelo desejo e a renovação perpétua da ternura, da paixão e da alegria. As relações humanas amorosas são de caráter intrinsecamente espiritual, embora isso não signifique que não possam participar do físico, que agora precisa ser reavaliado como sendo o *fundamento* do espiritual em oposição ao seu oposto. No fim da fala de Sócrates nos é dito que o amor leva, em última instância, à autossuficiência e à superação do amor, porque este alcançou sua meta. Mas para Irigaray isso é um equívoco: o amor é um intermediário entre os dois amantes e entre o humano e o divino, o físico e o espiritual, o masculino e o feminino etc.; e, sem o amor como uma experiência continuamente inspiradora, estaríamos espiritualmente mortos e carentes do poder de crescer. Em *O banquete*, Diotima ocupa um lugar ambíguo como mestra de Sócrates, mas isso sugere o poder secreto do feminino que é recuperado no início da vida espiritual.

Agora podemos enfocar a sabedoria do amor no projeto filosófico de Irigaray.

9.2 O contexto espiritual do amor

A esta altura deveria estar claro que, para Irigaray, a espiritualidade não é algo do outro mundo; não é uma fuga da existência material, mas uma intensificação e um aperfeiçoamento de nossa natureza individual no horizonte da vida cotidiana. E na medida em que, na filosofia de Irigaray, a espiritualidade está relacionada com a transcendência, ela é sempre uma transcendência imanente que transfigura o mundo em que vivemos. Numa entrevista, Irigaray descreve isso da seguinte maneira:

> Em vez da repressão do espírito sobre o corpo, que é comum em nossa tradição, prefiro a transformação do corpo enquanto matéria viva em matéria espiritual. [...] As culturas orientais me revelaram este outro caminho. Já não se trata mais de separar espírito e corpo, um dando ordens ao outro, mas de transformar uma energia vital numa energia espiritual a serviço da respiração, do amor, da escuta, da fala e do pensar. Este processo transforma – poderíamos dizer: transmuta ou transfigura – aos poucos nossa matéria corporal original em matéria corporal espiritualizada, como expliquei particularmente em *Entre Oriente e Ocidente*. Em minha opinião, esta jornada espiritual é mais adulta e mais religiosa (IRIGARAY, 2008a, p. 80).

Mediante as práticas espirituais – entre as quais o amor, a escuta, a respiração, a fala e o pensar – podemos nos cultivar e nos refinar a fim de nos tornarmos mais realizados espiritualmente; e assim podemos experimentar a "imortalidade" não como outra vida diferente da vida que temos agora, mas como a profundeza última e realização da vida presente aqui e agora.

Em várias obras, Irigaray continua sua busca do amor como sendo a realização da vida espiritual. Por exemplo, seu extraordinário livro *Paixões elementares* assume a forma de uma amante feminina que se dirige apaixonadamente a seu amado masculino. Na passagem abaixo, por exemplo, ela descreve dois tipos diferentes de amor, que correspondem aproximadamente à forma tipicamente masculina e à forma feminina (ideal) do encontro romântico. A primeira está associada ao amor como forma de dominação e controle, enquanto a segunda é o amor que pode ser experimentado como mútua geração e aprimoramento:

> O amor pode ser o vir-a-ser que se apropria do outro para si mesmo, consumindo-o e introjetando-o em si mesmo, ao ponto de o outro desaparecer. Ou o amor pode ser o motor do vir-a-ser, que permite a ambos crescerem. Para esse amor, cada um precisa manter seu corpo autônomo. Um não deveria ser a fonte do outro e vice-versa. Duas vidas deveriam abraçar-se e fertilizar-se mutuamente, sem que uma seja uma meta fixa para a outra (IRIGARAY, 1992, p. 27).

É importante manter separadas estas duas versões do amor. O amor como uma espécie de relação senhor-escravo não é amor autêntico, embora possa ser um princípio para outra coisa; e o amor como autossacrifício total e permanente provavelmente também não é amor, porque destrói a relação dialética entre um e o outro, e é esta que aprimora o amor como uma possibilidade genuína que se renova continuamente. A escrita de Irigaray em *Paixões elementares* é lírica e poderosa e só parece apropriado usar a linguagem poética para a evocação do amor. Nesse sentido, sua obra é ao mesmo tempo descritiva e *performativa*, porque exorta os leitores a celebrar o amor como um projeto importante em sua própria vida espiritual.

No amor romântico tradicional, que começa com a tradição do amor cortês, a pessoa amada é venerada como um ser ideal e, por isso, Lancelot se ajoelha diante Guinevere e jura seu afeto eterno. Na sociedade contemporânea, somos os herdeiros da mesma tradição romântica e nossos sonhos, filmes, romances, novelas e outras formas culturais atestam a importância permanente do ideal romântico do amor como um fenômeno quase religioso. Em sua obra, Irigaray questiona esta versão do amor apaixonado e descreve o amor como uma possibilidade espiritual que empodera e aprimora cada um dos amantes:

> O amor entre o homem e a mulher torna-se assim o domínio e a cultura da energia em vez de seu dispêndio instintual, para ser redimido pela procriação aqui na terra e pela felicidade assexual no além – e o caminho para isso é a aquisição de um logos insensível. [...] O amor é realizado por duas pessoas, sem divisão de papéis entre o amado e o amante, entre passividade objetiva ou animal, por um lado, e atividade geralmente consciente e corajosa, por outro. A mulher e o homem continuam sendo dois no amor. Proteger e cultivar o universo é, e continua sendo, sua tarefa primária (IRIGARAY, 1996, p. 138).

Poderíamos dar a isso o nome de amor "pós-romântico", para indicar uma perspectiva crítica acerca do amor romântico, que incorpora tudo o que é bom, enquanto ao mesmo tempo transcende alguns dos seus aspectos tradicionais. Como observamos acima, por exemplo, o amor romântico é associado muitas vezes ao ideal de fusão, no qual os dois amantes se tornam um ao entregar cada qual sua própria vida individual na relação. Irigaray questiona esse ideal, porque lhe parece que a união e a fusão podem ser maneiras de buscar o abandono, no qual o amor se torna uma fuga de nós mesmos. De maneira semelhante, ela insiste na irredutibilidade dos *dois* na relação mútua: "Isso não significa que os dois se tornam um, mas que cada um segue um caminho específico, de modo que a relação é possível no momento e no longo prazo, apesar da ou graças à diferença entre os dois" (IRIGARAY, 2002a, p. 87).

Na passagem de *Paixões elementares* (1992) citada acima, Irigaray enfatiza a diferença entre pensar no amor como uma espécie de possessividade ou propriedade e pensar no amor como uma permissão para que o outro seja. O amor possessivo se baseia na relação sujeito/objeto que não muda realmente o sujeito, ao passo que o outro tipo de amor se baseia no amor entre dois sujeitos que cuidam profundamente um do outro e permanecem abertos um ao outro, de modo que seu amor é ao mesmo tempo para um e para o outro. Às vezes Irigaray fala sobre a importância da admiração como uma condição para alcançar esta meta: Platão diz que a filosofia começa com um sentimento de admiração, porque, sem um sentimento de espanto diante da simples existência deste mundo, nunca conseguiríamos fazer perguntas filosóficas como: "Por que existe algo em vez de nada?" De maneira semelhante, no caso do amor, experimentamos um sentimento de admiração acerca da outra pessoa e isso nos inspira e nos atrai para o amado. A admiração implica prestar plena atenção, o que permite ao outro realizar seu potencial mais elevado. E a admiração pelo outro precisa ser mantida, se quisermos que as possibilidades espirituais de uma relação prosperem. Em contrapartida, a apropriação e a dominação acarretam o fim da admiração; porque, enquanto as formas de nosso encontro permanecem fixas, nada de novo pode acontecer entre nós. Neste sentido, o amor precisa cultivar a autonomia do outro como sendo a própria condição para sua própria fecundidade e existência permanente. Como comenta Irigaray: "Reconhecer-te significa ou implica respeitar-te como outro, aceitar que me detenho diante de ti como diante de algo insuperável, um mistério, uma liberdade que nunca será minha, um meu que nunca será meu" (IRIGARAY, 1996, p. 104). Sem admiração podemos ficar habituados com a outra pessoa e finalmente o amor morrerá porque se perdeu a inspiração.

Mesmo assim, o ideal do casal é um paradigma espiritual negligenciado, especialmente no Ocidente. Geralmente os homens e as mulheres são ensinados a pensar que podem experimentar uma realização completa como mães e homens "bem-sucedidos"; mas, em *Entre Oriente e Ocidente*, Irigaray argumenta que podemos realmente alcançar isso como amantes, porque só nesta relação é possível cumprir cada aspecto do nosso ser, inclusive o físico, o emocional, o intelectual e o espiritual. É estranho que o casal não tenha maior importância como um ideal espiritual; mas em outras culturas esse ideal é compreendido. Por exemplo, no hinduísmo existem muitas representações de Krishna e sua consorte retratados lado a lado como dois seres humanos que empreendem juntos uma jornada espiritual. E Irigaray comenta:

> Além disso, os deuses da Índia aparecem geralmente como um casal: homem e mulher criando o universo por meio de sua familiaridade com certos elementos, por meio também de seu amor, e o destroem por meio de sua paixão. Aqui estamos longe das representações filosófico-religiosas que caracterizaram o Ocidente por diversos milênios (IRIGARAY, 2002a, p. 9).

Talvez os homens tenham aprendido que sua realização pessoal consiste em seguir uma carreira; e, em culturas mais tradicionais, as mulheres são estimuladas a pensar-se como esposas e mães acima de qualquer outra coisa. Mas Irigaray propõe uma ideia importante ao priorizar a relação amorosa entre dois indivíduos separados que criam um espaço juntos. E este é um espaço no qual os outros – filhos, amigos e estranhos – chegarão a receber o amor e o cuidado que foi cultivado e preparado assim para eles. Como explica Irigaray:

> A fim de fundar ou refundar uma família, a primeira e principal tarefa está no trabalho de amor entre um homem e uma mulher, entre uma mulher e um homem, os quais, em nome do desejo, pretendem viver juntos a longo prazo, combinar, neles e entre eles, o momento do nascimento da atração com a perpetuação do amor, o instante com a eternidade (IRIGARAY, 2002a, p. 119).

Novamente, nesta passagem, a meta de Irigaray consiste em evocar a própria possibilidade que ela está descrevendo.

O amor entre um homem e uma mulher pode se tornar o modelo para outras relações, inclusive relações entre pessoas do mesmo sexo e amizades de todo tipo. Para Irigaray este é o caso paradigmático para pensar sobre a diferença ou a outridade em geral. Ela insiste também que a diferença sexual (ou "sexuada") entre masculino e feminino é a diferença mais significativa de todas – porque, mais do qualquer outro tipo de diferença, é uma diferença que faz toda a diferença no mundo: ela determina como temos relações sexuais, como geramos filhos, como somos tratados pelos outros e a medida de nossas oportunidades na vida. Neste sentido, para Irigaray, a diferença sexual (como oposta à diferença de classe ou à diferença ontológica) é a dinâmica subjacente da história; e, em vários momentos, ela argumenta que só podemos recuperar o presente e o futuro quando afirmamos esta dialética primária entre o feminino e o masculino:

> A diferença sexual é uma das maiores questões filosóficas, se não a questão de nossa época. De acordo com Heidegger, cada época tem uma questão para examinar cuidadosamente e só uma. A diferença sexual é provavelmente a questão de nosso tempo que poderia ser a nossa "salvação" se a examinarmos cuidadosamente (IRIGARAY, 1993a, p. 5).

O foco de Irigaray na relação masculino/feminino e seu cumprimento no amor implica um retorno à relação pessoal como chave para o desenvolvimento e aprimoramento espiritual. Como vimos, ela rejeita a tendência tradicional à unidade ou unicidade e insiste na irredutibilidade da relação entre o eu e o outro. Neste sentido, ela pertence a uma tradição dialógica da filosofia que inclui Platão e outros. Para Platão a verdade surge no decurso da conversação com o outro e não pode ser alcançada mediante a reflexão interior solitária. Mais recentemente, Martin Buber e Emmanuel Levinas enfatizam o encontro Eu-Tu ou Eu-Outro e insistem na primazia da relação que sempre precede o sentimento de "tu" e "eu" como seres separados (cf. BUBER, 1997; LEVINAS, 2008). Para Buber, o Eu e o Tu são parceiros iguais; para Levinas, o Outro tem prioridade e me chama à existência. Irigaray é influenciada por estes pensadores, mas finalmente o encontro masculino/feminino que ela descreve é mais relevante, na medida em que vai além do encontro ético e reconhece o espiritual *e* o físico como parte de um *continuum*, em que existe um intercâmbio recíproco entre nós. Ela escreve:

> O abismo não está em mim, mas em nossa diferença. Nunca podemos estar seguros de eliminar o vácuo entre nós. Mas esta é nossa aventura. Sem este perigo não existe nenhum nós. Se você o transforma em garantia, você nos separa (IRIGARAY, 1992, p. 28).

Dada a centralidade da relação pessoal, talvez não cause surpresa o fato de Irigaray escrever sobre sua experiência pessoal, ao mesmo tempo que oferece uma perspectiva filosófica sobre estes temas. No prefácio a *Eu te amo*, ela descreve seu encontro com Renzo Imbeni, com quem se encontrou no mesmo painel em San Donato, na Itália. Para Irigaray, foi um encontro exemplar que ela descreve como hilariante e fecundo. Imbeni mostrou sensatez e integridade e foi capaz de ouvir o que ela tinha a dizer de uma maneira que ela considerou impressionante:

> Aprecio essas qualidades e procuro comportar-me eu mesma dessa maneira. Elas só podem

ser realmente exercidas e especialmente aparecer pelo fato de serem recíprocas. Foram possíveis naquela noite em San Donato. Ocorreu entre nós um respeito mútuo que talvez poucos tenham notado, mas que realmente ocorreu então e ainda continua. Apesar de tudo, não renunciamos aos nossos próprios eus; do contrário, o resultado não teria sido como foi. Éramos dois: um homem e uma mulher falando de acordo com nossa identidade, com nossa consciência, com nossa herança cultural e até com nossa sensibilidade (IRIGARAY, 1996, p. 9).

Irigaray nos diz que, como resultado deste encontro, ela se sentiu inspirada a escrever seu livro *Eu te amo*. E ainda:

É, portanto, na forma de um livro que o resultado do debate em San Donato se manifestou pela primeira vez. Um livro acerca do encontro entre uma mulher e um homem, entre mulheres e homens. Um encontro caracterizado pela pertença a uma natureza sexuada à qual convém ser fiel (IRIGARAY, 1996, p. 11).

Neste sentido, podemos pensar em seu livro como o produto resultante do amor que Diotima descreve em *O banquete*, em que a beleza inspira a renovação espiritual e o cumprimento de possibilidades emergentes da alma.

Em *Entre Oriente e Ocidente*, Irigaray descreve também algumas de suas práticas espirituais e o entrelaçamento de duas tradições diferentes como sendo sua própria realização espiritual; e isso é experimentado como uma apropriação pessoal do sentido:

Eu sabia que o corpo é potencialmente divino, eu o sabia particularmente graças a minha

> tradição cristã da qual ele é, de fato, a mensagem; mas eu não sabia como desenvolver esta divindade. Praticando a respiração, educando minhas percepções, preocupando-me continuamente em cultivar a vida do meu corpo, lendo textos atuais e antigos da tradição da ioga e textos tântricos, aprendi o que eu sabia: o corpo é o lugar da encarnação do divino e preciso tratá-lo como tal. [...] O próprio corpo, inclusive o ato carnal, pode ser deificado. Isso não significa que ele se supera, mas que ele floresce, se torna sensível de maneira mais sutil e total (IRIGARAY, 200a, p. 61s.).

Entre Oriente e Ocidente é, em muitos aspectos, a obra mais cativante de Irigaray, devido à perspectiva espiritual que descrevi neste capítulo. Irigaray tem atração pelo pensamento e práticas não ocidentais; e sua ênfase em temas afins, como o multiculturalismo, é uma extensão de suas ideias sobre a diferença sexual como uma diferença fundamental que pode levar-nos a um futuro melhor. O subtítulo de *Entre Oriente e Ocidente* é "Da singularidade à comunidade"; e na próxima parte desse capítulo examinarei algumas outras práticas espirituais que Irigaray especifica como condições para a comunidade espiritual que ainda está a caminho. Entre estas práticas espirituais estão: respiração, pensamento, escuta e ensino, e elas podem ser consideradas aspectos diferentes da mesma sabedoria do amor que acabei de descrever.

9.3 Respiração, escuta, pensamento e ensino

Em *Entre Oriente e Ocidente*, Irigaray insiste na importância da respiração como base de todas as práticas espirituais, e isso é algo que ela estudou e cultivou ao longo de toda a sua vida. Irigaray mostra que, no Ocidente, temos uma tendência a pensar a respiração como algo puramente mecânico e uma parte importante de nossa saúde *física*. Mas não temos nenhuma sabedoria espiritual acerca da respiração, que é nosso primeiro gesto autônomo, e acerca da maneira como assumimos a direção de nossa própria vida. Como ela nos adverte: "Enquanto não respirarmos de maneira autônoma, não só vivemos incorretamente, mas prejudicamos os outros a fim de viver" (IRIGARAY, 200a, p. 74s.). Uma das razões para termos negligenciado a respiração é que nos ensinaram a separar o espiritual do físico; fomos acostumados a pensar que tudo o que está associado ao corpo deve ser desprezado e, por isso, chegamos a pensar – pelo menos no Ocidente – que, negligenciando o corpo, podemos nos tornar realmente mais espirituais.

Nas tradições asiáticas, no entanto, a importância da respiração é entendida de maneira mais completa; e, ao mesmo tempo, não existe essa disjunção entre o físico e o espiritual como dois campos separados. Uma parte importante da filosofia de Irigaray implica o desejo de subverter esta falsa oposição e mostrar a conexão intrínseca entre o aspecto físico e o aspecto espiritual do nosso ser. Porque ela percebe, a partir de seu estudo da ioga e das técnicas hindus de respiração, que a meta deve consistir em cultivar um corpo espiritual, no qual a respiração pode ser concebida como sendo de natureza espiritual e física ao mesmo tempo: "Tornar-se espiritual equivale a transformar, aos poucos, nossa respiração vital elementar numa respiração mais sutil a serviço do coração, do pensamento, da fala, e não apenas a serviço da sobrevivência fisiológica" (IRIGA-

RAY, 2008b, p. 196). E isso significa que, pela atenção à respiração, podemos também chegar a uma existência mais espiritual que nos permite assumir um compromisso mais pleno com o mundo.

Num nível, controlar nossa respiração de maneira cuidadosa e autoconsciente é afirmar nossa autonomia, reunindo-nos dentro de nós mesmos como seres autoconscientes separados; porque, como ela observa: "Não nascemos realmente, não somos realmente autônomos ou viventes, enquanto não vigiarmos, de maneira consciente e voluntária, nossa respiração" (IRIGARAY, 2002a, p. 74). Num outro nível, evidentemente, todos nós compartilhamos nossa respiração, porque todos nós respiramos o mesmo ar que nos envolve, e isso realça nossa interconexão mútua. Autonomia e conexão parecem andar juntas. A julgar pelas aparências, esta ênfase na autonomia pessoal pode destoar no contexto do cultivo espiritual, especialmente a partir de uma perspectiva asiática, na qual a ênfase recai mais na autossuperação, em benefício de tudo o que transcende o eu individual. A meta de Irigaray, no entanto, é restaurar um sentimento de equilíbrio entre estas duas perspectivas e afirmar o que é bom em cada uma delas. Sokthan Yeng mostra que, para Irigaray, não se trata tanto de uma escolha entre o eu e o outro (como ocorre em outros pensadores ocidentais), mas entre nossa relação com os outros e nossa relação conosco mesmos, sendo ambas significativas (cf. YENG, 2014, p. 61-75). Para Irigaray, estas são determinações recíprocas onde uma aprimora a outra e é aprimorada por ela. Como ela observa alhures:

> Quanto a mim, tornar-se espiritual significa uma transformação de nossa energia, que

passa de uma energia meramente vital para uma energia mais sutil a serviço da respiração, do amor, da escuta, da fala e do pensar. Isso implica passar da sobrevivência meramente individual para a capacidade de compartilhar com o outro, e compartilhar não só bens, mas também respiração, amor, palavras, pensamento. Assim encontramos novamente o elo com o(s) outro(s), mas graças a um vir-a-ser pessoal, que do contrário corre o risco de ser paralisado (IRIGARAY, 2008a, p. 104).

Aqui a ênfase no vir-a-ser pessoal como elo com o outro ajuda a esclarecer o valor da autonomia como relação consigo mesmo.

Mesmo assim, existem aqui algumas preocupações, e pode-se argumentar que a narrativa da autonomia de Irigaray é subteorizada e fora de lugar na obra, que tende para perspectivas não ocidentais. Suas reflexões sobre "gênero" e "diferença" são também problemáticas. No caso do gênero, a básica e "irredutível" distinção masculino/feminino, feita por Irigaray, ignora a fluidez do gênero e da identidade de gênero, que se tornou um tema contemporâneo tão importante. O que Irigaray tem a dizer – se é que tem – sobre a pluralidade de gênero e seu binário masculino/feminino repressivo ou obsoleto? Da mesma maneira, outra pergunta é: perdemos nós algo se focalizamos a alteridade, a outridade e a diferença? Nós *somos* diferentes e é um erro descortês apagar o outro, tratando-o como alguém exatamente igual a nós. Mas, ao mesmo tempo, o sentimento de que todos nós temos algo em comum e todos sofremos de uma forma ou de outra é o começo da empatia, que leva finalmente à compaixão autêntica por outra pessoa. E, por fim, talvez somente a compaixão pode nos reunir como uma comunidade. Como argumenta Martha Nussbaum, a compaixão é a emoção social básica (cf. NUSSBAUM, 1996, p. 27-58). E, no entanto, este *insight* parece estar em desacordo com a ênfase de Irigaray nas diferenças irredutíveis que existem entre masculino e feminino, entre culturas diferentes e entre pessoas diferentes.

Podemos considerar sucintamente a *escuta*, o *pensar* e o *ensino* como três aspectos diferentes da sabedoria do amor sobre a qual Irigaray insiste. De modo geral, podemos pensar a escuta como uma ocupação passiva, na qual permitimos que a outra pessoa diga o que tem a dizer, antes de darmos uma resposta. Mas seria mais correto pensar a escuta como uma espécie de atividade. Na escuta precisamos fazer todo o esforço para pôr de lado todos os nossos preconceitos e maneiras fixas de enxergar o mundo, porque só desta maneira podemos ouvir realmente a outra pessoa e a verdade que ela está falando. Como comenta Irigaray, a escuta autêntica não procura adaptar a verdade da outra pessoa à minha própria perspectiva das coisas, mas implica estar aberto e disposto a mudar a minha própria perspectiva à luz da verdade da outra pessoa: "Ouvir é uma maneira de abrir-nos ao outro e acolher com prazer este outro, sua verdade e seu mundo enquanto diferentes de nós, diferente da nossa verdade e do nosso mundo" (IRIGARAY, 2008b, p. 232). É fácil demais tratar o outro como um objeto que precisa ser acomodado, mas a escuta autêntica exige que eu esteja aberto e disposto a ser afetado ou transformado pelo outro que continua sendo um sujeito para mim.

O pensar é outra atividade espiritual. De modo geral, e talvez hoje especialmente, o pensar parece ser redutível ao cálculo, porque tendemos a seguir normas e métodos preestabelecidos, apenas para examinar algo e torná-lo parte do nosso mundo. O pensar se torna então um meio em vista de um fim, em que a meta consiste em organizar e controlar algum aspecto do mundo ou mesmo de outra pessoa. Mas, novamente, não permitimos que o objeto do pensamento se apresente exatamente como ele é. O pensar genuíno, como oposto ao mero cálculo, trata com carinho o mundo e tudo o que nele se encontra, permitindo-lhe simplesmente ser e não reduzindo-o às categorias do próprio sujeito. Num ensaio sobre este tema, Irigaray argumenta: "O pensar é o tempo de retornar ao eu. O pensar é o tempo de construir sua própria casa, a fim de habitar no próprio eu, morar dentro do eu" (IRIGARAY, 2008b, p. 234). Mas ela acrescenta que o pensar sempre acontece entre dois caminhos diferentes:

> O pensar requer que o sujeito permaneça fiel ao seu próprio caminho. Mas este caminho precisa de constante questionamento, e o questionamento abre diferentes caminhos possíveis. O problema é qual caminho seguir a fim de ser fiel ao seu próprio caminho (IRIGARAY, 2008b, p. 236).

Isto significa que o questionamento requer estar aberto ao outro e ao caminho do outro; significa também que o verdadeiro pensar é de caráter dialógico, porque pressupõe o encontro autêntico com o outro – especialmente alguém do outro sexo ou de outra cultura que nunca pode ser "meu".

Finalmente, o ensino: hoje o avanço da ciência, da globalização e das técnicas midiáticas produziu um ponto de vista sempre mais monótono, que nos aproxima mais de um pensar global uniforme e da imposição de um "pensamento único" que, de acordo com Irigaray, é capaz de "abolir a humanidade" (IRIGARAY, 2008b, p. 236). Contra isso existe a educação, que em certo sentido implica levar alguém para fora (*e-ducere*) da caverna da ignorância e conduzi-lo à iluminação. Deste paradigma espiritual segue-se, porém, que a meta da educação não é tanto treinar ou consumir informação e sim uma transformação pessoal em vista do bem supremo. E, neste sentido, Irigaray insiste: "A coisa mais importante que um mestre tem a transmitir não é tanto uma maneira de ter quanto uma maneira de ser, uma maneira de ser alguém e não algo"; e explica: "Os mestres orientais me ensinaram que o empreendimento mais importante é transformar-me. Para cumprir esta tarefa, precisamos nos tornar capazes de ser, de habitar e não só de amontoar conhecimento e técnicas" (IRIGARAY, 2008b, p. 234).

Assim, neste aspecto, a educação no sentido mais profundo se opõe à redução da humanidade a um único estado e a uma condição uniforme. A educação autêntica permite a possibilidade da diferença e o cultivo de cada indivíduo único como um parceiro de diálogo na busca da verdade.

Isto significa que o melhor mestre é alguém que permanece aberto à possibilidade de aprender de seu aluno. Porque o ensino é intrinsecamente dialógico e, neste sentido, ele é semelhante ao amor, já que implica cuidar do bem-estar do outro em benefício da inspiração e da realização:

> Numa educação tradicional o mestre expõe a verdade e o discípulo ouve seu discurso. Se concordamos com o fato de que a verdade não é única nem universal, também o mestre pre-

cisa ouvir a verdade do discípulo. É claro que não estou aludindo aqui a uma mera verdade psicológica; por exemplo, a um problema que poderia impedir o aluno de ouvir e aprender a verdade ideal que eu, como professor, preciso lhe ensinar. De preferência, estou falando de uma verdade abrangente que é própria de cada um e que precisamos ouvir uns dos outros. O mestre e o discípulo precisam prestar atenção um ao outro, a fim de ouvir a verdade humana que cada um transmite. Isso preserva a singularidade de cada um, estando os dois em relação, e a relação horizontal entre suas subjetividades (IRIGARAY, 2008b, p. 233).

Por fim, isso sugere que a verdade do ensino está na relação entre professor e aluno; e esta é uma relação espiritual no sentido que Platão descreve em *O banquete*. É um diálogo, ou dialética, entre duas almas diferentes que são parceiros iguais na busca da verdade. E é algo que precisamos recordar, especialmente quando a educação é reduzida a um "aprender resultados" coletivo.

Voltamos agora ao ponto de partida do capítulo inicial sobre Schopenhauer. Schopenhauer afastou-se da visão tradicional, que subordina a espiritualidade à religião estabelecida, e revelou uma perspectiva não ocidental diferente acerca da vida espiritual. Mas Irigaray é justificadamente crítica do pessimismo de Schopenhauer e a avaliação negativa da vida e do amor por parte de Schopenhauer está em completo desacordo com a afirmação destes valores por parte dela. Para Schopenhauer o amor entre homens e mulheres individuais não tem importância, porque é apenas uma fachada para o contínuo anseio da vontade. E, já que o corpo é a manifestação mais óbvia da vontade de viver, a meta do ascetismo deveria consistir em punir o corpo, pois desta maneira podemos alcançar a salvação mediante a *negação* da vontade de viver. De acordo com Irigaray, a metafísica da vontade de Schopenhauer é grosseiramente redutora e elimina tudo o que é espiritualmente característico e valioso na filosofia indiana[108].

Em seus escritos, Irigaray explora o potencial libertador desta tradição não ocidental. Para Irigaray a irredutibilidade do amor ao carnal ou ao espiritual (enquanto não físico) insinua a falsidade das distinções filosóficas tradicionais; e inspira um apreço pela filosofia asiática, e em particular a ioga, que afirma a espiritualização do corpo. Como ela observa em *Eu te amo*:

> Nestas tradições o corpo é cultivado para se tornar mais espiritual e mais carnal ao mesmo tempo. Uma série de movimentos e práticas nutricionais, atenção ao hálito na respiração, o respeito aos ritmos do dia e da noite, às estações e aos anos como calendário da carne, ao mundo e à história, o treinamento dos sentidos para uma percepção acurada, recompensadora e concentrada – tudo isso leva gradualmente o corpo ao renascimento, a dar à luz a si mesmo, carnal e espiritualmente, em cada momento de cada dia. Assim o corpo já não é simplesmente um corpo gerado por meus pais; é também um corpo que eu devolvo a mim mesmo. Da mesma forma, a imortalidade já não é reservada ao além e as condições para ela deixam de ser de-

---

108. Cf. o ensaio de Irigaray sobre Schopenhauer: *The time of life* (IRIGARAY, 2002a, p. 21-48).

terminadas por alguém diferente de mim. Cada mulher e cada homem adquire a imortalidade respeitando a vida e sua espiritualização (IRIGARAY, 1996, p. 24).

Isto está longe da visão que Schopenhauer tem da filosofia indiana, embora Schopenhauer e Irigaray sejam semelhantes em desejar recuperar a sabedoria asiática de seu esquecimento ou de sua deformação feita por outros. O fato é que esta sabedoria nos fala e a realidade global da vida moderna nos obriga a rever nossos horizontes espirituais e reafirmar *todas* as possiblidades espirituais do mundo ao qual pertencemos.

CONCLUSÃO

Nesta época de consumo e materialismo científico redutivo, os temas espirituais foram negligenciados ou ignorados e isso ocorre, em parte, porque não podem ser medidos ou *vistos*. Mas, neste livro, analisei diversos "filósofos espirituais" que examinam ideias espirituais e, se sua obra ressoa em nós, temos alguma razão para pensar que esses temas "invisíveis" são reais. As pessoas sempre tiveram crenças diferentes acerca da natureza da realidade última: se o absoluto é pessoal ou impessoal, se Deus existe ou não. Mas, independentemente de todos estes conflitos religiosos e metafísicos, penso que somos atraídos para a realização espiritual, junto com a realização física, emocional e pessoal, justamente porque isso é quem nós somos. As possibilidades espirituais tornam nossa vida mais significativa, enquanto sua ausência é angustiante e, por isso, precisamos manter-nos abertos ao ponto de vista espiritual. No mundo moderno o esquecimento da vida espiritual é perturbador: o fundamentalismo está aumentando porque parece oferecer uma solução rápida, enquanto algumas pessoas recorrem às drogas ou a outros tipos de fuga, apenas para minimizar a alienação ou a angústia que sentem.

Contra isto, no entanto, os filósofos espirituais defendem a realidade do espiritual no amor, na compaixão, na generosidade, no luto, na sabedoria etc., que podem todos eles ser experimentados nesta vida, aqui e agora. O problema é que nem sempre sabemos como falar sobre estas coisas, porque nos falta o vocabulário espiritual para descrevê-las e o efeito profundo que causam em nós. E é por isso que precisamos dos filósofos espirituais, porque cada um deles proporciona um ponto de partida para a reflexão. Tomados em conjunto, eles iluminam a visão espiritual da vida.

Aspectos de interesse espiritual

Esse livro examinou a obra de nove filósofos espirituais e cada capítulo focalizou um tema espiritual diferente, que cada um deles explorou de maneira ponderada e provocativa. Obviamente, muita coisa depende do sentido da palavra "espiritual". Na Introdução, argumentei que a espiritualidade implica um sentimento de conexão com uma realidade superior ou maior à qual devemos nos submeter e, por isso, requer a autossuperação em relação à perspectiva egoísta do ego. Nos capítulos seguintes, analisei três níveis diferentes de interesse espiritual: alguns capítulos focalizaram as *virtudes espirituais* – Schopenhauer sobre a compaixão, Nietzsche sobre a generosidade, Benjamin sobre a sabedoria –, todos eles implicando a autossuperação e confirmando nossa conexão com algo superior ou maior do que somos, inclusive a natureza, a justiça ou a humanidade. Mas isso não se refere apenas a "cumprir seu dever". Geralmente existem limites à compaixão, à generosidade ou ao perdão, e nenhum requisito moral além de certo ponto. Mas, como virtudes *espirituais*, a compaixão, a generosidade, o perdão etc. nos relacionam com uma realidade superior ou maior, que podemos decidir a aceitar ou abraçar como sendo a verdade última de nosso ser.

Alguns capítulos focalizam mais as *práticas espirituais*, que são diferentes formas de empenho *espiritual* – entre eles, Derrida sobre o luto, Foucault sobre o cuidado de si e Irigaray sobre o amor. Evidentemente, o amor e o luto podem existir em formas irrefletidas; mas, ao nos tornarmos mais atentos ao amor ou à necessidade do luto etc., expressamos o desejo de conexão com os outros e com a realidade maior que está além de nós, e isso nos permite experimentar a profundidade completa da nossa existência aqui e agora. Neste sentido, é preciso dizer que cada um dos filósofos espirituais atesta o valor da *filosofia* como uma prática espiritual, que ilumina as possibilidades espirituais mediante uma reflexão sobre temas espirituais.

Finalmente, outros capítulos examinaram mais de perto *pontos focais espirituais* – entre os quais Jung sobre a religião, Kandinsky sobre a arte e Hillman sobre a alma. Em todos estes exemplos estamos lidando com objetos ou nós significativos de interesse espiritual, como a arte, a religião, o sagrado, o espírito e a alma. Cada um deles se torna um ponto focal para a compreensão espiritual, e a análise associada é ao mesmo tempo descritiva e *performativa*, na medida em que inspira e aprimora nossa vida espiritual. Ora, esta classificação básica não é de modo algum definitiva e estas distinções não são precisas – se optamos por cultivar a compaixão, por exemplo, ela pode ser considerada tanto uma prática espiritual quanto uma virtude espiritual, e o mesmo se pode dizer acerca do amor. Mas, em minha opinião, podemos dizer que grande parte de nossa vida espiritual ocorre nesta formação básica que inclui virtudes espirituais, práticas espirituais e pontos focais espirituais.

Acordos e desacordos

Existe uma considerável sobreposição entre diferentes filósofos espirituais e, embora não exista uma unanimidade completa, existem alguns temas e conclusões recorrentes. Por exemplo, a espiritualidade é muitas vezes considerada a rejeição vigorosa do *materialismo*; e isso inclui o materialismo redutivo da ciência moderna (ou cientismo) como também o materialismo da cultura consumista moderna, que evita os valores espirituais em atenção ao sucesso pessoal. Isso parece estar sumamente claro na obra de Kandinsky e Nietzsche, mas é também um tema importante em Jung, Irigaray e todos aqueles filósofos espirituais que insistem no desencantamento da vida moderna. Do mesmo modo, a espiritualidade é muitas vezes considerada uma espécie de busca ou uma jornada em vista da verdade última e da iluminação; e isso inclui a ideia da filosofia como uma busca espiritual, porque a filosofia é crítica e, em sua busca da verdade e do sentido, não aceita sem mais as ideias recebidas da tradição. Sob este aspecto, pensadores como Jung e Foucault enfatizam o autocultivo; mas, longe de exaltar o valor do egoísmo, eles desejam recuperar o eu como sendo o reflexo e realização da vida, e essa busca espiritual requer um sacrifício por parte do ego. Novamente, como já observamos, a espiritualidade implica o sentimento de estar orientado para uma realidade superior ou maior, como a natureza, a vida, a verdade ou o divino. Experimentamos uma sensação de reverência pela realidade superior e isso inspira o cultivo de valores espirituais, entre os quais a generosidade, a compaixão ou o amor, que implicam todos eles a autossuperação. Assim Nietzsche celebra o valor da generosidade no contexto espiritual da *vida*; Irigaray afirma o amor como princípio espiritual último que inspira a perfeição da nossa natureza, enquanto Derrida esclarece a importância do luto, mostrando como ele implica nossa conexão com o falecido que amamos e o valor permanente do "outro".

Mas, embora existam paralelos, existem também diferenças significativas entre estes pensadores; e não seria adequado apresentar uma "filosofia espiritual" unificada como resultado deste estudo. Schopenhauer é um pessimista, enquanto Nietzsche e outros filósofos espirituais são completamente afirmativos acerca do valor da vida. Para muitos pensadores espirituais, a compaixão é absolutamente fundamental e importante, mas Nietzsche descarta a compaixão como uma espécie de fraqueza. Alguns filósofos espirituais seguem a tradição, afirmando a autossuperação como chave para a vida espiritual, enquanto outros – entre os quais Foucault e Hillman – celebram a conquista do eu como uma possibilidade espiritual. Hillman argumenta contra "o espiritual" da maneira como é entendido tradicionalmente e afirma a perspectiva negligenciada da alma. Irigaray argumenta que a espiritualidade implica a espiritualização do corpo, embora no Ocidente o espiritual e o físico tenham sido tradicionalmente considerados opostos, e o cultivo de um pareça diminuir o outro. Finalmente Irigaray enfatiza as diferenças fundamentais entre as pessoas – gênero, cultura etc. –, enquanto Schopenhauer afirma que, enquanto indivíduos, somos todos basicamente iguais. Existem outras questões acerca das quais os filósofos espirituais discordam; mas, apesar destes pontos de controvérsia, a *filosofia* como prática espiritual pode nos aproximar mais do acordo e da iluminação – porque nos permite ponderar cuidadosamente as coisas e, desta maneira, ilumina a verdade espiritual deste mundo.

Espiritualidade, religião e ciência

Finalmente, desejo considerar duas importantes preocupações de fundo deste livro: (1) a relação entre espiritualidade e religião e (2) a relação entre espiritualidade e ciência. Já examinamos até certo ponto a primeira, mas precisamos falar mais sobre a segunda. O conflito entre espiritualidade e secularismo é absolutamente central para a experiência moderna e é obsoleto no debate entre ciência e religião. Minha opinião é que ambos estes paradigmas são incompletos e, por diferentes razões, nenhum deles consegue nos proporcionar uma "resposta" totalmente satisfatória. A espiritualidade se distingue tanto da religião quanto da ciência e nos oferece um terceiro caminho, que traz nossa própria vida para o centro das atenções.

Espiritualidade e religião têm sido tradicionalmente imaginadas juntas; porque supõe-se que a religião abrange a vida espiritual autêntica e é considerada a precondição para ela. Apesar disso, escrevi este livro com a convicção de que a espiritualidade e a religião podem ser separadas uma da outra, porque, embora muitos definam a espiritualidade em termos de suas crenças religiosas, é possível ser espiritual sem ser religioso – e, na verdade, é também possível ser religioso sem ser espiritual –, o que implica que podemos discutir a espiritualidade sem invocar a fé. Para generalizar: a religião está mais preocupada com doutrinas e afirmações metafísicas, enquanto a espiritualidade é mais experimental, provisória ou até agnóstica no tocante às crenças últimas. A espiritualidade pode levar a um tipo ou outro de fé, mas pode continuar sendo uma espécie de esforço que vive com a incerteza acerca do absoluto, e desta maneira encarna a "capacidade negativa". Os pensadores analisados neste livro levam a sério as questões espirituais e valorizam estas coisas por si mesmas. Mas nada disto requer a ratificação *ou* a rejeição da religião, porque a experiência religiosa, assim como a espiritualidade, pode ser considerada também a conexão viva com um poder superior, o que significa que cada experiência religiosa é também uma experiência espiritual que passou pela estrutura da crença.

Com a ciência é diferente: uma das metas deste livro foi a de cultivar uma sensibilidade tanto espiritual como por alguns dos temas e questões espirituais mais importantes. Mas precisamos não esquecer que resolver um problema espiritual *não* é a mesma coisa que resolver um problema científico. Talvez não fiquemos surpresos quando alguém resolve uma dificuldade na ciência ou um problema matemático, porque esperamos fazer progresso nestes campos; mas, no caso da vida espiritual, as coisas são frequentemente muito mais difíceis de discernir. As questões espirituais são importantes e podem até ser cruciais, mas não está claro que podemos chegar a uma solução final na vida espiritual, porque aqui não existem garantias e cada solução pode ser desfeita por uma reflexão ou um argumento posteriores. Jung observa que, na metade da vida, existe um sentimento de "mistério" e isso é algo que pertence à própria natureza da realidade última. É muito interessante observar que este é um ponto afirmado frequentemente na ciência con-

343

temporânea: de acordo com alguns autores que escrevem sobre a nova física, por exemplo, a ciência precisa questionar suas próprias perspectivas tradicionais e abandonar seu materialismo ordinário ao começar a discernir uma ordem nova e mais misteriosa existente no nível mais profundo da própria realidade. À luz deste mistério, o *mecanicismo* é questionado junto com os conceitos tradicionais de espaço e tempo, causa e efeito e a separação entre o observador e o mundo que ela descreve[109].

E, no entanto, o materialismo científico *redutivo* continua em ascensão. Isso é ciência como ideologia – ou o que às vezes é denominado *cientismo* – e é uma cosmovisão restritiva, que reduz as possibilidades do pensar autêntico; porque, ao permitir um único modelo fixo de pensamento, essa ciência empobrece o mundo. Como comenta Nietzsche em *A gaia ciência*, com um sentimento de descrença e mesmo de indignação:

> O quê? Queremos nós verdadeiramente deixar que assim se degrade a existência? Deixá-la rebaixar ao nível de exercício de cálculo, fazer dela uma pequena punição para matemáticos? Em primeiro lugar, é preciso recusar a todo o custo despojá-la do seu *caráter prometaico*; é o bom gosto que assim o exige, meus senhores, o respeito por tudo o que ultrapassa o vosso horizonte! Que só valha uma interpretação do mundo que vos dê razão a vós,

---

109. Cf., p. ex.: PENROSE, R. *Fashion, faith, and fantasy in the new physics of the universe*. Princeton: Princeton University Press, 2016. • GREENE, B. *The elegant universe*: Superstrings, hidden dimensions and the quest for the Ultimate Theory. 2. ed. Nova York: W. W. Norton, 2009. • Ou, para um trabalho pioneiro: DAVIES, P. *God and the new Physics*. Nova York: Simon and Schuster, 1984.

uma interpretação que autorize a procurar e a prosseguir trabalhos no sentido que vós dizeis científicos (é *mecânico* que vós pensais, não é verdade?), que só valha uma interpretação do mundo que não permita senão contar, calcular, pesar, ver e tocar, é despropósito e ingenuidade quando não é demência ou idiotia. Não é provável, pelo contrário, que a primeira coisa, e talvez a única, que se possa atingir da existência, seja o que ela tem de mais superficial, de mais exterior, de mais aparente? A sua epiderme apenas? As suas manifestações concretas? Uma interpretação "científica" do mundo, tal como o entendeis, meus senhores, poderá ser, portanto, uma das mais estúpidas entre todas as que são possíveis[110].

Nesta seção, chamada *O preconceito "científico"*, Nietzsche não está de modo algum rejeitando o materialismo científico cotidiano que é a base do método científico. Mas se opõe ao materialismo científico *redutivo*, porque o paradigma científico simplesmente não é apropriado para captar todos os aspectos da realidade. Precisamos lembrar que a ciência é uma dimensão do mundo ao qual pertencemos, mas não é a única dimensão ou mesmo a dimensão mais importante que podemos encontrar. E precisamos nos permitir *pensar*, recusando-nos a seguir um método preordenado que coage de antemão todo o nosso pensar. Por isso precisamos da espiritualidade, da filosofia, da poesia, da arte e de todo tipo de mitos, para reconhecer a "rica ambiguidade" e a *profundidade* sagrada deste mundo. Algumas coisas são necessárias

---

110. NIETZSCHE. *A gaia ciência*, seção 373.

para viver, mas o que denominamos "espiritualidade" torna a vida plena de sentido e, portanto, *digna de ser vivida*.

Os nove filósofos espirituais que analisei nesse livro são um grupo eclético de pensadores, mas podemos responder a cada um deles como um autêntico "filósofo espiritual". Tomados em conjunto, eles ajudam a esclarecer a complexidade da esfera espiritual como a descrevi acima. Schopenhauer, Nietzsche, Kandinsky, Benjamin, Jung, Hillman, Foucault, Derrida e Irigaray nos permitem compreender a dimensão espiritual da nossa vida; e, com estes filósofos espirituais, podemos continuar a conversação sobre a natureza da espiritualidade e o valor da vida espiritual. Cada um dos filósofos espirituais concentra sua atenção em questões e temas espirituais: não espiritual no sentido de estar desconectado do mundo material ou estar absorvido por esperanças do outro mundo, mas espiritual no sentido de estar mais plenamente em harmonia com este mundo aqui e agora; espiritual no sentido de estar atento às virtudes e práticas espirituais descritas neste livro; e espiritual no sentido de experimentar um sentimento de conexão com uma realidade superior ou maior que se encontra além de tudo o que geralmente é patente e palpável. Podemos considerar os escritos destes filósofos espirituais uma resistência coletiva ao cientismo *e* à religião estabelecida ou a uma genealogia oculta de temas espirituais presente na história do pensamento ocidental. Mas, em ambos os casos, seguimos seu exemplo, recuperando as possibilidades espirituais e a própria dimensão espiritual de nossa vida.

REFERÊNCIAS

ABELSEN, P. Schopenhauer and Buddhism. *Philosophy East and West* 43/2 (1993), p. 255-278.

ABRAHAM, N.; TOROK, M. *The wolfman's magic word*: A cryptonomy. Mineápolis: University of Minnesota Press, 1986, p. xi-xlviii [orig.: *Le mot magique de l'homme-loup*].

ABRAHAM, N.; TOROK, M. Introjection-incorporation: Mourning or melancholia. *In*: LEBOVICI, S.; WIDLOCHER, D. (orgs.) *Psychoanalysis in France*. Nova York: International University Press, 1980, p. 3-16.

ACAMPORA, C. On sovereignty and overhumanity. *In*: ACAMPORA, C. (org.) *Critical essays on the classics*: Nietzsche's on the Genealogy of Morals. Lanham: Rowman and Littlefield, 2006, p. 147-162.

AGOSTINHO. *Confissões*. 6. ed. Petrópolis: Vozes, 2019.

ANSCOMBE, E. Modern moral philosophy. *In*: CRISP, R.; SLOTE, M. *Virtue ethics*. Oxford: Oxford University Press, 1997, p. 26-44.

ARISTÓTELES. *Nicomachean ethics*. Basic works of Aristotle. Nova York: Random House, 1941, p. 935-1.127 [port.: *Ética a Nicômaco*. Trad. L. Vallandro e G. Bornheim. São Paulo: Nova Cultural, 1991].

ARISTÓTELES. *Retórica*. Trad. V. Chichurra. Petrópolis: Vozes, 2022.

ARNOLD, M. *Essays in criticism*. Londres: Dent, 1964.

ATWELL, J. *Schopenhauer*: The human character. Filadélfia: Temple University Press, 1990.

BARTHES, R. *Camera Lucida*: Reflections on Photography. Nova York: Hill and Wang, 1981 [orig.: *La chambre Claire*].

BATAILLE, G. *Visions of excess*: Selected writings, 1927-1939. Mineápolis: University of Minnesota Press, 1985 [orig.: *Oeuvres choisies*].

BATCHEN, G. (org.). *Photography degree zero*: Reflections on Roland Barthes's Camera Lucida. Cambridge/MA: MIT Press, 2009.

BENJAMIN, W. Sobre alguns motivos em Baudelaire. *Revista Triplov*, Série viridae, n. 3, dez. 2021, XII.

BENJAMIN, W. *Berlin childhood around 1900*. Cambridge: Harvard University Press, 2006 [orig.: *Berliner Kindheit um Neunzehnhundert*].

BENJAMIN, W. O narrador: Considerações sobre a obra de Nikolai Leskov. *In*: *Obras Escolhidas*. Vol. I. 3. ed. Trad. S.P. Rouanet. São Paulo: Brasiliense, 1987.

BENJAMIN, W. A obra de arte na época de suas técnicas de reprodução. *In*: *Textos de Walter Benjamin*. Trad. J.L. Grünewald. São Paulo: Abril Cultural, 1975.

BENJAMIN, W. Franz Kafka on the 10th anniversary of his death. *In*: *Illuminations*. Nova York: Random House, 1969a, p. 111-140 [orig.: *Franz Kafka: Zur zehnten Wiederkehr seines Todestages*].

BENJAMIN, W. Unpacking my library. *In*: *Illuminations*. Nova York: Random House, 1969b, p. 59-68 [orig.: *Ich packte meine Bibliothek aus*].

Bhagavad Gita. Textos, filosofia, estrutura e significado. Sérgio Mendes de Freitas. Petrópolis: Vozes, 2021.

BISHOP, P. *Jung's answer to Job*: A commentary. Nova York: Brunner-Routledge, 2002.

BOYLE, B. Foucault among the Classicists, again. *Foucault Studies*, n. 13 (2012), p. 138-156.

BUBER, M. *Ich und Du*. 13. ed. Gerlingen: Verlag Lambert Schneider, 1997.

BULKELEY, K.; WELDON, C. (orgs.). *Teaching Jung*. Oxford: Oxford University Press, 2011.

CADAVA, E.; CORTES-ROCCA, P. Notes on love and photography. *In*: BATCHEN, G. (org.) *Photography degree zero*: Reflections on Roland Barthes's Camera Lucida. Cambridge/MA: MIT Press, 2009, p. 105-139.

CARTWRIGHT, D. Introduction. *In*: SCHOPENHAUER. *On the basis of morality*. Indianapolis: Hackett, 1998.

CASEMENT, A.; TACEY, D. (orgs.). *The idea of the Numinous*: Contemporary Jungian and psychoanalytic perspectives. Londres: Routledge, 2004.

CHÖDRÖN, P. *The places that scare you*: A guide to fearlessness in difficult times. Boston: Shambhala, 2001.

CHOPRA, D. Soul and spirit. *Deepak Chopra*, 21 abr. 2012. Disponível em https://www.deepakchopra.com/articles/soul-and-spirit/.

CHOPRA, D. *The seven spiritual laws of success*: A practical guide to the fulfillment of your dreams. San Rafael: Amber Allen, 1994 [port.: *As sete leis espirituais do sucesso*. Rio de Janeiro: Rocco, 1998].

CLARKE, J.J. *Oriental enlightenment*: The encounter between Asian and Western thought. Londres: Routledge, 1997.

CLEWELL, T. Mourning beyond melancholia: Freud's Psychoanalysis of loss. *Journal of the American Psychoanalytic Association* 52/1 (2004), p. 43-67.

COKER, J. On the Bestowing Virtue (*von der Schenkenden Tugend*): A Reading. *Journal of Nietzsche studies*, n. 8 (outono 1994), p. 5-31.

CONFÚCIO. *Os Analectos*. Trad. do inglês de C. Cheng. Trad. do chinês, introdução e notas de D.C. Lau. Porto Alegre: L&PM Pocket, 2006.

CONZE, E. (org.) *Buddhist scriptures*. Harmondsworth: Penguin, 1959.

DALAI LAMA. *The art of happiness*. Nova York: Riverhead, 1999 [port.: *A arte da felicidade*. Trad. W. Barcellos. São Paulo: Martins Fontes, 2000].

DALAI LAMA. *Ethics for the New Millennium*. Nova York: Riverhead Books, 1999 [port.: *Uma ética para o novo milênio*. Trad. M.L. Newlands. Rio de Janeiro: Sextante, 2000].

DANTO, A. *After the end of art*. Princeton: Princeton University Press, 1998.

DAVIES, P. *God and the new Physics*. Nova York: Simon and Schuster, 1984.

DAWKINS, R. *The God delusion*. Nova York: Mariner, 2008.

DELATTRE, P. *Tales of a Dalai Lama*. Sandpoint: Lost Horse, 2011.

DERRIDA, J. On forgiveness. *In*: *On cosmopolitanism and forgiveness*. Londres: Routledge, 2002 [orig.: *Le siècle et le pardon*].

DERRIDA, J. *The work of mourning*. Chicago: University of Chicago Press, 2001 [orig.: *Chaque fois unique, la fin du monde*].

DERRIDA, J. *The gift of death*. Chicago: University of Chicago Press, 1995 [orig.: *Donner la mort*].

DERRIDA, J. *Given time*: I. Counterfeit money. Chicago: University of Chicago Press, 1992 [orig.: *Donner le temps*. Vol. 1: *La fausse monnaie*].

DERRIDA, J. *Memoires for Paul de Man*. Nova York: Columbia University Press, 1989 [orig.: *Mémoires pour Paul de Man*].

DERRIDA, J. Fors: The anglish words of Nicolas Abraham and Maria Torok. [orig.: *Fors: Les mots anglais Nicolas Abraham et Maria Torok*]. *In*: ABRAHAM, N.; TOROK, M. *The Wolfman's magic word*: A Cryptonomy. Mineápolis: University of Minnesota Press, 1986, p. xi-xlviii [orig.: *Le mot magique de l'homme-loup*].

DERRIDA J; ROUDINESCO, E. *For what tomorrow...*: A dialogue. Palo Alto: Stanford University Press, 2004 [orig.: *De quoi demain... Dialogue entre Jacques Derrida et Élisabeth Roudinesco*].

DOOLEY, M.; KAVANAGH, L. *The philosophy of Derrida*. Montreal: McGill University Press, 2006.

DREYFUS, H. *On the internet*. 2. ed. Londres: Routledge, 2009.

DROIT, R. *The cult of Nothingness*: The Philosophers and the Buddha. Charlotte: University of North Carolina Press, 2003.

EDINGER, E. *Ego and archetype*. Baltimore: Penguin, 1974.

EMERSON, R.W. Gifts. *In*: PAUL, S. (org.). *Essays*. Nova York: Everyman, 1978, p. 289-293.

EPICTETO. *Manual*. Trad. A. Dinucci. 3. ed. São Cristóvão: Universidade Federal de Sergipe, 2012.

ETTER, B. *From Classicism to Modernism*: Western musical culture and the metaphysics of order. Aldershot: Ashgate, 2001.

FOUCAULT, M. *The use of pleasure*. Nova York: Vintage, 1986 [orig.: *L'usage du plaisir*].

FOUCAULT, M. Technologies of the Self. *In*: HUTTON, P.H.; GUTMAN, H.; MARTIN, L.H. (orgs.). *Technologies of the Self*: A seminar with Michel Foucault. Amherst: University of Massachusetts Press, 1988, p. 16-49.

FOUCAULT, M. *The history of sexuality*. Vol. 1: An introduction. Nova York: Vintage, 1990 [orig.: *Histoire de la sexualité*. Vol. 1: *La volonté de savoir*. • Port.: *História da sexualidade*. Vol. 1: *A vontade de saber* – Ed. Paz e Terra].

FOUCAULT, M. *Ethics, subjectivity and truth*. Nova York: The New Press, 1997.

FOUCAULT, M. *The hermeneutics of the Subject*. Nova York: Picador, 2005 [orig.: *L'herméneutique du sujet*].

FREUD, S. Luto e melancolia. *In*: *Obras Completas*. Vol. 12. Trad. P.C. Souza. São Paulo: Companhia das Letras, 2010.

FREUD, S. On Transience. *In*: *The standard edition of the complete psychological works of Sigmund Freud*, vol. XIV. Londres: Hogarth, 1978a, p. 305-307 [orig.: *Vergänglichkeit*. • Port.: *A transitoriedade*].

FREUD, S. The Ego and the Id. *The standard edition of the complete psychological works of Sigmund Freud*, vol. XIX. Londres: Hogarth, 1978b, p. 12-66 [orig.: *Das Ich und das Es*. • Port.: *O ego e o id*].

FRIEDLANDER, E. *Walter Benjamin*: A philosophical portrait. Cambridge/ MA: Harvard University Press, 2012.

GILLOCH, G. *Myth and metropolis*. Cambridge: Polity, 1997.

GOLDING, J. *Paths to the Absolute*. Princeton: Princeton University Press, 2000.

GOTTLIEB, R. *Spirituality*: What it is and why it matters. Oxford: Oxford University Press, 2013.

GOWANS, C. *Philosophy of the Buddha*. Nova York: Routledge, 2003.

GRAHAM, G. *The re-enchantment of the world*. Oxford: Oxford University Press, 2007.

GREENE, B. *The elegant universe*: Superstrings, hidden dimensions and the quest for the Ultimate Theory. 2. ed. Nova York: W. W. Norton, 2009.

HABERMAS, J. *The philosophical discourse of Modernity*. Cambridge: Polity Press, 1992 [orig.: *Der philosophische Diskurs der Moderne*].

HADOT, P. *Philosophy as a way of life*. Oxford: Blackwell, 1995 [orig.: *La philosophie comme manière de vivre*].

HARRIS, S. *Waking up*: A guide to spirituality without religion. Nova York: Simon and Schuster, 2014.

HARTMANN, N. *Ethics*. Volume II: Moral values. Nova York: Allen and Unwin, 1932 [orig.: *Ethik*].

HEIDEGGER, M. *Ser e tempo*. Trad. F. Castilho. Campinas: Editora da Unicamp. Petrópolis: Vozes, 2012 [edição bilíngue].

HEIDEGGER, M. Nietzsche's word: God is Dead. *In*: YOUNG, J.; HAYNES, K. (orgs.). *Off the beaten track*. Cambridge: Cambridge University Press, 2002, p. 157-199.

HEIDEGGER, M. Nietzsches Wort "Gott ist Tot". *In*: *Holzwege*. Frankfurt: Klostermann, 1950.

HENRY, M. *Seeing the invisible*: On Kandinsky. Londres: Continuum, 2009 [orig.: *Voir l'Invisible: sur Kandinsky*. Paris: François Bourin, 1988].

HILLMAN, J. *Senex and puer*: Uniform edition of the writings of James Hillman. Vol. 3. Thompson/CT: Spring Publications, 2005.

HILLMAN, J. *The soul's code*. Nova York: Grand Central, 1997.

HILLMAN, J. *A blue fire*. Nova York: Harper, 1989.

HILLMAN, J. *Archetypal psychology*. Dallas: Spring Publications, 1985.

HILLMAN, J. *The dream and the underworld*. Nova York: William Morrow, 1979.

HILLMAN, J. *Re-visioning psychology*. Nova York: Harper, 1977.

HILLMAN, J. Peaks and vales. *In*: NEEDLEMAN, J.; LEWIS, D. (orgs.). *On the way to self-knowledge*. Nova York: Knopf, 1976, p. 114-147.

HITCHENS, C. *God is not great*: How religion poisons everything. Nova York: Hachette, 2014.

HUME, D. *An enquiry concerning human understanding*. Oxford: Oxford University Press, 2008.

HUNT, L. *Nietzsche and the origin of virtue*. Nova York: Routledge, 1991.

IRIGARAY, L. *Conversations*. Londres: Continuum, 2008a.

IRIGARAY, L. *Teaching*. Londres: Continuum, 2008b.

IRIGARAY, L. *Between East and West*: From singularity to community. Nova York: Columbia University Press, 2002a [orig.: *Entre Orient et Occident: de la singularité à la communauté*].

IRIGARAY, L. *The way of love*. Londres: Continuum, 2002b [orig.: *La voie de l'amour*].

IRIGARAY, L. *I love to you*: Sketch of a possible felicity in history. Londres: Routledge, 1996 [orig.: *J'aime à toi: esquisse d'une félicité dans l'histoire*].

IRIGARAY, L. *An ethics of sexual difference*. Ithaca: Cornell, 1993a [orig.: *Éthique de la différence sexuelle*].

IRIGARAY, L. *Sexes and genealogies*. Nova York: Columbia University Press, 1993b [orig.: *Sexes et parentés*].

IRIGARAY, L. *Elemental passions*. Nova York: Routledge, 1992 [orig.: *Passions élémentaires*].

IRIGARAY, L. Sorcerer love: A reading of Plato's symposium, Diotima's speech. *Hypatia* 3/2 (1989), p. 32-44 [orig.:

L'Amour Sorcier: Lecture de Platon, Le Banquet, Discours de Diotime. *In*: *Éthique de la différence sexuelle*, p. 27-39].

JAMES, W. *As variedades da experiência religiosa*. São Paulo: Cultrix, 1991.

JOÃO DA CRUZ, SÃO. *Obras completas*. 5. ed. Petrópolis: Vozes / Carmelo Descalço do Brasil, 1998.

JORDAN, T. *Cyberpower*: The culture and politics of the internet. Londres: Routledge, 1999.

JOY, M. *Divine love*: Luce Irigaray, women, gender and religion. Manchester: Manchester University Press, 2014.

JUNG, C.G. *O eu e o inconsciente*. Trad. D.F. da Silva. 11. ed. Petrópolis: Vozes, 2022a [OC 7/2].

JUNG, C.G. *O indivíduo moderno em busca de uma alma*. Trad. de Maria Luiza Appy *et al*. Petrópolis: Vozes, 2022b.

JUNG, C.G. *Memórias, sonhos, reflexões*. Trad. D.F. da Silva. 33. ed. Rio de Janeiro: Nova Fronteira, 2019.

JUNG, C.G. A psicologia do arquétipo da criança. *In*: JUNG, C.G. *Os arquétipos e o inconsciente coletivo*. Trad. M.L. Appy e D.F. da Silva. 11. ed. Petrópolis: Vozes, 2014 [OC 9/1].

JUNG, C.G. *Tipos psicológicos*. Trad. L.M. Mathilde Endlich Orth. 7. ed. Petrópolis: Vozes, 2013 [OC 6].

JUNG, C.G. *Psicologia e religião*. Trad. M.R. Rocha. 11. ed. Petrópolis: Vozes, 2012a [OC 11/1].

JUNG, C.G. *Resposta a Jó*. Trad. M.R. Rocha. 10. ed. Petrópolis: Vozes, 2012b [OC 11/4].

JUNG, C.G. *Answer to Job*. Princeton: Princeton University Press, 2010 [Prefácio de Sonu Shamdasani].

JUNG, C.G. *O homem e seus símbolos*. Trad. M.L. Pinho. 2. ed. Rio de Janeiro: Nova Fronteira, 2008.

KANDINSKY, W. On stage composition. *In*: BRAYSHAW, T.; WITTS, N. (orgs.). *The twentieth century performance reader*. 3. ed. Londres: Routledge, 2013.

KANDINSKY, W. *Concerning the spiritual in art*. Boston: MFA Publications, 2006 [orig.: *Über das Geistliche in der Kunst*. • Port.: *Do espiritual na arte*].

KANDINSKY, W. Reminiscences. *In*: HERBERT, R. (org.). *Modern artists on art*. 2. ed. Mineola: Dover, 2000, p. 19-39.

KANDINSKY, W. *Complete writings on art*. Boston: G.K. Hall, 1982.

KANDINSKY, W.; MARC, F. (orgs.). *The Blaue Reiter almanac*. Nova York: Viking, 1974 [orig.: *Der Blaue Reiter Almanac*].

KANT, I. An Answer to the question: What is Enlightenment? *In*: *Perpetual peace and other essays*. Indianapolis: Hackett, 1983 [orig.: Beantwortung der Frage: Was ist Aufklärung? *In*: *Zur ewige Frieden und andere Schriften*. • Port.: *A paz perpétua*: Um projeto filosófico. Petrópolis: Vozes, 2022].

KANT, I. *Lectures on ethics*. Gloucester: Peter Smith, 1978 [orig.: *Eine Vorlesung über Ethik*].

KARRAS, R. Active/passive, acts/passions: Greek and Roman sexualities. *American historical review* 105/4 (2000), p. 1.250-1.265.

KEATS, J. *The complete poetical works and letters of John Keats*. Cambridge: Houghton Mifflin, 1899.

KEATS, J. *Selected letters*. Oxford: Oxford University Press, 2009.

KIERKEGAARD, S. The present age. *In*: *Two ages*. Princeton: Princeton University Press, 1978.

KIRBY, J. 'Remembrance of the future': Derrida on mourning. *Social Semiotics* 16/3 (2006), p. 461-472.

KOTTER, A. (org.). *Engaged buddhist reader*. Berkeley: Parallax Press, 1999.

KUPFER, J. Generosity of spirit. *Journal of value inquiry* 32/3 (1998), p. 357-368.

KUSPIT, D. Reconsidering the spiritual in art. *Blackbird*: An online journal of literature and the arts 2/1 (primavera, 2003). Disponível em: www.blackbird.vcu.edu/v2n1/gallery/kuspit_d/reconsidering_text.htm.

LAMPERT, L. *Nietzsche's teaching*: An interpretation of Thus spoke Zarathustra. New Haven: Yale University Press, 1986.

LANE, C. The testament of the other: Abraham and Torok's failed expiation of ghosts. *Diacritics* 27/4 (1997), p. 3-29.

LANIER, J. *You are not a gadget*. Nova York: Knopf, 2010.

LESLIE, E. *Walter Benjamin*. Londres: Reaktion, 2007.

LEVINAS, E. *Totalidade e infinito*. Coimbra: Edições 70, 2008.

LEVINAS, E. Transcendence and evil. *Collected philosophical papers*. Pittsburgh: Duquesne University Press, 1998, p. 175-186 [orig.: *Transcendance et mal*].

LEVY, N. Foucault as virtue ethicist. *Foucault Studies* 1 (dez. 2004), p. 20-31.

LEWIS, P. Walter Benjamin in the information age? On the limited possibilities for a defetishing critique of culture. *In*: GUMBRECHT, H. *et al.* (orgs.). *Mapping Benjamin*: The work of art in the digital age. Stanford: Stanford University Press, 2003, p. 221-227.

LIPSEY, R. *The spiritual in Twentieth Century art*. Mineola: Dover, 2004.

LONG, R.C.W. Expressionism, Abstractionism, and the Search for Utopia in Germany. *In*: TUCHMAN, M. *et al.* (orgs.). *The spiritual in art:* Abstract painting 1890-1945. Nova York: Abbeville, 1986, p. 201-218.

MACINTYRE, A. *After virtue*. 2. ed. Notre Dame: University of Notre Dame Press, 1984.

MANDELKER, A.; POWERS, E. (orgs.). *Pilgrim souls*: A collection of spiritual autobiographies. Nova York: Simon and Schuster, 1999.

MAUSS, M. *The gift*. Hallis. Londres: Routledge, 1990.

McGUSHIN, E. Foucault's theory and practice of subjectivity. *In*: TAYLOR, D. (org.). *Michel Foucault: Key concepts*. Durham: Acumen, 2011, p. 127-142.

MERCADANTE, L. *Beliefs without borders*: Inside the minds of the spiritual but not religious. Oxford: Oxford University Press, 2014.

MONTAIGNE, M. *The complete essays of Montaigne*. Stanford: Stanford University Press, 1958.

MOORE, T. *Care of the soul*: A guide for cultivating depth and sacredness in everyday life. Nova York: Harper, 1992.

NEEDLEMAN, J.; LEWIS, D. (orgs.). *On the way to self--knowledge*. Nova York: Knopf, 1976.

NIETZSCHE, F. *Além do bem e do mal*. Trad. M.F. dos Santos. 5. ed. Petrópolis: Vozes, 2022a.

NIETZSCHE, F. *Ecce homo*. Trad. D. Kosbiau Trevisan. Petrópolis: Vozes, 2022b.

NIETZSCHE, F. *A genealogia da moral*. Trad. M.F. dos Santos. Petrópolis: Vozes, 2017.

NIETZSCHE, F. *Assim falava Zaratustra*. Trad. M.F. dos Santos. 3. ed. Petrópolis: Vozes, 2014.

NIETZSCHE, F. *A gaia ciência*. Trad. A. Margarido. Lisboa: Guimarães Editores, 2000a.

NIETZSCHE, F. *Humano, demasiado humano*. São Paulo: Companhia das Letras, 2000b.

NIETZSCHE, F. *O nascimento da tragédia*. Trad. J. Guinsburg. São Paulo: Companhia das Letras, 1999.

NIETZSCHE, F. *The will to power*. Nova York: Random House, 1967 [port.: *Vontade de potência*. Petrópolis: Vozes, 2011].

NUSSBAUM, M. Compassion: The basic social emotion. *Social philosophy and policy* 13 (1996), p. 27-58.

O'LEARY, T. *Foucault and the art of ethics*. Londres: Continuum, 2002.

OLBERDING, A. Mourning, memory and identity: a comparative study of the constitution of the self in grief. *International philosophical quarterly* 37/1 (1997), p. 29-44.

OLDMEADOW, H. Delivering the last blade of grass: Aspects of the Bodhisattva ideal in the Mahayana. *Asian philosophy* 7/3 (1997), p. 181-194.

OTTO, R. *O Sagrado*: aspectos irracionais na noção do divino e sua relação com o racional. Trad. W.O. Schlupp. São Leopoldo: EST, Sinodal. Petrópolis: Vozes, 2007 [orig.: *Das Heilige*].

PARKES, G. *Composing the soul*: Reaches of Nietzsche's psychology. Chicago: University of Chicago Press, 1994.

PEALE, N.V. *The power of positive thinking*. Nova York: Simon and Schuster, 2003.

PENROSE, R. *Fashion, faith, and fantasy in the new physics of the universe*. Princeton: Princeton University Press, 2016.

PETERS, O. (org.). *Degenerate art*: The attack on modern art in Nazi Germany 1937. Nova York: Prestel, 2014.

PETRARCA. The Ascent of Mount Ventoux. *In*: MANDELKER, A.; POWERS, E. (orgs.). *Pilgrim souls*: A collection of spiritual autobiographies. Nova York: Simon and Schuster, 1999, p. 400-407.

PICKSTONE, C. A Return to the spiritual: Wassily Kandinsky in the Twenty-First Century. *Modern painters* (junho (2006), p. 72-75.

PLATÃO. *Apologia de Sócrates*. Trad. M.M. Chaves Ferreira. Petrópolis: Vozes, 2020.

PLATÃO. *O banquete*. Trad. A.P. Borges. Petrópolis: Vozes, 2017.

PLATÃO. *Íon*. Trad. M. Canto. Paris: Flammarion, 2001.

PLATÃO. *A República*. Trad. M.H. Rocha Pereira. 9. ed. Lisboa 1949.

PLOTINO. *Enéadas* I e II. Trad. J.A. Maia. João Pessoa: Ideia, 2021.

PROSSER, J. Buddha Barthes: What Barthes saw in photography (that he didn't in literature). *In*: BATCHEN, G. (org.). *Photography degree zero*: Reflections on Roland Barthes's Camera Lucida. Cambridge: MIT Press, 2009, p. 91-103.

REGINSTER, B. *The affirmation of life*: Nietzsche on overcoming Nihilism. Cambridge: Harvard University Press, 2006.

RINGBOM, S. Transcending the visible: The generation of the abstract pioneers. *In*: TUCHMAN, M. (org.). *The spiritual in art*: Abstract painting 1890-1985. Los Angeles: LACMA, 1986, p. 131-153.

ROCHLITZ, R. *The disenchantment of art*: The philosophy of Walter Benjamin. Nova York: Guildford Press, 1996.

ROSEN, S. *The mask of enlightenment*: Nietzsche's Zarathustra. Cambridge: Cambridge University Press, 1995.

RUIZ, M. *The four agreements*: A practical guide to personal freedom. San Raphael: Amber-Allen, 1997.

RUSSELL, D. *The life and ideas of James Hillman*. Vol. 1. Nova York: Helios Press, 2013.

SCHOPENHAUER, A. *On the basis of morality*. Indianapolis: Hackett, 1998 [orig.: *Über die Grundlagen der Moral*; • port.: *A base da moralidade*. Porto Alegre: Simplíssimo, 2022].

SCHOPENHAUER, A. *Parerga and Paralipomena*. Vol. 2. Oxford: Oxford University Press, 1974 [orig.: *Parerga und Paralipomena*; • port.: *Parerga e Paralipomena*. Porto Alegre: Zouk, 2016].

SCHOPENHAUER, A. *The world as will and representation*. Vol. 1 e 2. Nova York: Dover, 1969 [orig.: *Die Welt als Wille und Vorstellung*; • port.: *O mundo como vontade e como representação*. Trad. J. Barbosa. São Paulo: Unesp, 2015].

SCHRIFT, A. (org.). *The logic of the gift*. Nova York: Routledge, 1997.

SCRUTON, R. *The soul of the world*. Princeton: Princeton University Press, 2014.

SEIGFRIED, H. Nietzsche's radical experimentalism. *Man and world* 22/4 (1989), p. 485-501.

SEITZ, B. Foucault and the subject of stoic existence. *Human studies* 35 (2012), p. 539-554.

SELZ, P. The aesthetic theories of Kandinsky and their relationship to the origin of non-objective painting. *In*: SPENCER, H. (org.). *Readings in Art History*. Vol. 2. 3. ed. Nova York: Scribner, 1982, p. 421-440.

SÊNECA. *Consolação a Márcia*. Trad. M. Seineman. *Revista Latino-americana de psicopatologia fundamental* (2007) X/1, 156-181.

SHAMDASANI, S. Prefácio. *In*: JUNG, C.G. *Answer to Job*. Princeton: Princeton University Press, 2010.

SHAPIRO, G. *Alcyone*: Nietzsche on gifts, noise and women. Albany: SUNY Press, 1991.

SHELDRAKE, P. *Spirituality*: A very short introduction. Oxford: Oxford University Press, 2012.

SINGER, I. *The nature of love*. Vol. 1: Plato to Luther. Chicago: University of Chicago Press, 1984.

SMILES, S. *Self-help*. Oxford: Oxford University Press, 2008.

SPONG, J.S. *Jesus for the non-religious*. Nova York: Harper, 1977.

SPRETNAK, C. *The spiritual dynamic in modern art*: Art history reconsidered, 1800 to the present. Nova York: Palgrave, 2014.

TACEY, D. *Beyond literal belief*: Religion as metaphor. Mulgrave: Garratt, 2015.

TACEY, D. James Hillman: The unmaking of a psychologist. *Journal of Analytical Psychology* 59/4 (2014), p. 467-502.

TACEY, D. *The darkening spirit*: Jung, spirituality, religion. Nova York: Routledge, 2013.

TACEY, D. (org.). *The Jung reader*. Nova York: Routledge, 2012.

TACEY, D. The role of the numinous in the reception of Jung. *In*: CASEMENT, A.; TACEY, D. (orgs.). *The idea of the Numinous*: Contemporary Jungian and psychoanalytic perspectives. Londres: Routledge, 2004a, p. 213-228.

TACEY, D. *The spirituality revolution*: The emergence of contemporary spirituality. Londres: Routledge, 2004b.

TACEY, D. *Jung and the New Age*. Filadélfia: Brunner-Routledge, 2001.

TAYLOR, C. Foucault on freedom and truth. *In*: HOY, D. (org.). *Foucault*: A critical reader. Oxford: Blackwell, 1986, p. 69-102.

TILLICH, P. Contemporary Visual Arts and the Revelatory Character of Style. *In*: DILLENBERGER, John; DILLENBERGER, Jane. (orgs.). *On art and architecture*. Nova York: Crossroad, 1987.

TOLLE, E. *The power of now*: A guide to enlightenment. Novato: New World Library, 2010.

TOLSTÓI, L. A morte de *Ivan Ilich*. Trad. B. Schnaiderman. São Paulo: Editora 34.

TUCHMAN, M. (org.). *The spiritual in art*: Abstract painting 1890-1945. Nova York: Abbeville, 1986.

TYLER, P. *The pursuit of the soul*: Psychoanalysis, soul-making and the Christian Tradition. Londres: Bloomsbury, 2016.

The Upanishads. Califórnia: Nilgiri Press, 1987 [port.: *Os Upanisahds*. São Paulo: Ed. Pensamento].

VEYNE, P. *Foucault*: His thought, his character. Cambridge: Polity, 2010 [orig.: *Foucault: Sa pensée, sa personne*; • port.: *Foucault: O pensamento, a pessoa*. Trad. L. Lima. Lisboa: Edições Texto & Grafia, 2009].

WELDON, C. God on the couch; teaching Jung's Answer to Job. *In*: BULKELEY, K.; WELDON, C. (orgs.). *Teaching Jung*. Oxford: Oxford University Press, 2011, p. 111-125.

WHEELWRIGHT, P. *Heraclitus*. Princeton: Princeton University Press, 1959 [port.: NASSIF, L. *Os aforismos de Heráclito de Éfeso*, 2012].

WHITE, R. Starting with compassion. *In*: McPHERSON, D. (org.). *Spirituality and the good life;* philosophical approaches. Cambridge: Cambridge University Press, 2017, p. 177-196.

WHITE, R. *The heart of wisdom*: A philosophy of spiritual life. Lanham: Rowman and Littlefield, 2013.

WHITE, R. *Nietzsche and the problem of sovereignty*. Urbana: University of Illinois, 1997.

WHITE, V. *Soul and Psyche*: An enquiry into the relationship of psychotherapy and religion. Londres: Collins/Harvill Press, 1960.

WILLIAMS, R. *Tragedy, recognition, and the death of God*: Studies in Hegel and Nietzsche. Oxford: Oxford University Press, 2012.

WOODWARD, K. Freud and Barthes: Theorizing mourning, sustaining grief. *Discourse* 13/1 (1990-1991), p. 93-110.

WUTHNOW, R. *Creative spirituality*: The way of the artist. Berkeley: University of California Press, 2001.

YENG, S. Irigaray's alternative Buddhist practices of the self. *Journal of French and Francophone Philosophy* XXII/1 (2014), p. 61-75.

ZIZEK, S. *On belief*. Nova York: Routledge, 2001 [orig.: *Die gnadenlose Liebe*].

ÍNDICE

Abraham, Nicolas 281
admiração 28, 32, 131, 178, 215, 235, 238, 310, 321
Agostinho 190, 211, 226
Alcibíades 104, 313
alma 18, 29-32, 37, 60, 80-83, 103-106, 112-115, 117-129, 134, 140, 144, 167-171, 175, 180-183, 203, 208-242, 222n. 76, 247, 251, 256, 268, 287, 300, 310, 313-317, 326, 341
amor 16, 25-29, 33, 38, 135-138, 184, 189-192, 214, 222n. 76, 232, 250-253, 288, 302-304, 305-336, 339-341
Aristóteles 34, 66, 78, 90, 93
Arnold, Matthew 111
arquétipo 179, 181, 194-199, 205, 235

arte 26, 35-39, 57, 110-143, 146-148, 161, 201, 218, 235, 245, 255-257, 339
Arte Degenerada (exibição de) 129
artista 97, 110-113, 116-128, 133, 140-142, 201, 255
asceticismo 48, 52-57, 69-72, 190, 335
Atman 50-51, 210
Atwell, John 67
autoajuda, movimento de 38, 241

Barthes, Roland 38, 276, 283-291, 293-296, 301-304
Baudelaire, Charles 144, 159-161, 164, 243, 255, 258
Benjamin, Walter 33, 35-37, 144-175, 338, 346

Bhagavad Gita 44, 49,
  54-57, 181
  Cf. *tb*. Vedanta
Blavatsky, Madame 132
Bom Samaritano 153
Brahman e bramanismo
  49-57, 65, 210
  Cf. *tb*. Vedanta
Brand, Stewart 164
Buber, Martin 325
Buda e budismo 21, 34,
  42-46, 56, 60-68, 71-74,
  153, 172, 210, 214, 230,
  238, 257, 271

capacidade negativa 17, 343
capitalismo 31, 214, 223,
casal 322
  Cf. *tb*. Parceiros
Caverna de Platão 19, 22,
  145, 210-212, 226-228,
  333
Chopra, Deepak 224, 241
cidade 144, 150, 159, 162,
  170
ciência 20-23, 32, 114, 131,
  178, 207, 216-220, 240,
  340-346
Coker, John 95, 99
compaixão 34, 41-44, 56,
  60-75, 104-108
compreensão 145, 149,
  158-165, 167, 171, 205

comunidade 30, 145,
  158-161, 165, 171-174,
  213, 246, 296, 302, 327,
  331
Confúcio e confucionismo
  20, 172, 298
consumismo 22, 31-34, 59,
  209, 239, 337, 340
contação de histórias
  146-175
corpo 326-329, 335-336,
  341
  Cf. *tb*. Personificação
cristianismo 35, 42-46, 66,
  153, 182-201, 210,
  222-226, 244, 251
cuidado de si 38, 241-273

Dalai Lama 31, 61, 68, 74,
  213, 228-229
Dante 227
Dawkins, Richard 77
Day, Dorothy 213
de Man, Paul 282, 290, 299,
  301n. 106
Derrida, Jacques 15, 21, 28,
  38, 108, 274-304, 341,
  346
Descartes, René 20
desencantamento 22, 160,
  217, 340
  Cf. *tb*. Encantamento

Deus 20-23, 29, 36, 43, 76-79, 197-201, 206, 209-211, 223, 227, 233-237,
    Cf. *tb.* Javé 337
Diógenes 269
Diotima 39, 311-319, 326
dom 109n. 48, 171, 274
    Cf. *tb.* Generosidade; Virtude dadivosa
Dreyfus, Hubert 168-172
Droit, Roger-Pol 73

egoísmo 43, 81-83, 93-95, 108, 340
Emerson, Ralph Waldo 89
encarnação 36, 182-184, 187-201, 206-207, 327
ensino 221, 307, 327-336
Epicteto 268, 274
Epicuro e epicurismo 18, 241, 269-270, 274
Erfahrung (experiência) 159, 167, 172
Erlebnis (experiência) 159-161, 167
escuta 167, 307-310, 318, 327, 330-335
espírito 37, 95, 98-101, 116-121, 131-134, 178, 208, 219-226, 239, 293, 318, 339
    Cf. *tb.* Espírito Santo

Espírito Santo 184, 191-193, 200, 205
espiritual mas não religioso 16, 29, 30n. 5, 78, 210
espiritualidade 21-34, 267-273, 267n. 95, 337-343
    e política 212-214
    pontos focais espirituais 29, 339
    e filosofia 16-23, 27, 32-35, 41, 241-244, 252, 256-258, 268-273, 276, 299, 303, 305, 335, 339-341
    e ciência 20, 22, 32, 114, 131, 177, 207, 217-220, 240, 340-346
    e arte 25, 35-39, 57, 110-143, 146-148, 161, 201, 218, 235, 245, 254-257, 339
    e ética 27, 42, 66, 91n. 41, 107, 243, 266-272, 302, 325
    e autossuperação 25, 27, 37, 43, 74, 77, 80n. 22, 102, 208-211, 225, 242, 329, 338-341
    e religião 20-35, 45, 76, 92, 112, 128, 135-140, 147, 176-211, 213-218, 257, 272, 334, 339, 342
    e natureza 18, 23-29, 36, 42, 47, 78, 83, 121, 137, 184, 195-214, 217,

235-237, 250, 274,
305-311, 314, 338-341
Cf. *tb*. Arte; Natureza;
Religião; Sagrado; Alma;
Espírito
espiritualismo 24, 113, 132,
276
estoicismo 18, 34, 42, 210,
241, 250, 257, 261, 266,
268-272, 274-277, 297
Cf. *tb*. Marco Aurélio;
Epicteto; Sêneca
eterno retorno 35, 77-81, 92
ética 27, 35, 42, 60-62, 66,
78, 90, 91n. 41, 99, 107,
128, 243-272, 289, 302,
325
existencialismo 263

Facebook 166
filme 112, 140, 144, 161,
167-169
filosofia
Cf. Espiritualidade, e
filosofia
fotografia 38, 160, 284-287,
303
Foucault, Michel 21, 37,
241-273, 290, 339-341,
346
Freud, Sigmund 36, 38,
195, 207, 275-284,
289-298, 300-304
fundamentalismo 17, 337

Gandhi, Mohandas 26, 213
generosidade 16, 27-35,
76-109, 91n. 41, 240,
338-341
Golding, John 113
grupo Der Blaue Reiter 114,
117, 136

Hadot, Pierre 18-21, 241,
268-270
Hartmann, Nicolai 95-99
Hebel, Johann 149-152
Hegel, Georg 46, 140, 290
Heidegger, Martin 77n. 20,
324
Henry, Michel 118-121
Heródoto 152-154
Hillman, James 15, 37,
208-240, 219n. 73,
339-341, 346
hinduísmo 210, 322
Cf. *tb*. Vedanta
Hitchens, Christopher 77
Hume, David 77-79

imaginação 37, 155,
218-220, 219n. 73,
228-231, 235, 238, 239
Imbeni, Renzo 325
individuação 37, 42, 57, 64,
70-72, 181, 193,
200-207, 237

infância 130-132, 145, 170
informação 36, 83, 144-147, 149-154, 157-175, 232, 333
internet 146, 149, 159, 162-192
intuição 16, 123
Irigaray, Luce 15, 23, 33, 39-40, 305-336, 340
islamismo 43

James, William 30-32
Javé 185-190, 192
Jesus 36, 172, 188-197, 223
Jó 180-190
João da Cruz 227
Joy, Morny 306
judaísmo 42
Jung, Carl 15, 21-27, 36, 176-207, 209, 212, 215-218, 232, 236, 339-341, 343-346

Kafka, Franz 144, 152, 174
Kandinsky, Wassily 15, 35, 110-143, 339-341, 346
Kant, Immanuel 126, 197, 199, 243, 261-264, 269, 290
Keats, John 17, 232-235
Kierkegaard, Søren 165
King, Martin Luther 213

Kirby, Joan 301n. 106
Kisagotami 153
Klee, Paul 113, 129
Kupfer, Joseph 95, 98
Kuspit, Donald 115-117

Lampert, Laurence 84, 87
Lanier, Jaron 163
Lascaux 110, 147
Leskov, Nikolai 149-152, 166, 173-175
Levinas, Emmanuel 185, 261, 290, 325
liberdade 18-21, 48, 54, 102, 244-246, 252, 258, 263-266, 270-273, 275, 322
Lipsey, Roger 138
Lucrécio 274
luto 16, 29, 38, 153, 274-304, 338-341

Mahasattva 72
Marc, Franz 114, 129
Marco Aurélio 268, 274
Maria 184, 192, 194-214
Marx, Karl 148, 214
materialismo 15, 35, 102, 112-119, 122, 133-136, 196, 216, 240, 337, 340, 344

meditação 18, 28, 50, 54, 68, 110-113, 139, 247, 251-253, 257, 271, 309
melancolia 231, 239, 280-282
Mercadante, Linda 26 n.3, 30n. 5
mestre 19, 88, 100, 104, 153, 168, 171-174, 234, 316, 333-335
mito 36, 72, 77-79, 177-184, 216-220, 230, 240, 345
monoteísmo 236
morte 18, 38, 43, 125, 153, 156, 202-222, 239, 245, 266, 271, 274-304, 313 Cf. *tb*. Luto
morte de Deus 21, 35, 76-79, 92
música 44, 57-60, 121, 127, 135-138, 140-143, 298

natureza 18, 23-29, 36, 43, 47, 78, 83, 121, 137, 154, 184, 195-197, 217, 235-237, 250, 274, 305-308, 310, 314
Nhat Hanh, Thich 31, 74
Nietzsche, Friedrich 15, 21-23, 26, 33-39, 74, 76-109, 187, 215, 236, 240, 249, 253, 264, 270-273, 338-341, 344-346
Nova Era 31, 214, 224-226, 230, 239, 241
numinoso 25-27, 36, 177-179
Nussbaum, Martha 66, 331

oração 28, 271
Otto, Rudolf 25, 189

parábolas 71, 76, 82, 153-154, 157, 172-174
parceiros 250, 306, 316, 323-326, 334 Cf. *tb*. Casal
parrhêsia 268
Paulo, São 190, 220-224
Peale, Norman Vincent 241
pensamento/pensar 318, 330-333, 344-346
 não ocidental 15, 21, 31-34, 42, 207, 228, 298, 326, 330, 334-336 Cf. *tb*. Buda e budismo; Confúcio e confucionismo; Taoísmo; Hinduísmo; Vedanta
perdão 27, 32, 98, 108-109, 187, 193, 214, 276, 338
perfeição 188-192, 246, 341
personificação 146, 158, 167-188, 220, 232

Petrarca 227
Picasso, Pablo 137
Pickstone, Charles 141
piedade 105-108
Pitágoras 18, 241
Platão 18, 22, 39, 104, 121, 145, 210-212, 226-228, 260, 309-313, 316-319, 321, 324, 334
Cf. *tb.* Caverna de Platão
Plotino 256-259
pneuma 220-224
politeísmo 217, 235-239
práticas espirituais 18, 28-32, 34, 243, 247, 251-253, 271, 276, 302-304, 318, 326, 339
Cf. *tb.* Cuidado de si; Amor; Meditação; Luto; Oração; Espiritualidade, e filosofia; Admiração
Psamético 152
psicologia 196, 203, 206, 217-222, 225, 230, 234-239
psique/*psychê* 180, 203-206, 219n. 73, 218-226, 230, 235-239, 276

razão 16, 32, 42, 61-64, 71, 77, 180-183, 197, 203, 218, 247, 297

Reencantamento 37, 184, 218, 235, 239
Cf. *tb.* Desencantamento
Reginster, Bernard 105
religião 20-35, 44, 76, 92, 112, 128, 135-140, 147, 176-207, 208-211, 213-218, 257, 272, 334, 339, 342
respiração 23, 224, 307-311, 318, 327-331, 335
romance 155-159, 164, 174
Rosen, Stanley 86
Roudinesco, Elizabeth 299
Ruiz, Don Miguel 241
Ruskin, John 111

sabedoria 16-21, 31, 36-39, 42, 44, 51-55, 65, 74, 80-83, 93, 107, 144-175, 179-182, 193, 204-206, 210, 214, 223, 226, 305-310, 312-317, 328-331, 336
sagrado 21-27, 29, 35, 53, 76-79, 83, 92, 109-111, 120, 137, 147, 176-207, 208, 215-218, 230n. 79, 232-235, 239-240, 316, 345
Sartre, Jean-Paul 263
Schoenberg, Arthur 121, 135

Schopenhauer 15, 21-23, 33-35, 41-75, 103, 121, 334-336, 338-341, 346
Scriabin, Alexander 122, 135
Scruton, Roger 58
secular e secularismo 22, 32, 111, 149, 181, 196, 209, 245
Selz, Peter 126
Sêneca 274, 297, 304
sexo 38, 190, 195, 224, 243-253, 326
diferença sexual 39, 307-310, 324-327
Shapiro, Gary 88, 99
símbolo 178, 181, 194-197, 217
Smiles, Samuel 241
soberania 79, 80n. 22, 85-89, 94, 99-109, 258, 261, 270
Sócrates 17-29, 77, 104-106, 172, 241, 247, 252, 268-270, 311-319
sofrimento 36, 41, 47-50, 52-57, 62-70, 73, 92, 106, 110, 137, 153, 185, 189, 203, 208-212, 217, 221, 225, 230-237
super-homem 35, 78-93, 103

Tacey, David 25n. 2, 191, 240
taoísmo 20, 31, 44, 210
teosofia 111, 113, 132
Tolle, Eckhart 241
Tolstói, L. 204-206
Tomás de Aquino 20
Torok, Maria 281
trauma 230-233
Tyler, Peter 220 n. 74, 223

Upanixades 45, 49-57, 60
Cf. *tb*. Vedanta

Valéry, Paul 154
Vedanta 21, 42, 45-57, 335-336
virtude dadivosa (Nietzsche) 34, 79-109
Cf. *tb*. Generosidade
virtudes espirituais 28-30, 91n. 41, 213, 338, 346
Cf. *tb*. Compaixão; Generosidade; Perdão; Sabedoria
vontade 41-44, 46-57, 60-62, 69-74, 334
vontade de potência 79, 84

"Walter" 243, 265
Weldon, Clodagh 192
White, Fr. Victor 196-199

Wilde, Oscar 111, 255
Wuthnow, Robert 140

Zaratustra 35, 77-109
Zizek, Slavoj 31, 214-216, 225, 238

Conecte-se conosco:

f facebook.com/editoravozes

O @editoravozes

𝕏 @editora_vozes

▶ youtube.com/editoravozes

☎ +55 24 2233-9033

www.vozes.com.br

Conheça nossas lojas:

Belo Horizonte – Brasília – Campinas – Cuiabá – Curitiba
Fortaleza – Juiz de Fora – Petrópolis – Recife – São Paulo

  Vozes de Bolso

EDITORA VOZES LTDA.
Rua Frei Luís, 100 – Centro – Cep 25689-900 – Petrópolis, RJ
Tel.: (24) 2233-9000 – E-mail: vendas@vozes.com.br